Barentssee
Karasee
Leptevsee
Sowjetunion
Kasachstan
Mongolei
Nordkorea
Südkorea
Japan
Pazifischer Ozean
China
Türkei
Syrien
Irak
Iran
Afghanistan
Taiwan
Nepal
Bhutan
Jordanien
Paktistan
Myanmar
Laos
Vietnam
Philippinen
Indien
Thailand
Ägypten
Saudi-Arabien
Oman
Kambodscha
Malaysia
Englisch-Ägypten-Sudan
Jemen
Indonesien
Papua-Neuguinea
Salomonen
Sri Lanka
Malediven
Äthiopien
Kenia
Indischer Ozean
Australien
Tansania
Madagaskar
Neuseeland
Mosambik
Mauritius
Gebiete mit Lagern für deutsche Kriegsgefangene
Orte mit Lagern für deutsche Kriegsgefangene
0
5000 km

Rüdiger Overmans · Soldaten hinter Stacheldraht

Rüdiger Overmans

Soldaten hinter Stacheldraht

Deutsche Kriegsgefangene des Zweiten Weltkriegs

in Zusammenarbeit
mit Ulrike Goeken-Haidl

Begleitbuch zur dreiteiligen Fernsehreihe »Soldaten hinter Stacheldraht. Deutsche Kriegsgefangene des Zweiten Weltkriegs«, produziert von den ARD-Sendeanstalten Mitteldeutscher Rundfunk und Norddeutscher Rundfunk.

Die im vorliegenden Buch abgedruckten Zeitzeugenberichte wurden im Zusammenhang mit der dreiteiligen Fernsehdokumentation der ARD aufgezeichnet. Der Verlag dankt den Zeitzeugen für ihre Bereitschaft, sich für die Interviews zur Verfügung zu stellen.

Propyläen Verlag

Satz und Lithos: LVD GmbH, Berlin
Druck und Verarbeitung: Bercker Graphischer Betrieb, Kevelaer

ISBN 3-549-07121-3

Printed in Germany 2000

Inhalt

Vorwort 7
Henning Röhl

Der Weg in die Gefangenschaft 10

»Der Traum von der Heimkehr war vorerst ausgeträumt« 40
Heinz Fiedler: Auf der »Queen Elizabeth« nach Amerika

»Wer nicht mehr hofft, der ist tot« 80
Hans Kampmann: Von der Ostfront über Moskau nach Sibirien

»Ich lernte Wasser und Brot schätzen« 122
Hans Laubsch: Über Linz an das sibirische Eismeer

»Da verließ ich den Verein und machte mich selbständig« 158
Meinhard Glanz: Kampf in Afrika, Kapitulation in Kärnten, Flucht am Rhein

»In der ersten Nacht saß ich auf dem blanken Ackerboden« 186
Johann Lampert: Interniert in Norwegen, überstellt nach Frankreich zur Zwangsarbeit

Heimkehr 228

Anhang 263
Karten der Kriegsgefangenenlager 264
Statistiken 272
Zeittafel 276
Glossar und Abkürzungsverzeichnis 278
Literaturhinweise 284
Die Autoren des Buches 286
Mitarbeiter der Fernsehreihe 287
Bildnachweis 288

Vorwort

von Henning Röhl

Filmbilder, die jeder kennt: dunkle Kolonnen im Schnee. Endlose Soldatentrecks, die durch die Landschaft ziehen. Zehntausende Landser, die sich vorwärtsschleppen, ohne zu wissen, wohin. In der Naheinstellung enttäuschte, verzweifelte Männergesichter, unrasiert und ausgemergelt, vom Schicksal gezeichnet, leer und ohne Zuversicht.

So wurden nach den großen Schlachten des Zweiten Weltkriegs die geschlagenen Feinde der Weltöffentlichkeit präsentiert. Zunächst waren es Massen von besiegten Rotarmisten, die den Deutschen auf den Kinoleinwänden vorgeführt wurden. Nach Stalingrad sind es zunehmend die Deutschen selbst, die vor den Augen der Weltöffentlichkeit den Marsch in die Gefangenschaft antreten müssen. Zum Kriegsende marschieren die geschlagenen Landserkolonnen, eskortiert von sowjetischem, amerikanischem oder britischem Wachpersonal, bereits durch heimische Trümmerlandschaften. Elf Millionen deutsche Soldaten sind in Gefangenschaft geraten. Ein langer Marsch in eine ungewisse Zukunft. Viele werden die Heimat, die Angehörigen nicht mehr wiedersehen, die Wochenschauaufnahmen sind oft die letzten Bilder der Männer, die am Kameraobjektiv vorbeiziehen.

Zehn Jahre später bewegen Wochenschaubilder von deutschen Kriegsgefangenen – inzwischen sind es Aufnahmen der Neuen Deutschen Wochenschau – immer noch bzw. wieder das Kinopublikum. Es sind die Bilder des Jahres 1956: Die letzten deutschen Kriegsgefangenen kehren aus sowjetischen Lagern zurück in die Heimat. Großer Bahnhof, glückliche und nachdenkliche Gesichter, gezeichnet von Krieg, Gefangenschaft, Heimweh. Gealterte Männer, tränenüberströmt in den Armen ihrer Frauen. Dazwischen die Söhne und Töchter, Kinder, die nicht so richtig begreifen können, was da eigentlich passiert, wen die Mutter da so heftig oder verstört umklammert. Ergreifende Szenen auf dem Bahnhof in Friedland. Bilder, die sich eingebrannt haben in das nationale Langzeitgedächtnis.

Nicht das Wirtschaftswunder, nicht die Westintegration, sondern die Heimführung der Kriegsgefangenen galt noch Jahrzehnte später als Adenauers größte Leistung, ein Indiz dafür, wie emotional besetzt das Thema in der deutschen Öffentlichkeit nach 1945 war.

55 Jahre nach Kriegsende, kurz vor der Jahrtausendwende, haben wir uns entschlossen, das Thema Kriegsgefangenschaft noch einmal im Ersten Deutschen Fernsehen aufzunehmen. Mit der dreiteiligen Fernsehdokumentation »Soldaten hinter Stacheldraht« machen sich MDR und NDR daran, dieses besondere Kapitel deutscher Geschichte kritisch auszuleuchten. Über ein Jahr lang haben die Autoren in Moskau, Washington, London, Paris und Berlin in den Archiven recherchiert, nach Dokumenten, Filmen, Fotos – und Überlebenden gesucht.

Wie in den mehrteiligen Geschichtsdokumentationen »Soldaten für Hitler«, »Die Waffen-SS« und »Heimatfront«, die bereits mit großem Erfolg im Ersten Deutschen Fernsehen ausgestrahlt wurden, kommt auch diesmal den Zeitzeugen eine besondere Bedeutung zu.

Im Zentrum der Fernsehdokumentation und des vorliegenden Begleitbuchs stehen dabei Geschichten und Schicksale von deutschen Gefangenen des Zweiten Weltkriegs. Soldaten und Offiziere, die Kriegsgefangenschaft unmittelbar erlebt und durchlitten haben, ihr Weg in die Gefangenschaft und ihre Überlebensstrategie. Das Leben hinter Stacheldraht mit seinen verschiedenen Facetten wird in Erinnerung gerufen, der alltägliche Daseinskampf, Ängste, Träume, Hoffnungen für die Zeit danach, Fragen nach Schuld und Sühne. Wie standen die Gefangenen zur Gewahrsamsmacht, wie zu den Mitgefangenen?

Unter dem zahlreichen Archivmaterial hat mich ein Foto ganz besonders aufgewühlt. Abgelichtet sind zwei Deutsche in einem sowjetischen Kriegsgefangenenlager. Der eine abgemagert, gebückt, krank. Der andere, Vertreter der Lagerprominenz, wohlgenährt, mit arrogantem Blick auf seinen zerlumpten Landsmann. Zwei deutsche Kriegsgefangene, die offenkundig nichts gemeinsam haben, auch wenn beide hinter dem gleichen Stacheldraht leben müssen.

Es gibt nicht allzu viele solcher ungeschminkten Fotos aus der Lagerzeit. Das Gros der vorhandenen Bilder, auch von denen, die in diesem Band abgedruckt sind, diente der Propaganda, in der Sowjetunion ebenso wie in den USA und den anderen Gewahrsamsmächten. Um so wichtiger, die Erinnerungen in den Köpfen der Betroffenen wachzurufen. Geschichten, Schicksale und Situationen, die, in den größeren historischen Zusammenhang gestellt, beachtliche Tiefenschärfe erlangen. Aus den Geschichten fügt sich ein wichtiges Stück Geschichte.

Es hat sich herausgestellt, daß »Soldaten hinter Stacheldraht« weit mehr als ein spontaner Einfall »geschichtsbesessener« Redakteure war, die stets nach Themen suchen. Den beteiligten Redaktionen wurde sehr schnell bewußt, daß es ein vehementes Mitteilungsbedürfnis der Betroffenen gibt. Wie sonst ist jene Flut von Zuschriften zu erklären, die über den MDR hereinbrach, nachdem wir – wie bei historischen Projekten durchaus üblich – durch die Presse melden ließen: »Zeitzeugen für eine Dokumentation über die Kriegsgefangenen des Zweiten Weltkriegs gesucht«? Mehr als tausend Briefe, Anrufe, Mails aus ganz Deutschland bereits innerhalb einer Woche – bei keiner der zahlreichen historischen Dokumentationen, die der Sender bislang angegangen ist, gab es eine so überwältigende Resonanz.

Die Menschen drängen mit ihren Erinnerungen in die Öffentlichkeit, besonders in den neuen Bundesländern. Wohl weil das Thema Kriegsgefangenschaft in der DDR nach dem Willen der Herrschenden kein Thema war. Männer, die viele Jahre geschwiegen, verdrängt, vergessen haben, möchten endlich darüber sprechen, was ihnen widerfahren ist, in der Gefangenschaft und danach, als sie sich wieder hineinfinden mußten in das normale Leben, das völlig anders war als jenes, das sie irgendwann vor 1945 verlassen mußten, um in den Krieg zu ziehen.

Sah das Innenleben der heimkehrenden Soldaten wirklich so aus, wie es Wolfgang Borchert 1947 in »Draußen vor der Tür« beschrieb? »Ein Mann kommt nach Deutschland. Er war lange weg, der Mann. Sehr lange. Vielleicht zu lange. Und er kommt ganz anders wieder, als er wegging. Äußerlich ist er ein naher Verwandter jener Gebilde, die auf den Feldern stehen, um Vögel zu erschrecken. Innerlich auch.«

Wie sieht es heute aus in den Köpfen derjenigen, die ihre besten Jahre durch Krieg und Lagerhaft verloren haben? Viele hat die Kriegsgefangenschaft nie losgelassen, einige haben ihre Erlebnisse sogar zu Papier gebracht. Nicht für die große Öffentlichkeit, wie uns einer, der ungenannt bleiben will, schrieb, sondern »für meinen Enkel«. Ich meine, das Thema geht uns alle an, nicht nur besagten Enkel.

Henning Röhl ist Fernsehdirektor des Mitteldeutschen Rundfunks

Der Weg in die Gefangenschaft

Deutsche Soldaten auf dem Weg in amerikanische Gefangenschaft, April 1945

Der Weg in die Gefangenschaft

Elf Millionen deutsche Soldaten gerieten im Zweiten Weltkrieg in Gefangenschaft, etwa zehn Millionen von ihnen kehrten heim. Alte, sehr junge oder todkranke Gefangene kamen oft schon in den Monaten nach der Kapitulation nach Hause, die letzten erst elf Jahre später – nach einer Zeit des Hungers und der Entbehrungen, nach Jahren der Zwangsarbeit.

Junger deutscher Soldat, von US-Truppen während der Ardennenoffensive gefangengenommen, Dezember 1944

Etwa eine Million Kriegsgefangene sind gestorben, ihre Spuren haben sich verloren. Die Heimkehrer haben oft über das Erlebte geschwiegen; zu sehr lastete die Vergangenheit auf ihnen.

Heute, mehr als ein halbes Jahrhundert nach Kriegsende, kommen fünf Zeitzeugen zu Wort. In diesem Buch erzählen sie ihre Geschichte, führen uns an die Orte der Gefangennahme – von der Westfront über Nordafrika bis zur Ostfront –, schildern das unterschiedliche Los in sowjetischen, amerikanischen, britischen oder französischen Lagern und erinnern an die Heimkehr.

Sie kamen in eine Welt, die in nichts mehr der vergangenen glich. Oft waren die Familien zerrissen. Ihre Illusionen waren zerstört, ihre Zukunft ungewiß. Jedes hier erzählte Schicksal berührt auf seine Weise; es eröffnet nicht nur eine persönliche, sondern auch eine allgemeine Sicht auf die deutsche Nachkriegsgeschichte.

Der Leutnant der Artillerie Hans Kampmann war im Juni 1944 mit seiner Batterie an der Ostfront eingesetzt:

Ich war als vorgeschobener Beobachter weit vor der Feuerstellung, und bis auf den heutigen Tag kann ich mich an meine letzte Telefonverbindung erinnern. Ich hörte aus der Feuerstellung, daß Russen in der Stellung seien und mit Panzern die Holme unserer Kanonen überfahren und die Geschütze somit unbrauchbar gemacht hatten. Ab dem Zeitpunkt hatte ich keine Verbindung mehr zu meiner Einheit. Die gesamte Truppe befand sich nun auf der Flucht nach Westen.

Hans Kampmann wurde gefangengenommen, als sowjetische Soldaten mit Hunden das Feld absuchten, in dem er sich versteckt hielt.

Dann kamen die Russen auf mich zu. Tausend Gedanken schossen mir durch den Kopf: »Jetzt ist der Zeitpunkt gekommen, wo du dich entweder vor den Soldaten auf der Stelle umbringst. Oder sie bringen dich um. Die letzte Möglichkeit ist, daß du alles auf dich zukommen läßt.«
Da waren sie auf einmal vor mir: »Ruki vverch«, hörte ich, »Hände hoch!« – Auf alle Fälle verlief die Gefangennahme gut. Das war eine Überraschung, denn man hatte uns eingebleut, daß eine Gefangenschaft unser Ende bedeuten würde. Man warnte uns immer wieder: »Die bringen euch um!« Das hatte viele zum Selbstmord geführt. So hatte es auch mein Vorgesetzter vorgezogen, lieber sich selbst zu erschießen, als gefangengenommen zu werden.

So dramatisch ging es nicht überall zu. Der im besetzten Norwegen stationierte Stabsgefreite Johann Lampert geriet erst mit der Kapitulation am 8. Mai 1945 in Gefangenschaft:

Unsere Division behielt auch nach der Kapitulation der gesamten deutschen Armee in Norwegen ihre bisherige Befehls- und Versorgungsstruktur bei. Unsere Waffen, die Fahrzeuge und sämtliche Ausrüstungsgegenstände verblieben bei uns. Das einzige, was sich änderte, war die Abschaffung des Hitlergrußes und die Wiedereinführung des militärischen Grußes. Wir galten nicht als Kriegsgefangene, sondern hatten den Status von Internierten.

Kriegsgefangene und das Kriegsvölkerrecht

Grundlage für die Behandlung aller Kriegsgefangenen bildete das »Abkommen, betreffend die Gesetze und Gebräuche des Landkrieges« vom 18. Oktober 1907 und seine Anlage, die »Haager Landkriegsordnung« (HLKO). Schon bei ihrer Unterzeichnung waren sich alle Staaten darin einig gewesen, daß mit dieser Konvention keine grundsätzlich neuen Regelungen geschaffen wurden. Man beschränkte sich lediglich darauf, die von der gesamten »zivilisierten Welt« – d. h. in erster Linie von den europäischen Mächten – als allgemein verbindlich anerkannten Prinzipien der Kriegführung festzuschreiben. Der Fortschritt bestand darin, daß die bis dahin gewohnheitsmäßig befolgten Regeln nun schriftlich fixiert waren. Ein Kapitel der Landkriegsordnung bezog sich auf die Kriegsgefangenen.

Die wichtigsten Bestimmungen der Haager Landkriegsordnung aus dem Jahr 1907

- Artikel 4: Sie (die Kriegsgefangenen) sollen mit Menschlichkeit behandelt werden. Alles, was ihnen persönlich gehört, verbleibt ihr Eigentum ...
- Artikel 6: Der Staat ist befugt, die Kriegsgefangenen mit Ausnahme der Offiziere nach ihrem Dienstgrad und nach ihren Fähigkeiten als Arbeiter zu verwenden. Diese Arbeiten dürfen nicht übermäßig sein und in keiner Beziehung zu den Kriegsunternehmungen stehen.
- Artikel 7: In Ermanglung einer besonderen Verständigung zwischen den Kriegführenden sind die Kriegsgefangenen in Beziehung auf Nahrung, Unterkunft und Kleidung auf demselben Fuße zu behandeln wie die Truppen der Regierung, die sie gefangengenommen hat.
- Artikel 14: Beim Ausbruch der Feindseligkeiten wird in jedem der kriegführenden Staaten ... eine Auskunftsstelle über die Kriegsgefangenen errichtet.
- Artikel 15: Die Hilfsgesellschaften für Kriegsgefangene ... erhalten von den Kriegführenden ... jede[n] Erleichterung ....
- Artikel 17: Die gefangenen Offiziere erhalten dieselbe Besoldung, wie sie den Offizieren gleichen Dienstgrads in dem Lande zusteht, wo sie gefangengehalten werden; ihre Regierung ist zu Erstattung verpflichtet.
- Artikel 20: Nach dem Friedensschlusse sollen die Kriegsgefangenen binnen kürzester Frist in ihre Heimat entlassen werden.

Im Ersten Weltkrieg bewährten sich die Regeln der Haager Landkriegsordnung. Es zeigte sich aber auch, daß sie präzisiert werden mußten, nicht zuletzt infolge neuer Entwicklungen in der Waffentechnik wie Panzer und Giftgas, die bei der Verabschiedung der HLKO nicht absehbar waren. Im Jahr 1929 wurden dann zwei weitere Konventionen abgeschlossen, die für die Kriegsgefangenen Bedeutung hatten – das »Genfer Abkommen über die Behandlung der Kriegsgefangenen« und das »Genfer Abkommen zur Verbesserung des Loses der Verwundeten und Kranken der Heere im Felde« (siehe nächste Seite).

Alle drei Konventionen hatten in den am Zweiten Weltkrieg beteiligten Staaten Gültigkeit, ausgenommen Japan und die Sowjetunion. Zum ersten »Anwendungsfall« kam es bei Gefangennahme der polnischen Armee im Jahr 1939. Eigentlich hätten die polnischen Soldaten unter dem Schutz des Kriegsvölkerrechts gestanden, das Deutsche Reich nahm jedoch eine bis dahin nicht gekannte Rechtsposition ein. Es erklärte, der polnische Staat habe aufgehört zu existieren. Soldaten aber seien das bewaffnete Organ eines Staates. Wenn also ein Staat nicht mehr existiere, gäbe es auch keine Soldaten mehr. Mit dieser Begründung wurde den »ehemaligen« polnischen Soldaten der Status als Kriegsgefangene aberkannt, sie wurden zu zivilen Zwangsarbeitern erklärt. Ähnlich erging es den jugoslawischen Kriegsgefangenen im Frühjahr 1941. Auch die italienischen Kriegsgefangenen wurden im Herbst 1943 offiziell nicht als Kriegsgefangene, sondern als »italienische Militärinternierte« bezeichnet. Anders als die Polen und Jugoslawen, sollten die Italiener damit ursprünglich nicht diskriminiert werden. Letztlich erfuhren sie dennoch – ähnlich wie die sowjetischen Kriegsgefangenen – eine ungewöhnlich schlechte Behandlung.

Der juristische Trick, Kriegsgefangene zu zivilen Zwangsarbeitern zu erklären, war für das Deutsche Reich nützlich, für die deutschen Soldaten sollte er sich später als fatal erweisen. Nach Kriegsende sollten die Westalliierten ihrerseits den Deutschen den Status »Kriegsgefangene« verweigern.

Ähnlich verhielt es sich, als die Franzosen im Jahr 1940 in deutsche Gefangenschaft gerieten. Nach Abschluß des Waffenstillstands am 22. Juni 1940 wurden sie nicht freigelassen, sondern mußten in Gefangenschaft verbleiben. Dieses Verfahren war nicht neu, bereits im Ersten Weltkrieg hatte die deutsche Reichsregierung erst nach Inkrafttreten des Friedensvertrags von Brest-Litovsk begonnen, die russischen Kriegsgefangenen freizulassen – bis dahin wurden sie als Arbeitskräfte in der deutschen Wirtschaft eingesetzt. Auch die deutschen Kriegsgefangenen in der Hand der Entente waren 1919 bis nach der Ratifizierung des Versailler Vertrags zurückgehalten worden. Diese Verfahrensweise stand nicht im Widerspruch zum Kriegsvölkerrecht, denn die Freilassung der Kriegsgefangenen mußte nicht nach dem Waffenstillstand, sondern erst nach Inkrafttreten eines Friedensvertrags erfolgen. Mit dem Zurückhalten der französischen Gefangenen 1940 schuf die deutsche Regierung jedoch einen Präzedenzfall für den Zweiten Weltkrieg. Nach dem Kriegsende 1945 wurden die gefangenen deutschen

Zur Haager Landkriegsordnung ergänzende Vertragsbestimmungen aus den Genfer Konventionen von 1929

- Artikel 2: Vergeltungsmaßnahmen an ihnen (den Kriegsgefangenen) auszuüben, ist verboten.
- Artikel 7: Die Kriegsgefangenen sind in möglichst kurzer Frist nach ihrer Gefangennahme nach Sammelstellen zu bringen, die vom Kampfgebiet genügend weit entfernt liegen, so daß sie sich außer Gefahr befinden.
- Artikel 8: So bald als möglich muß jeder Kriegsgefangene in den Stand gesetzt werden, selbst mit seiner Familie ... in Briefwechsel zu treten.
- Artikel 9: Die Kriegführenden haben die Zusammenlegung von Gefangenen verschiedener Rassen und Nationalitäten in ein Lager möglichst zu vermeiden.
- Artikel 19: Das Tragen der Dienstgradabzeichen und Ehrenzeichen ist erlaubt.
- Artikel 27: Die kriegsgefangenen Unteroffiziere können nur zum Aufsichtsdienst herangezogen werden, es sei denn, sie verlangten ausdrücklich eine entgeltliche Beschäftigung.
- Artikel 32: Es ist verboten, Kriegsgefangene zu unzuträglichen oder gefährlichen Arbeiten zu verwenden.
- Artikel 68: Die Kriegführenden sind verpflichtet, schwerkranke und schwerverwundete Kriegsgefangene, nachdem sie sie transportfähig gemacht haben, ohne Rücksicht auf Dienstgrad und Zahl in ihre Heimat zurückzusenden.
- Artikel 86: Die Vertreter der Schutzmacht und ihre zugelassenen Delegierten sind ermächtigt, sich ohne Ausnahme an alle Örtlichkeiten zu begeben, wo Kriegsgefangene untergebracht sind.

Angehörige des Afrika-Korps auf dem Marsch in britische Gefangenschaft, 1942

Soldaten nicht entlassen – mit dem Hinweis, daß kein Friedensvertrag geschlossen sei.

Weil Frankreich daran interessiert war, die Kriegsgefangenen heimkehren zu lassen, und das Deutsche Reich dringend Arbeitskräfte benötigte, einigten sich die Vichy-Regierung Frankreichs und Berlin dahingehend, für jeden freigelassenen französischen Kriegsgefangenen drei französische Arbeiter nach Deutschland zu schicken. Vom Sommer 1942 an wurde dieses Verfahren praktiziert; entgegen der Abmachung durften die freigelassenen französischen Kriegsgefangenen dann aber doch nicht heimkehren. Sie mußten als »freie Arbeiter« in Deutschland bleiben – eine irreführende Bezeichnung, denn die Betroffenen waren keineswegs frei, sondern nur weniger unfrei als die Kriegsgefangenen. Auch mit dieser Maßnahme hatte das Deutsche Reich einen weiteren Präzedenzfall geschaffen. Später waren es vor allem die Franzosen, die die deutschen Kriegsgefangenen zu »freien Arbeitern« erklären wollten.

Zusätzlich komplizierte sich die Situation zwischen dem Deutschen Reich und Frankreich dadurch, daß zwei französische Regierungen existierten. Die von den Deutschen abhängige Staatsführung in Vichy verwaltete den unbesetzten Teil Frankreichs, in London residierte die von Deutschland völkerrechtlich nicht anerkannte französische Exilregierung unter

General de Gaulle. Ein von der Londoner Regierung vorgeschlagenes Drittland als Schutzmacht für die Betreuung der »frei-französischen« Kriegsgefangenen wurde in Berlin nicht akzeptiert. Die Vichy-Regierung beanspruchte, die Rolle der Schutzmacht für die in Gefangenschaft geratenen Franzosen selbst auszuüben – eine Regelung außerhalb des Kriegsvölkerrechts. Für die deutsche Regierung war dieser Rechtsbruch natürlich vorteilhaft, denn mit der von den Deutschen abhängigen Vichy-Regierung war leichter zu verhandeln als mit einer unabhängigen Schutzmacht. Deutlich zeigte sich dies, als die Deutschen französische Unteroffiziere zu solchen Arbeits-

Gefangene Soldaten der 6. deutschen Armee nach der Schlacht bei Stalingrad, Februar 1943

tätigkeiten zwingen wollten, zu denen sie laut Kriegsvölkerrecht nicht verpflichtet waren. Die Vichy-Regierung stellte sich nicht etwa auf die Seite ihrer Unteroffiziere, sondern unterstützte die deutsche Position.

Im Verhältnis zwischen Deutschen und Angloamerikanern, vor allem gegenüber den Briten, kam es immer wieder zu propagandistischen Gefechten in Sachen Kriegsvölkerrecht. Ein Beispiel dafür war der Zwischenfall auf dem Schiff »Pasteur«, das im März 1942 deutsche Kriegsgefangene von Port Suez nach Durban in Südafrika transportierte. Bei einer Durchsuchung an Bord wurden den deutschen Kriegsgefangenen persönliches Eigentum und Kleidung gestohlen. Als sie das Schiff verließen, mußten viele Gefangene, sowohl Offiziere als auch Unteroffiziere und Mannschaften, nur mit Unterhose bekleidet von Bord gehen. Daraufhin entbrannte mitten im Zweiten Weltkrieg zwischen der deutschen und der britischen Regierung ein verbaler Schlagabtausch um verletzte Ehre, Schuld und Schadenersatz. Eigentlich handelte es sich hier um eine Bagatelle, doch zeigt dieser Vorfall, daß die Regeln des Kriegsvölkerrechts zwischen Großbritannien und Deutschland prinzipiell funktionierten. Den Betroffenen war es möglich, sich zu beschweren, und ihre Beschwerde konnte auch nicht ignoriert werden.

Weitaus ernsteren Charakter hatte die sogenannte Fesselungskrise: Bei dem britischen Angriff auf die französische Hafenstadt Dieppe im August 1942 waren deutschen Kriegsgefangenen die Augen verbunden und die Hände auf dem Rücken gefesselt worden – eine eindeutig kriegsvölkerrechtswidrige Handlung. Als der Angriff scheiterte, fiel den Deutschen der britische Befehl in die Hände, der dieses Vorgehen anordnete. Verschärft wurde der Konflikt durch einen ähnlichen Vorfall auf der Kanal-Insel Sark. Das Deutsche Reich forderte von der britischen Regierung eine öffentliche Entschuldigung, was diese jedoch ablehnte. Als Vergeltung ließ man daraufhin britische Kriegsgefangene in deutschen Lagern vorübergehend fesseln. Das führte wiederum zu Repressalien auf britischer Seite. Erst Ende 1943 gelang es, die Affäre beizulegen. Letztlich bewährten sich auch hier die Regelungen des Kriegsvölkerrechts.

Als weiteres Beispiel für das Funktionieren der Konventionen können die Austausch-Aktionen von Schwerstverwundeten und Kriegsversehrten stehen. Insgesamt kehrten auf diese Weise mehr als 15 000 Deutsche per Schiff über Göteborg,

Verwundete deutsche Gefangene des Afrika-Korps treffen in Marseille ein, erster Kriegsgefangenenaustausch im Oktober 1943

Barcelona oder die Schweiz vorzeitig heim. Im Gegenzug wurden 15 000 Amerikaner, Briten und Franzosen den jeweiligen Heimatstaaten übergeben.

Insgesamt ist also festzustellen, daß die Regeln des Kriegsvölkerrechts auf dem westlichen Kriegsschauplatz im wesentlichen eingehalten wurden. Diese Schlußfolgerung ist durchaus nicht selbstverständlich, wenn man bedenkt, daß bis Mitte 1944 die Verteilung der Kriegsgefangenen auf die gegnerischen Parteien sehr ungleich war. Es befanden sich wesentlich mehr Kriegsgefangene der westlichen Alliierten in deutschem Gewahrsam als umgekehrt. Verstöße gegen das Kriegsvölkerrecht hätten für Hitlerdeutschland daher keine besonders gravierenden Folgen gehabt. Diese Situation änderte sich erst nach der Invasion im Juni 1944; es kam zu ernsten Verstößen gegen das Kriegsvölkerrecht, bis hin zu der Ermordung von Kriegsgefangenen, vor allem durch Angehörige der Waffen-SS.

Die kriegsvölkerrechtlichen Beziehungen zwischen der UdSSR und dem Deutschen Reich unterschieden sich ganz wesentlich von denen zwischen Deutschland und den Gegnern auf dem westlichen Kriegsschauplatz. Da die Sowjetunion weder der

Haager Landkriegsordnung von 1907 noch der Genfer Kriegsgefangenenkonvention von 1929 beigetreten war, galten nur das Genfer Verwundetenabkommen von 1929 und die allgemeinen Regeln des Kriegsvölkerrechts, aus denen die Haager Landkriegsordnung entstanden war. Obwohl es also durchaus verbindliche Normen gab, kam es zwischen dem Deutschen Reich und der Sowjetunion zu keiner Einigung hinsichtlich ihrer Anwendung. Auf deutscher Seite war es Hitlers erklärter politischer Wille, den Krieg im Osten ohne kriegsvölkerrechtliche Rücksichten als »Vernichtungsfeldzug« zu führen. Diese Auffassung wurde von der politischen und auch der militärische Führung mitgetragen. Admiral Wilhelm Canaris brachte auf Drängen seines Rechtsberaters Helmuth James Graf von Moltke im Oberkommando der Wehrmacht seine Bedenken gegen eine solche Entscheidung vor. Er betonte, daß es im Verhältnis zwischen dem Deutschen Reich und der UdSSR sehr wohl gültige Normen des Kriegsvölkerrechts gäbe, deren Befolgung auch im deutschen Interesse liege. Der Chef des Oberkommandos der Wehrmacht, General Wilhelm Keitel, ließ sich davon jedoch nicht beeindrucken, sondern kommentierte diesen Vorstoß mit den Worten: »Die Bedenken entsprechen den

Originaltext des »Kommissarbefehls« der Deutschen Wehrmacht

Richtlinien für die Behandlung politischer Kommissare

Im Kampf gegen den Bolschewismus ist mit einem Verhalten des Feindes nach den Grundsätzen der Menschlichkeit oder des Völkerrechts nicht zu rechnen. Insbesondere ist von den *politischen Kommissaren aller Art* als den eigentlichen Trägern des Widerstandes eine haßerfüllte, grausame und unmenschliche Behandlung unserer Gefangenen zu erwarten. Die Truppe muß sich bewußt sein:

1.) In diesem Kampfe ist Schonung und völkerrechtliche Rücksichtnahme diesen Elementen gegenüber falsch. Sie sind eine Gefahr für die eigene Sicherheit und die schnelle Befriedung der eroberten Gebiete.

2.) Die Urheber barbarisch asiatischer Kampfmethoden sind die politischen Kommissare. Gegen diese muß daher sofort und ohne weiteres mit aller Schärfe vorgegangen werden.
Sie sind daher, wenn im Kampfe oder Widerstand ergriffen, grundsätzlich sofort mit der Waffe zu erledigen.

soldatischen Auffassungen vom ritterlichen Krieg! Hier handelt es sich um die Vernichtung einer Weltanschauung: Deshalb billige ich die Maßnahmen und decke sie.« Für Stalin wiederum galten sowjetische Kriegsgefangene als Vaterlandsverräter, die nicht ausreichend gekämpft hatten. Von daher hatte er ebenfalls kein allzu großes Interesse am Schutz der sowjetischen Kriegsgefangenen.

Zu den für die Kriegsgefangenen wichtigsten deutschen Bestimmungen gehörten zunächst die »Richtlinien für die Behandlung politischer Kommissare« vom 6. Juni 1941, der »Kommissarbefehl«. Er besagte, daß die politischen Kommissare der Roten Armee nicht als Soldaten, sondern als Partisanen zu betrachten und ohne Umstände zu töten seien. Unabhängig davon, daß die Aberkennung des Soldatenstatus an sich schon einen Verstoß gegen das Kriegsvölkerrecht darstellte, wurde auch der Begriff »Kommissar« in der Praxis so interpretiert, daß er völkerrechtswidrig jede mißliebige Person – und vor allem die Juden – einschloß.

Von Bedeutung waren auch die zunächst wenig aussagekräftig erscheinenden »Bestimmungen über das Kriegsgefangenenwesen im Fall Barbarossa« vom 16. Juni 1941. Sie legten fest, daß die Genfer Kriegsgefangenenkonvention von 1929 – abgesehen von einigen Ausnahmen – prinzipiell anzuwenden sei. Außer Kraft gesetzt wurden aber die Vorschriften über das internationale Meldewesen, die Ernährung der Kriegsgefangenen und die Inspizierung der Lager durch das Rote Kreuz oder die Schutzmacht. Damit boten die harmlos erscheinenden Bestimmungen genügend Spielraum, die Gefangenen verhungern zu lassen – ohne daß die internationale Öffentlichkeit davon erfuhr.

Der sowjetische Erlaß über die Behandlung der Kriegsgefangenen stammte vom 1. Juli 1941 – den deutschen Behörden war er bekannt. Er orientierte sich an der Haager Landkriegsordnung, war an entscheidenden Stellen allerdings ähnlich unverbindlich formuliert wie die deutschen Bestimmungen. So wurde in Hinblick auf die Ernährung, Bekleidung und Unterbringung und auf die Errichtung einer zentralen Auskunftsstelle auf noch zu erlassende Regelungen an anderen Stellen verwiesen.

Das Internationale Rote Kreuz bemühte sich, alle kriegführenden Mächte zu einer Vereinbarung über die Anwendung des Kriegsvölkerrechts zu bewegen. Zunächst boten einzelne Staaten an, darunter die Sowjetunion im Juli 1941, die Haager Landkriegsordnung anzuwenden. Die Deutschen akzeptierten diese Offerte jedoch nicht. Das Internationale Rote Kreuz schlug einen Austausch von Listen mit den Namen der gefangenen Soldaten vor. Zunächst stimmten dem Italien, Finnland, Rumänien und die UdSSR zu, die deutsche Regierung übergab dem Internationalen Roten Kreuz sogar eine erste Liste mit etwa 300 Namen von sowjetischen Kriegsgefangenen und führte die Rot-Kreuz-Delegation in ein Kriegsgefangenenlager. Auch andere Länder beteiligten sich, so daß das Rote Kreuz insgesamt 300 Listen an die UdSSR weiterleiten konnte. Zu Weihnachten 1941 unterbreitete das Deutsche Reich den Vorschlag, auf der Basis der Gegenseitigkeit weitere 500 000 Namen bekanntzugeben. Entgegen allen Erwartungen reagierte die sowjetische Regierung darauf nicht. Damit waren die Versuche, zur Vereinbarung von Mindeststandards in der Behandlung der Kriegsgefangenen zu kommen, beendet. Offenbar waren weder die deutsche noch die sowjetische Regierung am Wohlergehen der Kriegsgefangenen interessiert.

Inwieweit die Regeln des Kriegsvölkerrechts in der Realität eingehalten wurden, läßt sich an den Berichten über die Behandlung von Kriegsgefangenen ablesen, die während des Zweiten Weltkriegs in deutschen Gewahrsam gerieten. Und es sollte sich im Laufe des Krieges zeigen, daß die Frage, wie die Deutschen von den Alliierten behandelt wurden, sehr eng mit der Behandlung zusammenhing, die ihre Gefangenen in deutschem Gewahrsam erfahren hatten.

Feindliche Kriegsgefangene in deutschem Gewahrsam

Mit dem Angriff der Deutschen Wehrmacht auf Polen am 1. September 1939 begann der Zweite Weltkrieg. Von der militärischen Übermacht der deutschen Truppen überrollt, mußte bereits am 27. September die polnische Hauptstadt kapitulieren. Am 17. September griff auch die Sowjetunion Polen an, bis Anfang Oktober waren die polnische Armee geschlagen und das Land besetzt. Ein Teil der polnischen Soldaten geriet in sowjetische Gefangenschaft. – Ihr Schicksalsweg sollte sich noch mehrfach mit dem der Deutschen kreuzen. – Zunächst wurden die polnischen Kriegsgefangenen in der UdSSR in das Archipel GUPVI verbracht, die aus dem Archipel GULag neu entstandene Verwaltung für die Kriegsgefangenenlager.

Das deutsche Kriegsgefangenenwesen war so organisiert, daß die kämpfende Truppe die Gefangenen an die rückwärtigen Einheiten übergab. Von dort wurden sie zu Sammelpunkten (Armee-Sammelstellen) gebracht und weiter in mobile, provisorische »Durchgangslager« oder »Front-Stammlager« (Dulag, Front-Stalag) überstellt. Von dort aus leitete die Kriegsgefangenenverwaltung sie weiter an die Stammlager oder Offizierslager (Stalag, Oflag), wo sie dauerhaft verblieben. Diese Lager befanden sich auf dem Gebiet des »Großdeutschen Reiches«, d. h. in Deutschland mit seinen »Ostprovinzen«, dem Sudetenland und Österreich. Zu jedem Stammlager gehörte eine wechselnde, oft sehr große Anzahl von Nebenlagern und Außenkommandos, möglichst nahe der Arbeitsstätte gelegen und in Betrieb, so lange Arbeit vorhanden war.

Mehr als 400 000 Polen gerieten in deutsche Gefangenschaft; sie wurden in das »Reich« verbracht. Angesichts des ständig wachsenden Bedarfs an Arbeitskräften in Deutschland stellten sie einen wichtigen Wirtschaftsfaktor dar. Im Laufe des Krieges kamen zivile Zwangsarbeiter und weitere Gruppen hinzu, darunter Kinder, die zusammen mit ihren Müttern nach Deutschland gekommen oder hier geboren waren, und die polnischen Männer, die als deutsche Soldaten in der Wehrmacht dienten. Insgesamt befanden sich bei Kriegsende etwa 2,4 Millionen Polen in Deutschland – davon ein Drittel Frauen. Sie wurden überwiegend (66 Prozent) in der Landwirtschaft eingesetzt. Als Angehörige eines zerschlagenen, von den Nationalsozialisten als kulturell minderwertig angesehenen »Ostvolkes« erfuhren sie zumeist Geringschätzung in ihrer Umgebung, doch wußten die Bauern auch, daß nur der arbeiten kann, der auch ausreichend zu essen hat. Dies bedeutete einen Vorteil gegenüber jenen, die in der Industrie einer rücksichtslosen, unmenschlichen Ausbeutung ausgesetzt waren.

Am 10. Mai 1940 griff das Deutsche Reich Frankreich an; bereits nach sechs Wochen, am 22. Juni 1940, kam es zum Abschluß des Waffenstillstands. Etwa 1,9 Millionen Franzosen wurden gefangengenommen. Von den etwa 1,6 Millionen Franzosen, die nach Deutschland verbracht wurden, mußten etwa eine Million dort fünf Jahre als Zwangsarbeiter bleiben.

Jugoslawische Kriegsgefangene in deutschem Gewahrsam, in der Nähe von Belgrad, 1941

Bei Kriegsende belief sich die Zahl der in Deutschland arbeitenden Franzosen – zivile Zwangsarbeiter und Kriegsgefangene – auf etwa 1,2 Millionen Menschen, darunter etwa 50 000 Frauen. Da die Wehrmacht ursprünglich nicht mit einer so großen Zahl von Kriegsgefangenen gerechnet hatte, erfolgten Versorgung und Unterbringung zunächst provisorisch. Wie viele der Polen wurden die Franzosen in kleinen Gruppen oder allein privaten Arbeitgebern zugeteilt, in deren Haushalten sie auch lebten. Trotz aller nationalsozialistischen Propaganda führte der persönliche Kontakt dazu, daß die Gefangenschaft von jenen Franzosen zwar als hart, nicht aber als unmenschlich erlebt wurde. Ein zweiter Schwerpunkt ihres Arbeitseinsatzes lag in der Rüstungsindustrie. Einer der fünf Zeitzeugen, Heinz Fiedler, arbeitete zum Beispiel als Flugzeugbauer in der Gothaer Waggonfabrik mit französischen Kriegsgefangenen zusammen. Darüber hinaus setzte man Franzosen als Hilfskräfte in Arbeitsbataillonen der Wehrmacht ein. Oft waren es die Kriegsgefangenen-Bau- oder -Dachdeckerbataillone, die nach alliierten Luftangriffen die beschädigten Häuser und Dächer so gut wie möglich zu reparieren versuchten.

Nach dem deutschen Angriff auf Jugoslawien und Griechenland von April 1941 an gerieten mehr als 100 000 Soldaten vom Balkan in Gefangenschaft. Diese sogenannten Südostgefangenen wurden ebenfalls als Zwangsarbeiter in der deutschen Wirtschaft eingesetzt.

Die zahlenmäßig größte Gruppe bildeten die sowjetischen Kriegsgefangenen. Am 22. Juni 1941 erfolgte der deutsche Angriff auf die Sowjetunion. Die deutschen Truppen erzielten zunächst gewaltige Erfolge, ohne allerdings die Rote Armee entscheidend schlagen zu können. In den Kesselschlachten von Minsk, Bialystok, Smolensk, Mogilev, Gomel, Kiev, Brjansk und anderswo gerieten jeweils Hunderttausende in deutsche Kriegsgefangenschaft, darunter auch der Stalin-Sohn und Leutnant der Roten Armee, Jakov Džugašvili. Gefangengenommen wurden nicht nur Rotarmisten, sondern auch Rekruten, die ihren Einberufungsort noch gar nicht erreicht hatten, und Zivilisten. Einem Teil von ihnen gelang es, aus den provisorischen Lagern zu fliehen, andere wurden entlassen, viele als »Hilfswillige« in der Wehrmacht eingesetzt. Diese sogenannten Hiwis arbeiteten als Pferdekutscher oder Handlanger, ohne jedoch den Rechtsstatus von Soldaten zu besitzen.

Die sowjetischen Kriegsgefangenen erfuhren von Beginn an eine grundsätzlich andere Behandlung als alle anderen Gruppen. So hatte Hitler angeordnet, diese »rassisch minderwertigen« Menschen nicht zu Arbeitseinsätzen im »Reich«, sondern in Lagern östlich des Reichsgebiets unterzubringen. Dort vegetierten sie auf freiem Feld ohne Zelte und bei völlig unzureichender Ernährung dahin. Mitunter verbot man ihnen sogar, Schutzlöcher in die Erde zu graben. Mit dem Einbruch der Kälte im Herbst 1941 und infolge grassierender Epidemien und Unterernährung starben Hunderttausende.

Mit zunehmenden Verlusten im Laufe des Krieges auch auf deutscher Seite wurde deutlich, daß die deutsche Wirtschaft auf die Arbeitskraft der sowjetischen Staatsbürger nicht verzichten konnte. Zunächst entgegen dem ausdrücklichen Verbot Hitlers, dann mit seiner widerwillig erteilten Genehmigung, überstellte man sowjetische Kriegsgefangene zur Arbeit in das »Reichsgebiet«. Untergebracht wurden sie zum Teil auf Truppenübungsplätzen der Wehrmacht, wie Hammelburg (für Offiziere) und Senne, weitab von der deutschen Bevölkerung. Zum Arbeitseinsatz kamen sie zunächst kaum, weil Epidemien in den Lagern wüteten und sie isoliert werden mußten, um das Übergreifen der Krankheiten auf die deutsche Bevölkerung zu verhindern. Soweit noch nicht geschehen, wurden die Gefangenen dann auf ideologisch verdächtige »Elemente« überprüft. Die daraufhin Ausgesonderten, u. a. die politischen Kommissare der Roten Armee und die Juden, wurden formell aus der Kriegsgefangenschaft entlassen, in Konzentrationslager überstellt und dort ermordet.

Nachdem die Wehrmacht sich im Januar 1942 von den vordersten Stellungen kurz vor Moskau hatte zurückziehen müssen, gelang es ihr im April, die Front wieder zu festigen. Die deutsche Sommeroffensive brachte noch einmal Erfolge, die Wehrmacht stand bei Jahresende in Stalingrad und im Kaukasus. Wieder gelangten Hunderttausende von Rotarmisten in deutsche Gefangenschaft. Auch während des Rückzugs der Wehrmacht ab 1943 gerieten weitere Soldaten in Gefangenschaft – bis Kriegsende waren es insgesamt 5,3 Millionen Männer. Etwa 900 000 von ihnen erlebten das Kriegsende als Zwangsarbeiter in Deutschland. Etwa 2,5 Millionen waren gestorben, die restlichen hatten fliehen können bzw. waren aus unterschiedlichen Gründen entlassen oder noch vor Kriegsende von der Roten Armee befreit worden. Darüber hinaus befanden sich noch mehr als zwei Millionen zivile sowjetische Zwangsarbeiter in Deutschland. Eingesetzt wurden sie in verschiedenen Wirtschaftsbereichen, vor allem aber in der Rüstungsindustrie, im Baugewerbe, im Bergbau und in der Landwirtschaft.

Obwohl Hitler es ursprünglich kategorisch abgelehnt hatte, »slawische Untermenschen« jemals Waffen tragen zu lassen, erwies sich mit Fortschreiten des Krieges, daß die Wehrmacht auf ihre Unterstützung angewiesen war. Gegen Kriegsende hätte manche Batterie der Heimatflak ohne sie keinen Schuß mehr abgeben können. Längst waren sie nicht mehr nur als »Hilfswillige« eingesetzt, sondern bedienten auch Waffen. Zur gleichen Zeit wurden aus Kriegsgefangenen zusammengestellte Bataillone der Wehrmacht an die Westfront geschickt. Darüber hinaus gab es in Wehrmacht und Waffen-SS auch nicht-deutsche Staatsbürger, die als reguläre Soldaten übernommen worden waren, oder »fremdvölkische«, geschlossene Verbände, wie die der Kosaken. Die Einheiten der »Russischen Befreiungs-

Russische Kriegsgefangene völlig erschöpft nach dem Schichtwechsel in einem Bergwerk in Beuthen

front« unter General Andrej Vlassov waren zwar von den Deutschen abhängig, verstanden sich aber als völkerrechtlich autonome russische Exilarmee, die gegen den Kommunismus kämpfen wollte. Vlassov ging nach Kriegsende in amerikanische Gefangenschaft, wurde jedoch von den Amerikanern an die Sowjets ausgeliefert und in Moskau hingerichtet.

In den Lagern für sowjetische Kriegsgefangene herrschten katastrophale Zustände. Schlechte Unterkünfte, fehlende hygienische Einrichtungen und mangelhafte Ernährung hatten den Tod von Hunderttausenden zur Folge. Die Todesquote bei den sowjetischen Kriegsgefangenen in deutschem Gewahrsam betrug mehr als 50 Prozent und war damit die höchste aller Nationalitäten. Stärker noch als in der Behandlung der Polen kam in dem Verhalten gegenüber den sowjetischen Kriegsgefangenen ein tief verwurzeltes Überlegenheitsgefühl der Deutschen gegenüber den »Untermenschen« aus dem Osten zum Ausdruck, das sich schon im Ersten Weltkrieg in einer schlechteren Behandlung der Russen im Vergleich zu anderen Kriegsgefangenen ausgedrückt hatte. Die nationalsozialistische Propaganda tat dann das Ihre, um im öffentlichen Bewußtsein der Deutschen die Auffassung zu nähren, bei den sowjetischen Kriegsgefangenen handele es sich um »Minderwertige«, die ihr erbärmliches Schicksal verdient hätten.

In der Chronologie der Kriegsereignisse gerieten die italienischen Soldaten als letzte große Gruppe in deutsche Gefangenschaft. Ursprünglich waren Deutschland und Italien Verbündete gewesen, deutsche und italienische Verbände hatten gemeinsam auf dem Balkan, in Nordafrika und an der Ostfront gekämpft. Nach der Landung auf Sizilien Anfang Juli 1943 hatten die Westalliierten bis Mitte August die ganze Insel erobert und am 3. September auf das italienische Festland übergesetzt. Daraufhin unterzeichnete die italienische Regierung einen Waffenstillstandsvertrag. Für die Deutsche Wehrmacht trat damit der »Fall Achse« ein. Ihre Aufgabe bestand darin, die ehemals 3,7 Millionen verbündeten italienischen Soldaten durch die etwa 600 000 eigenen Soldaten zu entwaffnen, um zu verhindern, daß sie auf alliierter Seite weiterkämpften. Hinsichtlich ihrer weiteren Behandlung war zu unterscheiden zwischen den Italienern, die sich der neuen deutsch-feindlichen Badoglio-Regierung verpflichtet fühlten, solchen, die nur noch nach Hause wollten, und denen, die für die »republikanisch-faschistische« Marionettenregierung in Salò unter Benito Mussolini kämpften. Für jede dieser drei Gruppen galten unterschiedliche Regeln. Erschießungen bei der Gefangennahme, unmenschliche Bedingungen während des Transports und in den Lagern sowie rücksichtslose Ausbeutung bei der Zwangsarbeit hatten zur Folge, daß etwa zehn Prozent der italienischen Gefangenen starben. Insgesamt wurden etwa 600 000

Italiener gefangengenommen, von denen 500 000 als Arbeitskräfte eingesetzt waren – vorrangig in der Rüstungsindustrie.

Wie die Sowjets kamen auch die Italiener in Deutschland als Hilfskräfte bei den Einheiten der Heimatverteidigung zum Einsatz, und zusammen mit ihnen nahmen sie in der Bewertung der Nazi-Propaganda die unterste Stelle ein. Sie galten als Verräter – hatten sie doch aus deutscher Sicht schon im Ersten Weltkrieg schnöder machtpolitischer Vorteile wegen mit den Gegnern Deutschlands paktiert, um jetzt nach dem Waffenstillstand mit den Alliierten Deutschland erneut im Stich zu lassen.

Nach der französischen Niederlage verblieb auf dem westlichen Kriegsschauplatz zunächst Großbritannien als einziger Gegner des Deutschen Reichs. Im Mai 1940 hatte sich das britische Expeditionskorps, das zusammen mit den Franzosen gekämpft hatte, über Dünkirchen nach England zurückgezogen. Einige Briten waren bereits vorher in Gefangenschaft geraten, andere hatten nicht mehr evakuiert werden können. Im Herbst 1940 befanden sich daher etwa 40 000 Briten in deutschen Kriegsgefangenenlagern, darunter Männer aus dem gesamten britischen Empire. Im Lauf der weiteren Kämpfe auf dem westlichen Kriegsschauplatz, zunächst in Afrika und, nach der Landung der Alliierten in der Normandie, auch in Westeuropa, stieg die Zahl der Briten in deutschem Gewahrsam bis zum Kriegsende auf etwa 160 000 an.

Am 11. Dezember 1941 hatten Deutschland und Italien den USA den Krieg erklärt, zu einem Aufeinandertreffen von deutschen und amerikanischen Truppen kam es zunächst aber nur in Nordafrika. Im November 1942 landeten die Westalliierten in Französisch-Nordafrika, um von dort aus nach Osten vorzurücken und zusammen mit den Engländern unter General Montgomery das Deutsche Afrika-Korps in die Zange zu nehmen. Mit dessen Kapitulation gelangten zum erstenmal auf dem westlichen Kriegsschauplatz größere deutsche Verbände in Gefangenschaft. Im Juli 1943 landeten die Westalliierten dann in Sizilien, die Befreiung Italiens begann. Während dieses Vormarschs, infolge der Invasion in der Normandie im Juni 1944 und aufgrund der Landung in Südfrankreich im August desselben Jahres stieg die Zahl der Amerikaner in deutschem Gewahrsam weiter an. Bei Kriegsende belief sie sich auf etwa 50 000 Mann – im Vergleich zur Größe der amerikanischen

Streitkräfte und der Zahl von Kriegsgefangenen anderer großer Armeen in Deutschland eine recht kleine Anzahl. In der Rangordnung der Nationen in Hinblick auf ihre Akzeptanz und Behandlung durch die Deutschen nahmen die angloamerikanischen Gefangenen die höchste Stufe ein.

Die Auswirkungen unterschiedlicher Bewertung der Nationen bzw. der »Rassen« spürten die Gefangenen weniger deutlich im Lager, sondern vor allem am Arbeitsplatz. In den Lagern selbst blieben die Angehörigen einer Nation entsprechend den Forderungen des Kriegsvölkerrechts unter sich. Von den Lagern aus marschierten sie, wie auch die zivilen Zwangsarbeiter, zu den Arbeitsstätten. Marschierende Kolonnen von Zwangsarbeitern und Kriegsgefangenen waren während der Kriegsjahre überall in Deutschland eine alltägliche Erscheinung. Erst am Arbeitsplatz in der Fabrik kamen die Kriegsgefangenen bzw. zivilen Zwangsarbeiter verschiedener Nationalität zusammen. In den Kantinen dort war es durchaus üblich, zwischen zehn verschiedenen Essensnormen zu unterscheiden. An Qualität und Quantität des Essens zeigte sich deutlich, welchen Stellenwert die jeweilige Gruppe in der Kriegsgefangenen-Rangordnung einnahm.

Deutsche Kriegsgefangene in feindlichem Gewahrsam

Zu Beginn des Krieges war die Anzahl der deutschen Soldaten in alliiertem Gewahrsam gering. Die während der Feldzüge gegen Polen und Frankreich gefangengenommenen Soldaten wurden bald nach der Niederlage der Polen bzw. der Franzosen wieder befreit. In britischer Gefangenschaft befanden sich zunächst nur die deutschen Soldaten, die gleich nach Großbritannien evakuiert worden waren. Hinzu kamen einige Schiffs- und über England abgeschossene Flugzeugbesatzungen. Bezieht man die Amerikaner in die Berechnungen mit ein, dann lag das Zahlenverhältnis der Gefangenen zwischen den Angloamerikanern und den Deutschen konstant bei zehn zu eins zugunsten der deutschen Seite.

Dies änderte sich erst mit der Kapitulation des Afrika-Korps. Italienische Niederlagen gegen britische Verbände in Nordafrika hatten Hitler Anfang 1941 bewogen, dorthin deutsche Kräfte zur Verstärkung zu schicken. Unter dem späteren

Endlose Kolonnen deutscher Soldaten ziehen in russische Kriegsgefangenschaft, Februar 1943

Generalfeldmarschall Erwin Rommel drang das »Deutsche Afrika-Korps« bis El Alamein vor und bedrohte Ägypten und den Suez-Kanal. Letztlich mußte es sich doch den Westalliierten geschlagen geben, mit der Kapitulation am 13. Mai 1943 gerieten etwa 150 000 deutsche Soldaten sowie große italienische Verbände in alliierten Gewahrsam.

Der Kapitulation in Nordafrika folgte die Landung der Westalliierten in Sizilien im Juli 1943. In erbitterten Kämpfen zog sich die Wehrmacht in Richtung Norditalien zurück, wobei weitere deutsche Soldaten in Gefangenschaft gerieten. Am 6. Juni 1944 startete die »Operation Overlord«, die Landung der Westalliierten in der Normandie, an der neben amerikanischen Truppen und denen aus dem britischen Commonwealth auch Franzosen und die Polen der Anders-Armee beteiligt waren.

In der Folge dieser Operation erhöhte sich die Zahl der deutschen Kriegsgefangenen schlagartig, sie entsprach nun der der gefangenen Westalliierten.

Einer dieser Invasionsgefangenen war der Obergefreite Heinz Fiedler. Mit dem Funkmeßgerät »Würzburg« überwachte er in einem Bunker des »Atlantikwalls« den Ärmelkanal sowie die englische Küste. Als einer der ersten sah er am 6. Juni 1944, wie sich die alliierte Invasionsflotte der Küste näherte. Bald darauf erfolgte seine eigene Gefangennahme:

Vor uns befand sich ein Kommandobunker mit den Offizieren. Dort schütteten angreifende alliierte Soldaten in die Öffnung des Scherenfernrohrs Phosphor, der sich dann im Bunker selbst entzündete. Die Offiziere kamen mit erhobenen Händen heraus. Wir erstarrten – die Offiziere hatten uns doch immer gepredigt, wir sollten kämpfen bis zum letzten Mann. Und nun ergaben sie sich alle! Da dachten wir uns: »Wenn die Offiziere schon aufgeben, dann gehen wir hinterher und spielen hier jetzt nicht die Helden.« Wir waren im ganzen etwa zweihundert Mann.

Mit der erfolgreichen Landung und der Rückeroberung Frankreichs Ende 1944 stiegen die Kriegsgefangenenzahlen in westalliiertem Gewahrsam von weniger als 200 000 im Frühjahr 1944 auf etwa 700 000 zum Jahresende. In den ersten Monaten des Jahres 1945 wurde die Millionenmarke überschritten, und nur wenige Monate später, bei der Kapitulation, waren es etwa acht Millionen – einschließlich der deutschen Gefangenen in französischem Gewahrsam.

An der Ostfront gerieten in der Angriffsphase der Wehrmacht von Juni bis Ende 1941 kaum Deutsche in sowjetische Gefan-

Angehörige der Waffen-SS als Gefangene der 7. US-Armee, Januar 1945

Soldaten der Deutschen Wehrmacht ergeben sich in der Schlacht vor Moskau, Dezember 1941

genschaft. Dies änderte sich mit den ersten Rückschlägen der Wehrmacht im Winter 1941/42. Annähernd 10 000 Deutsche nahm die Rote Armee nun im Durchschnitt monatlich gefangen. Dennoch stieg die Zahl der in sowjetischer Gefangenschaft lebenden deutschen Soldaten nicht an – die Todesrate war so hoch, daß sie trotz der immer neu Hinzukommenden konstant blieb. Von diesen »Frühgefangenen« haben weniger als zehn Prozent die Gefangenschaft überlebt.

Die erste große deutsche Niederlage, bei der an der Ostfront schlagartig viele Soldaten in Gefangenschaft gerieten, erlebte die Wehrmacht mit der Vernichtung der 6. Armee bei Stalingrad. Neben je einem rumänischen und kroatischen Verband sowie etwa 50 000 sowjetischen »Hilfswilligen« waren dort etwa 195 000 deutsche Soldaten eingekesselt. Etwa 25 000 konnten ausgeflogen werden, 60 000 starben im Kessel, und etwa 110 000 gerieten in Gefangenschaft. Nur etwa 5000, drei Prozent der im Kessel Verbliebenen oder fünf Prozent der in Gefangenschaft geratenen, sind später heimgekehrt.

Auch wenn die Wehrmacht 1943 noch einzelne Erfolge erzielen konnte, überwogen von nun an verlustreiche Rückzugsoperationen. Im Jahr 1943 und in der ersten Jahreshälfte 1944 gerieten etwa 20 000 deutsche Soldaten pro Monat in sowjetische Gefangenschaft. Im Juli 1944 wurde die Heeresgruppe Mitte im Raum um Minsk zerschlagen, im August die

Heeresgruppe Südukraine in Rumänien bei Jassy und Kishinev. In beiden Fällen verlor die Wehrmacht je etwa 20 Divisionen, jeweils mehr als 100 000 deutsche Soldaten gerieten in Kriegsgefangenschaft. Einer von ihnen war Leutnant Hans Kampmann. Als Führer einer Artilleriebatterie der 6. Infanteriedivision geriet er in den Strudel des Zusammenbruchs und versuchte, sich durch die Flucht zu retten, die dann in einer Menschentreibjagd im Kornfeld endete.

Leutnant Kampmann hatte noch versucht, nach Westen zu flüchten. Er wollte wieder zu den deutschen Linien zurückfinden und den Kampf fortsetzen. Gegen Ende des Krieges bewegten sich jedoch die Alliierten sowohl von Westen als auch von Osten her aufeinander zu, der noch von der Wehrmacht gehaltene Gebietsstreifen wurde immer schmaler. Ende Januar 1945 standen die Westalliierten an der westlichen »Reichsgrenze« und die Sowjets östlich des Reichsgebietes, des »General-Gouvernements« und der Slowakei. Die Entfernung zwischen den Fronten betrug etwa tausend Kilometer. Bis Ende März 1945 waren die Alliierten im Westen bis an den Rhein und im Osten bis an die Oder vorgerückt, der Raum dazwi-

Deutsche Soldaten flüchten vor der Gefangennahme durch die Rote Armee über die Elbe zu den Amerikanern

Zwei junge Soldaten der Waffen-SS nach ihrer Gefangennahme durch die 7. US-Armee bei Schillersdorf im Nord-Elsaß, Januar 1945

schen war auf etwa 500 Kilometer geschrumpft. Am 25. April 1945 trafen sich erstmals russische und amerikanische Verbände bei Torgau an der Elbe. In dem Maße, in dem sich die Fronten aufeinander zubewegten, versuchten die deutschen Soldaten in Richtung Westen zu fliehen. Jeder deutsche Kommandeur mit seiner Einheit, aber auch jeder einzelne Soldat war bestrebt, sich vor der gefürchteten sowjetischen Kriegsgefangenschaft in den westalliierten Gewahrsam zu retten.

Zu ihnen gehörte auch der Fahnenjunker-Unteroffizier Meinhard Glanz. Als Angehöriger der Korpsnachrichtenabteilung 486 war er auf dem Balkan an der Ostfront im Raum Maribor/Marburg eingesetzt:

Mit Bekanntwerden der Kapitulation traten wir aufs Stichwort aus dem Raum Maribor/Marburg den geschlossenen Marsch an – von der Front gegen die 3. ukrainische Front der Sowjetunion Richtung Westen, den Alliierten entgegen. Am 13. Mai 1945 trafen wir beim V. britischen Korps im Raum Klagenfurt/Kärnten ein, wo wir ein Feldbiwak aufschlugen – mit Waschständen, Feldlatrinen und Zelten, wie

Zwei deutsche Gefangene unter britischer Bewachung kurz nach der alliierten Landung an der Küste der Normandie, Juni 1944

wir es gewohnt waren. Die militärischen Befehlsverhältnisse blieben bestehen, die Engländer tauchten nur gelegentlich als Verbindungskommandos auf.

Etwa 170 Kilometer weiter nördlich hatte Zeitzeuge Hans Laubsch nicht so viel »Glück«. Der kriegsfreiwillige Mannschaftssoldat bei der 3. SS-Panzerdivision »Totenkopf« erhielt am 8. Mai die Nachricht von der Kapitulation:

Viele meiner Kameraden versuchten, sich zu den Amerikanern durchzuschlagen. So flüchteten wir lange in westlicher Richtung, bis wir in der Nähe von Linz in amerikanische Gefangenschaft genommen wurden. Wir versammelten uns in einem großen Tal, wurden dort von »Negertruppen« bewacht, verpflegt und verbrachten die Nacht ruhig und in der Hoffnung, daß wir am nächsten Tag in Richtung Heimat transportiert würden. Am Morgen weckte uns eine freundliche Stimme aus dem Lautsprecher. Es wurde bekanntgegeben, daß wir uns an der Straße in Reih und Glied aufzustellen hätten. Verwundert waren wir darüber, daß sich zwischen den einzelnen Marschkolonnen amerikanische Panzer schoben. Seltsam erschien uns auch die Marschrichtung, denn wir marschierten nicht in Richtung Heimat, sondern ostwärts! Es sprach sich herum, daß uns die Amerikaner den Russen ausliefern würden. Da brach Panik unter den Soldaten aus.

Ganz anders erging es dem Stabsgefreiten Johann Lampert. Als Kraftfahrer diente er in der 7. Gebirgsdivision in Norwegen. Zum Zeitpunkt der deutschen Kapitulation war Norwegen noch von den Deutschen besetzt. Es gab damit zunächst keine alliierten Verbände, die die Deutschen hätten gefangennehmen können. So änderte sich für Johann Lampert zunächst fast nichts. Die gewohnten Befehlsverhältnisse blieben bestehen, lediglich der Hitlergruß wurde abgeschafft und der traditionelle militärische Gruß wieder eingeführt.

Für eine Zusammenfassung der Entwicklung deutscher Kriegsgefangenschaft sind einige Vergleichsgrößen interessant: Die Gesamt-Ist-Stärke (die Zahl der zu einem bestimmten Stichtag vorhandenen Soldaten) der Wehrmacht einschließlich der Waffen-SS betrug etwa acht bis zehn Millionen Mann. Insgesamt dienten etwa 18 Millionen Männer beim Militär, von denen etwa elf Millionen in Gefangenschaft gerieten. Verglichen damit war die Zahl der deutschen Kriegsgefangenen in feindlichem Gewahrsam bis zum Jahreswechsel 1942/43 gering – sie lag bei ein bis zwei Prozent der Ist-Stärke. Auch wenn im Februar und Mai 1943 mit der 6. Armee und dem Afrika-Korps erstmals große Verbände in Gefangenschaft gerieten, erhöhte sich die Kriegsgefangenenquote, bezogen auf die Ist-Stärke, damit doch nur auf vier bis fünf Prozent. Kriegsgefangenschaft spielte für die Deutschen bis dahin also keine bedeutende Rolle. Erst mit der alliierten Landung in der Normandie Mitte 1944 und den Niederlagen der Heeresgruppen Mitte und Südukraine wurde Gefangenschaft für die deutschen Soldaten ein Massenphänomen. Von nun an waren es schon mehr als zehn Prozent der Ist-Stärke, die sich in Gefangenschaft befanden. Binnen eines Jahres schon wurde Gefangenschaft zu einem Schicksal, das fast jeden noch lebenden deutschen Soldaten traf.

Vergleicht man den östlichen und den westlichen Kriegsschauplatz miteinander, dann ist festzuhalten, daß deutsche Soldaten an der Ostfront früher in Gefangenschaft geraten sind als an der Westfront. In den ersten Kriegsjahren hatte die Rote

Armee mehr deutsche Kriegsgefangene in ihrem Gewahrsam als die Westalliierten, Mitte 1944 war mit etwa 560 000 Mann ein Gleichstand erreicht. Von da an stiegen die Gefangenenzahlen der Westalliierten. Bis zum Kriegsende gerieten an der Ostfront in Schlachten wie bei Halbe oder durch die Kapitulation großer Verbände, wie der Heeresgruppe Kurland oder der neu gebildeten Heeresgruppe Mitte unter Generalfeldmarschall Ferdinand Schörner in der Tschechoslowakei, weitere Hunderttausende deutscher Soldaten in Gefangenschaft. Dennoch blieb die Zahl der Deutschen in sowjetischem Gewahrsam weitaus niedriger als die der Deutschen in westalliierter Gefangenschaft – wer konnte, der versuchte nicht von den Sowjets, sondern von den Westalliierten gefangengenommen zu werden.

Vieles von dem, was in dieser Einleitung nur in groben Zügen aufgezeigt werden konnte, haben die fünf befragten, ehemaligen Kriegsgefangenen erlebt. Ihre Schicksale stehen stellvertretend für die von etwa elf Millionen Deutschen, von denen einige erst nach über zehn entbehrungsreichen Jahren wieder nach Hause zurückkehren konnten. Auch wenn versucht wird, anhand der Zeitzeugenberichte immer wieder auf die allgemeine Situation zu verweisen, hat doch jeder der fünf ganz Ungewöhnliches erlebt, das es wert ist, berichtet zu werden.

Deutsche Kriegsgefangene auf einem US-Truppentransporter während der Überfahrt nach Amerika, November 1944

»Der Traum von der Heimkehr war vorerst ausgeträumt«

»Der Traum von der Heimkehr war vorerst ausgeträumt«

Heinz Fiedler: Auf der »Queen Elizabeth« nach Amerika

Er war noch keine einundzwanzig Jahre alt, als er die längste Reise seines Lebens antrat. Von Southampton wurde er als Kriegsgefangener an Bord der »Queen Elizabeth« nach New York verschifft. In Friedenszeiten hätte sich der Soldat aus Seebergen bei Gotha in Thüringen, Jahrgang 1923, eine solche Schiffspassage vermutlich niemals leisten können. Nach seiner Lehre als Flugzeugbauer bei der Gothaer Waggonfabrik wurde er im April 1942 zur Wehrmacht einberufen. Als Vierundzwanzigjähriger zu Weihnachten 1947 kehrte er nach Seebergen in die sowjetische Besatzungszone heim. Zunächst hatte er große Probleme, einen beruflichen Neuanfang zu finden, später arbeitete er als Straßenbaumeister. Er berichtet über seine Gefangenschaft in Großbritannien und den USA.

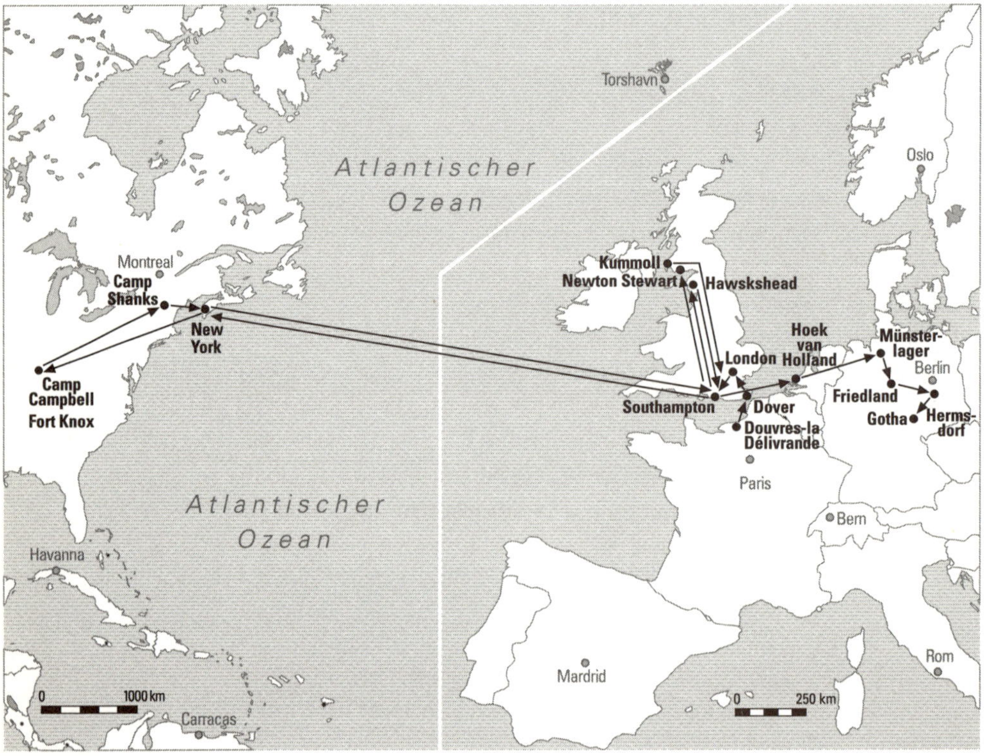

Heinz Fiedler 1942 und 1997 in Schottland, eine der Stationen seiner Kriegsgefangenschaft

Die Rekrutenzeit durchlief ich in Pilsen. Ende 1942 wurde ich zum Gerätemechaniker für Funkmeßgeräte des Typs »Würzburg« ausgebildet, ab Januar 1943 war ich dann am Atlantikwall eingesetzt. Wir hatten die Aufgabe, die Flugbewegungen der Alliierten am anderen Ufer des Kanals zu verfolgen. Ab Mai 1944 spürten wir, daß der Krieg bald eine entscheidende Wendung nehmen würde. Es fanden verstärkte Bombardierungen statt. Den Tag der alliierten Invasion kannten wir ja nicht, aber wir hatten das Gefühl, daß in diesen Tagen etwas passieren würde. Sicher waren wir, als während unserer Schicht in den Morgenstunden des 6. Juni 1944 auf den Bildschirmen plötzlich eine große Anzahl von Zielen auftauchte. Sie lagen so tief, daß uns klar wurde – das sind keine Flugzeuge. Unverzüglich machten wir Meldung. Unser nächster Gedanke war, es muß sich um ein Mißverständnis handeln. Daraufhin riefen wir die Nachbarstellungen an, doch sie bestätigten unsere Beobachtung. Die Vorgesetzten glaubten jedoch nicht, daß es sich um einen Landungsversuch der Alliierten handeln könnte. Wir mußten unsere Offiziere erst überzeugen, daß da was sei – und da fielen dann auch schon die Bomben! Die haben es einfach nicht geglaubt!

Am 6. Juni 1944 landeten die Westalliierten mit einer Armada von etwa 6000 Schiffen an der Küste der Normandie. Die

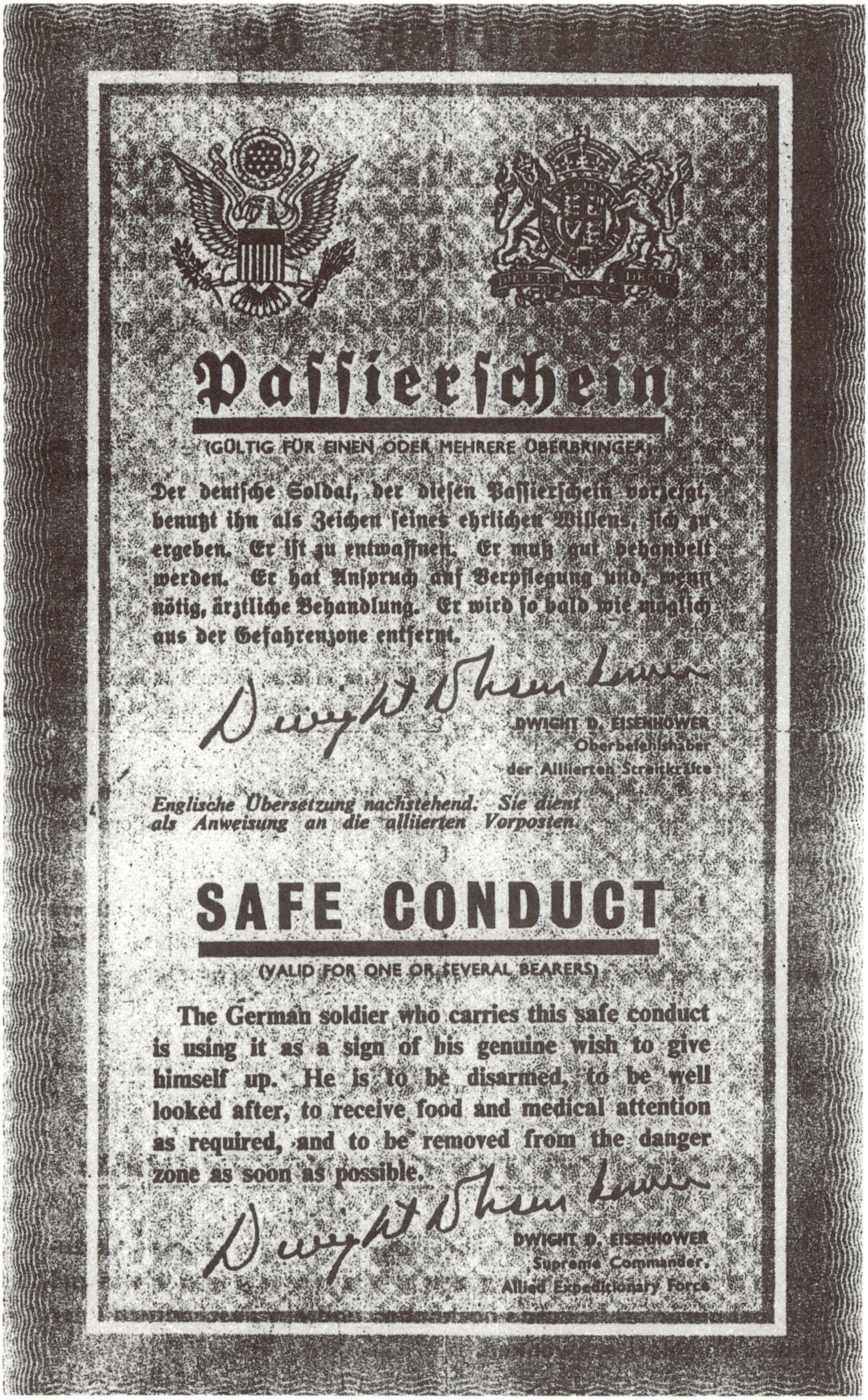

Passierschein

(GÜLTIG FÜR EINEN ODER MEHRERE ÜBERBRINGER)

Der deutsche Soldat, der diesen Passierschein vorzeigt, benutzt ihn als Zeichen seines ehrlichen Willens, sich zu ergeben. Er ist zu entwaffnen. Er muß gut behandelt werden. Er hat Anspruch auf Verpflegung und, wenn nötig, ärztliche Behandlung. Er wird so bald wie möglich aus der Gefahrenzone entfernt.

Dwight D. Eisenhower

DWIGHT D. EISENHOWER
Oberbefehlshaber
der Alliierten Streitkräfte

Englische Übersetzung nachstehend: Sie dient als Anweisung an die alliierten Vorposten.

SAFE CONDUCT

(VALID FOR ONE OR SEVERAL BEARERS)

The German soldier who carries this safe conduct is using it as a sign of his genuine wish to give himself up. He is to be disarmed, to be well looked after, to receive food and medical attention as required, and to be removed from the danger zone as soon as possible.

Dwight D. Eisenhower

DWIGHT D. EISENHOWER
Supreme Commander,
Allied Expeditionary Force

Deutsche Soldaten warten an der Küste der Normandie auf ihren Abtransport in die Kriegsgefangenschaft, Juni 1944

»Operation Overlord« markierte den Beginn der deutschen Niederlage an der Westfront.

Bis zum 17. Juni gelang es unserer Abteilung, sich zu halten, wenn auch unter großen Verlusten. An diesem Tag aber wurden unsere Bunker direkt angegriffen. Vor uns befand sich ein Kommandobunker mit den Offizieren. Dort schütteten angreifende alliierte Soldaten in die Öffnung des Scherenfernrohrs Phosphor, der sich dann im Bunker selbst entzündete. Die Offiziere kamen mit erhobenen Händen heraus. Wir erstarrten – die Offiziere hatten uns doch immer gepredigt, wir sollten kämpfen bis zum letzten Mann. Und nun ergaben sie sich alle! Da dachten wir uns: »Wenn die Offiziere schon aufgeben, dann gehen wir hinterher und spielen hier jetzt nicht die Helden.« Wir waren im ganzen etwa zweihundert Mann.

linke Seite:
In der Endphase des Krieges wurden solche Passierscheine massenweise über den deutschen Stellungen abgeworfen

Grundsätzlich wurde von jedem Soldaten der Wehrmacht erwartet, daß er sich in jedem Fall bis zuletzt verteidigte und – sollte keine Gegenwehr mehr möglich sein – sich eher selbst umbringt als sich zu ergeben. Das galt natürlich um so mehr für die höheren Dienstgrade. Allerdings glaubten auch viele der Soldaten an der Ostfront, daß die sowjetische Kriegsgefangenschaft ohnehin den Tod bedeute. Die Soldaten an der Westfront wußten hingegen aus Briefen von bereits in Gefangenschaft geratenen Kameraden, daß sie in amerikanischem oder britischem Gewahrsam hervorragende oder zumindest kriegsvölkerrechtsgemäße Lebensbedingungen erwarteten. Von

Nach der alliierten Landung in der Normandie gehen deutsche Soldaten in britische Kriegsgefangenschaft, Juni 1944

daher war der Anreiz, sich gefangen zu geben, an der Westfront recht hoch.

In dem Moment, als wir uns ergaben, erhielt der Teil des Bunkers, in dem ich mich befand, einen Volltreffer. Ich wurde verschüttet und verlor das Bewußtsein. Als ich aufwachte, war ich voller Blut, und es war alles so ruhig um mich herum. Dann sah ich, daß alle anderen mit erhobenen Händen in eine Richtung liefen. Da ging es mir darum, so schnell wie möglich zur Masse zu kommen, denn ich hatte Angst davor, als einzelner gefangengenommen zu werden. Ich habe meine Sachen weggeworfen – mein Koppel, die Munition und die Pistole – und habe mich voller Erleichterung ihnen angeschlossen.

Nun waren meine Kameraden und ich zu Kriegsgefangenen geworden. Zunächst wurden wir gefilzt. Man war großzügig, die meisten Dinge durften wir behalten. Diese Milde führten wir auf die Tatsache zurück, daß sich kanadische Soldaten bei uns befanden, die ein deutscher Stoßtrupp einige Tage zuvor gefangengenommen und in unsere Stellung gebracht hatte. Sie bezeugten, daß sie von der deutschen Einheit gut behandelt worden waren und man die Essenvorräte mit ihnen geteilt hatte.

Gemäß der Genfer Konvention über die Behandlung der Kriegsgefangenen von 1929 war es nicht erlaubt, Kriegsgefangenen Orden, Rangabzeichen oder persönliche Wertgegenstände wie Uhren abzunehmen. Während die Briten diese Vorschriften in aller Regel beachteten, machten sich gerade die amerikanischen Soldaten ein Vergnügen daraus, am rechten und linken Unterarm möglichst viele der »eingesammelten« Uhren zu tragen. Für die deutschen Soldaten, die bis dahin kaum gegen Amerikaner gekämpft hatten, war dieses Erlebnis um so enttäuschender, als sie ein solches, in ihren Augen unehrenhaftes Verhalten gerade von den »reichen« Amerikanern nicht erwartet hatten.

Wie die Alliierten mit den gefangengenommenen deutschen Soldaten umgingen, hing natürlich auch von den Erfahrungen ab, die die Alliierten selbst mit den Deutschen gemacht hatten. Während der Invasion wurden mehrfach alliierte Soldaten nach der Gefangennahme umgebracht, von daher rechneten auch die deutschen Soldaten damit. Übergriffe waren vor allem zu befürchten, wenn sich die Gefangennahme nicht öffentlich vollzog. Je mehr Soldaten der Gewahrsamsmacht beieinander waren, desto eher mußte jeder von ihnen damit rechnen, daß bei einem Übergriff ein Vorgesetzter einschritt oder ein Kamerad Meldung erstattete. Diese Überlegung war auch der Grund, warum Heinz Fiedler sich bei der Gefangennahme beeilte, wieder zu seiner Gruppe zu stoßen.

Wir Gefangene wurden in ein Durchgangslager auf einer offenen Wiese nahe der Küste gebracht, über den Kanal nach Dover gefahren und dann in einen Zug gesetzt, der sich Richtung London in Bewegung setzte. Mir werden die Bilder immer im Gedächtnis bleiben. Wir schauten aus dem Fenster und sahen, wie die Engländer den vorbeifahrenden Gefangenenzug beobachteten und unmißverständlich die gestreckte Hand am Hals vorbeiführten. Die Botschaft war klar: Am liebsten hätte man uns geköpft. Das war gerade die Zeit, als die V-2 auf London und andere englische Städte niederging und einige Teile Londons in Trümmerfelder verwandelte. Als wir an der Stadt vorbeifuhren, sahen wir sie. Wir verstanden die Reaktion der englischen Bevölkerung, umgekehrt hätten wir genauso empfunden.

Der Zug brachte uns in ein Auffanglager, einer Rennbahn in Hampton Park bei London. Bei der Verschüttung war ich verletzt worden, mein Kopf schmerzte manchmal so sehr, daß ich meinte, er müsse zerspringen. Meine Kameraden rieten mir, das Lazarett aufzusuchen. Man behielt mich gleich vierzehn Tage dort und stellte eine schwere

Deutsche Kriegsgefangene bei der Ankunft in England

Junger deutscher Soldat beim Verlassen des Schiffs nach der Fahrt über den Kanal

Gehirnerschütterung fest. In meinen Entlassungspapieren verzeichnete man später die Diagnose »Neurasthenie«. Nach der Heimkehr ließ ich mich 1948 von mehreren renommierten Ärzten untersuchen, die einen Nervenschock sowie eine nicht behandelte Gehirnerschütterung feststellten. Die Ärzte verabreichten mir Spritzen und teilten mir mit, daß die Kopfschmerzen höchstwahrscheinlich nach zwölf Jahren vorbei seien, aber die Wetterfühligkeit würde das Leben lang anhalten. So war es dann auch.

Wir 200 Neuankömmlinge wurden bald der Reihe nach verhört. Hier erfuhr ich von dem englischen Offizier, der das Verhör leitete, daß der Gothaer Betrieb, in dem ich meine Lehre gemacht hatte, bereits stark von Bomben zerstört war. Ich war bestürzt über die Detailkenntnis des englischen Offiziers, der sogar wußte, daß zum Zeitpunkt meiner Einberufung 20 französische Kriegsgefangene in dem Werk gearbeitet hatten. Das Faktenwissen des verhörenden Offiziers hatte mich beeindruckt, ich glaubte ihm. In der Rückschau erinnere ich mich, daß ich damit zum erstenmal eine Aussage der Alliierten nicht als Propaganda abgetan habe. Später fand ich heraus, daß die Angaben von einem Spitzel aus dem Betrieb stammten, den ich gekannt hatte. Er muß die Engländer jahrelang mit Nachrichten über den Betrieb versorgt haben.

Dieser Spitzel gehörte zu den französischen Kriegsgefangenen, die seit der Niederlage Frankreichs im Jahr 1940 als Zwangsarbeiter in Deutschland eingesetzt waren. Sie arbeiteten in der Industrie, in der Landwirtschaft oder mußten zum Beispiel als militärisch organisierte Kriegsgefangenen-Dachdecker-Bataillone Schäden der Luftangriffe beseitigen.

In den ersten Nächten schlief neben mir ein Volksdeutscher aus der Sowjetunion, wir unterhielten uns oft. Clemens erzählte, daß er von seinen Schulfreunden der einzige gewesen sei, der zur Waffen-SS gekommen war: »Ich war gerade auf der Straße, als durch unser Dorf Mariental bei Odessa deutsche Truppen zogen. Sie hielten an und fragten: ›Sind sie Deutscher?‹ Als ich bejahte, hieß es: ›Mitkommen!‹ Ich mußte auf einen LKW steigen und wurde der Waffen-SS zugeteilt. Meine Kameraden hatten sich in den Häusern verkrochen. Als die deutschen Truppen weg waren, sind Partisanen gekommen und haben meine Kameraden mitgenommen, die dann gegen die Deutschen kämpften. Und wir alle waren Schulfreunde gewesen.«

Ich weiß nicht, was aus meinem Freund geworden ist. Ich habe mich das oft gefragt, aber solange wir die DDR hatten, habe ich das Thema nicht angefaßt.

Aus Cherbourg in England eingetroffen, marschieren deutsche Kriegsgefangene in ein Lager bei St. Albans in Hertfordshire, Juni 1944

Das Schicksal dieses Freundes ist insofern ungewöhnlich, als die sowjetische Regierung die allermeisten Deutschstämmigen – insbesondere aus dem Gebiet der ehemaligen wolgadeutschen Sowjetrepublik – deportiert hatte, bevor deutsche Truppen diese Gebiete besetzten. Daß Clemens dann in der Waffen-SS diente, war wiederum nicht ungewöhnlich. Ursprünglich hatte das Recht, Wehrpflichtige einzuziehen, traditionell bei der Wehrmacht gelegen. Die Waffen-SS entstand gegen den Willen der Wehrmacht aus dem Personalbestand der SS und aus Freiwilligen. Die Wehrmacht verteidigte ihr Recht des alleinigen Zugriffs auf die Wehrpflichtigen im Reich als eines der wirksamsten Mittel, den weiteren Ausbau der Waffen-SS zu begrenzen. Solange die Waffen-SS nicht in der Lage war, dieses Monopol zu durchbrechen, war sie auf Freiwillige und Auslandsdeutsche angewiesen.

Die Waffen-SS verstand sich als Konkurrenz zu den Heeresverbänden der Wehrmacht, deren nationalsozialistische Ausprägung von ihr als zu gering eingeschätzt wurde. Ihr elitäres Bewußtsein bezogen die Waffen-SS-Verbände zum einen aus ihrem Selbstverständnis als Hitlers »politische Soldaten«, zum anderen aus ihrer überdurchschnittlichen guten Bewaffnung und aus ihrem rücksichtslosen Einsatz, der ihnen den Ruf verschaffte, die »Feuerwehr der Ostfront« zu sein. Waffen-SS-Soldaten waren reguläre Kombattanten, die Einheiten wurden zusammen mit Heeresverbänden eingesetzt. In der Bundesrepublik wurde der Dienst in der Waffen-SS rechtlich dem in

Gefangene Offiziere der Deutschen Wehrmacht treffen auf einem Londoner Bahnhof ein

der Wehrmacht gleichgestellt, auch wenn die moralische Bewertung oft eine andere war. In der DDR wurde die Waffen-SS noch stärker als die Wehrmacht als verbrecherische Organisation gesehen.

Wir wurden getrennt, als ich in ein Durchgangslager in der südenglischen Stadt Southampton gebracht wurde. Das Lager war überfüllt, das Essen nicht besonders reichhaltig. Bewacht wurde es von Angehörigen der Anders-Armee. Mit den polnischen Posten wurden allerlei Tauschgeschäfte betrieben, beispielsweise mit Zigaretten. Ich ergriff die erste Gelegenheit, um dem Lagerleben zu entkommen. Ich meldete mich im Juli 1944 freiwillig zur Arbeit und nahm eine Ordonnanzstelle bei deutschen Offizieren an, die in einem Herrensitz an der Grenze zwischen England und Schottland interniert waren. Dort übernahm ich Servier- und Putzarbeiten und bediente höhere Offiziere, die seit der Kapitulation des Afrika-Korps im Jahr 1943 in diesem Lager lebten, oder auch U-Boot-Kommandanten und abgeschossene Flieger, die schon 1940 hier gelandet waren. Sie empfingen mich mit dem Vorwurf: »Überläufer wart ihr!« Ich ertrug das mit Gelassenheit. Die Offiziere haben sich nur langsam davon überzeugen lassen, daß der Krieg anders zu Ende ging, als sie es sich ausgemalt hatten. Seit drei bis vier Jahren saßen sie schon in ihrem Herrenhaus, wie konnten sie wissen, was sich an der Küste abgespielt hatte?

Gemäß den Bestimmungen des Kriegsvölkerrechts waren Offiziere »mit der ihrem Rang und ihrem Alter zukommenden

Morgenappell im Lager Wilton Park bei Beaconsfield/Buckshire, die zentrale Reeducation-Schule in Großbritannien, April 1946

Rücksicht zu behandeln«. Hierzu gehörte u. a. die Gestellung von Ordonnanzen.

Ende August 1944 wurde das Lager aufgelöst, ich trat am 1. September die längste Reise an, die ich je in meinem Leben gemacht habe. Meinen einundzwanzigsten Geburtstag verbrachte ich auf dem Atlantik an Bord der »Queen Elizabeth« zusammen mit mehreren hundert anderen Kriegsgefangenen. Drei Tage später erblickten wir im Morgengrauen die Silhouette von New York.

Nur wenige – vor allem geheimdienstlich interessante – deutsche Kriegsgefangene blieben langfristig in Großbritannien. Die britische Regierung betrachtete die deutschen Kriegsgefangenen angesichts eines befürchteten deutschen Angriffs auf die britischen Inseln als Gefahr für die eigene Sicherheit. Die Zahl der Deutschen auf den britischen Inseln überschritt bis Anfang 1944 die Zahl von 2000 Soldaten nicht, die Mehrzahl wurde nach Kanada oder in den Nahen Osten verbracht. Aber es gab auch Lager in Australien (Murchison), Kenia (Maivasha) oder in Südafrika. Dorthin transportiert wurden die Gefangenen mit Schiffen, die Material oder Truppen nach Europa gebracht hatten und ansonsten leer zurückgefahren wären. Andere Kriegsgefangene, wie Heinz Fiedler, wurden an die USA übergeben. Erst ab Ende 1944, nach der erfolgreichen Invasion der Alliierten und angesichts des bevorstehenden Zusammenbruchs des Deutschen Reiches, stieg die Zahl der in Großbritannien verbleibenden deutschen Kriegsgefangenen an.

Das erste, was wir bei der Ankunft in New York hörten, war: »Let's go, let's go!« Damit wurden wir in gigantische Lagerhallen direkt am Hafen getrieben. Dort standen Ärzte mit großen Spritzen. Hinten eine rein, vorne eine, rechts in den Arm usw. Dann mußten wir alle duschen, danach kam das Entlausungsmittel. In der Zwischenzeit wurde unser Gepäck gegen Insekten behandelt. Als man uns unsere Säcke wiedergab, waren die Ledersachen in der Hitze meist vollkommen verschmort. Wir wurden mit abgelegten amerikanischen Uniformen neu eingekleidet. Auf dem Rücken und auf den Hosen stand PW oder POW. Manchmal fand man diese Buchstaben auch auf den Jackenärmeln. Die amerikanischen Uniformen hatten die Amerikaner für uns tiefschwarz eingefärbt. Wir trugen unter den Jacken T-Shirts, alles an uns war nun aus amerikanischen Beständen. Gefilzt wurden wir auch, aber mir hat man nichts abgenommen. Nachdem wir im Hafen entlaust worden waren, haben sie uns in verschiedene Gruppen eingeteilt. Wir mußten dabei alle den Arm heben, um zu sehen, ob jemand eine Blutgruppe eintätowiert hatte. Die Soldaten der Waffen-SS wurden aussortiert und kamen in »Nazi-Lager.« Zur zweiten Gruppe gehörten die Antifaschisten. Die Betreffenden mußten Beweise dafür liefern. Das Zentrum, also die kirchlichen Kreise, genossen bei den Amerikanern besonderen Vorzug. Aber wie sollten wir irgendwas beweisen mit unseren zwanzig Jahren? Uns stellte man noch nicht einmal gezielte Fragen wie: »Glauben Sie, daß der Krieg ein Fehler war?« oder etwas in der Richtung. Wir wurden jedesmal nach unserem Alter gefragt und dann automatisch als »politisch neutral« eingestuft. Wir waren die »verlorenen Jahrgänge«.

Mit einem Zug fuhren wir, etwa 2000 Gefangene, von New York in unser erstes Kriegsgefangenenlager auf amerikanischem Boden. Im Camp Campbell waren vorwiegend »Afrikaner« untergebracht. Wieder hörte ich die abfällige Bezeichnung »Überläufer«. Wir waren ja der erste Transport, der nach der geglückten Invasion der Alliierten solche Massen von Gefangenen nach Amerika gespült hatte. Wir haben versucht, den »Afrikanern« Bescheid zu geben. Aber es hat lange gebraucht, bis sie die Wahrheit glaubten. Es gab viele, die aus Trotz bis an das Ende an ihren »Führer« glaubten. Wir waren da einen Schritt weiter, denn wir hatten mit eigenen Augen gesehen, wie schlecht die Lage für die Wehrmacht aussah.

Deutsche Kriegsgefangene bei der Ankunft in Boston an der amerikanischen Ostküste, 1944

Als »Afrikaner« bezeichneten sich die Angehörigen des Deutschen Afrika-Korps, das zusammen mit italienischen Verbänden in Nordafrika vorwiegend gegen britische Verbände gekämpft hatte. Nach der Kapitulation verblieben etwa 15 000 Deutsche im Gewahrsam der frei-französischen Truppen unter der Führung General de Gaulles in Nordafrika, die restlichen wurden in die USA und nach Kanada gebracht. Das Bild von der Heimat, mit dem die Soldaten des Afrika-Korps in die Gefangenschaft gingen, war das eines Ende 1942/Anfang 1943 noch unzerstörten Deutschlands auf dem Höhepunkt seiner Macht. Vor diesem Hintergrund neigten sie dazu, alle Meldungen über die Erfolge der Alliierten als Feindpropaganda abzutun – bis die »Invasionsgefangenen« eintrafen und die amerikanischen Aussagen bestätigten.

Nach einem kurzen Aufenthalt in Camp Campbell wurden wir in den amerikanischen Bundesstaat Kentucky gebracht und auf einem Sportfeld zusammen mit ein paar Rollen Stacheldraht ausgeladen. Wir machten uns zunächst selbst an die Umzäunung unseres Erntelagers; die Wasserstellen legten unsere Bewacher für uns an. Ungefähr zwei Monate lang halfen wir bei der Ernte von Mais, Erdnüssen und Tabak. Zur Tabakernte bekamen wir Macheten ausgehändigt und sollten jeweils an drei Reihen arbeiten. Die Amerikaner wollten uns anspornen: »Wer zuerst fertig ist mit seiner Reihe, bekommt eine Zi-

Eine Gruppe von Offizieren liest im Hafen von Boston die Instruktionen für die aus Europa ankommenden Kriegsgefangenen, 1944

garette!« hieß es. Auf einmal fingen ein paar Kameraden an, wie wild zu arbeiten. Wir haben ihnen Prügel angedroht, weil sie so vorgeprescht sind. Manche ließen sich aber nicht beeindrucken. In der Nacht im Lager kam dann der »Heilige Geist« über sie. Wir mußten dafür sorgen, daß die Leute in die Gemeinschaft zurückgeholt wurden. Wenn jemand vorprescht, ist das nicht gut. Das Zusammensein – unsere Gemeinschaft – das war doch die einzige Stärke, die wir noch hatten.

Anfangs brachten die US-Behörden die deutschen Kriegsgefangenen in den USA aus Sicherheitsgründen nicht in Lagern an der Ostküste unter. Als sich durch die Rekrutierung von Amerikanern ein Arbeitskräftemangel entwickelte, wurden deutsche Kriegsgefangene in fast allen Regionen der USA zur Arbeit eingesetzt – vorwiegend als Hilfskräfte in militärischen Einrichtungen und in der Landwirtschaft, seltener in der Industrie. Grundsätzlich erlaubte die Genfer Konvention den Arbeitseinsatz von Kriegsgefangenen, sofern sie körperlich tauglich und die Aufgaben weder gesundheitsgefährdend waren noch in einem unmittelbaren Zusammenhang zur Kriegführung standen. Die Amerikaner beschränkten sich deshalb darauf, deutsche Kriegsgefangene im militärischen Bereich vor allem für Instandsetzungsarbeiten an Kasernen und den täglichen Dienstbetrieb einzusetzen – was zumindest teilweise amerikanische Soldaten für den Kampfeinsatz freistellte.

Neben den etwa 400 000 deutschen Kriegsgefangenen befanden sich auch etwa 40 000 italienische Kriegsgefangene in den USA. Sie wurden von den Amerikanern unmittelbar für die Armee eingesetzt. Zum einen mußten gegenüber den Italienern weniger Rücksichten genommen werden, zum anderen galten die Italiener als politisch nicht so hart gesotten wie die Deutschen – das Sabotagerisiko schien geringer. Sie hatten allerdings den Ruf, schlechter zu arbeiten. Da das Kriegsvölkerrecht vorschreibt, die Vermischung von Kriegsgefangenen unterschiedlicher Nationalität zu vermeiden, gab es kaum Kontakte zwischen deutschen und italienischen Kriegsgefangenen.

Nach dem Ernteeinsatz kamen wir Ende Oktober in das Hauptlager Fort Knox. Hier waren etwa 2000–3000 Gefangene untergebracht. Die für 5000 Kriegsgefangene ausgelegte Einrichtung befand sich innerhalb eines Militärlagers. Ein Teil des Armeelagers war mit Stacheldraht abgetrennt und mit einem Wachturm versehen. Die Posten machten jede Stunde ihre Runde. Unsere Unterkünfte unterschieden sich nicht von denen der Amerikaner. In den Baracken standen Doppelstockbetten – 50 Mann waren in der oberen, 50 Mann in der unteren Etage untergebracht. In jeder Baracke befand sich ein Kohleofen, an der Decke verliefen mehrere Rohre; dadurch war die warme Heizungsluft individuell regulierbar. Die Winter waren mit maximal zwei bis drei Grad Kälte erträglich. Unser Lager war sauber und praktisch angelegt, wir kümmerten uns selbst um die Unterhaltung der Baracken, der Wege und um die Gartenarbeiten in unserem Lagerbezirk.

Gemäß der Genfer Konvention waren die Kriegsgefangenen genauso unterzubringen und zu ernähren wie eigene Ersatztruppenteile. Diese Bestimmungen wurden von den USA exakt eingehalten.

Nach der Rückkehr vom Ernteeinsatz meldete ich mich sofort bei der Lagerleitung, um einen neuen Arbeitsauftrag zu bekommen. In den Wintermonaten fiel nicht viel Arbeit an. Schließlich wurde ich einem Straßenbaukommando zugeteilt. Die dort gesammelten Erfahrungen kamen mir später beruflich zugute.

Es gab im Lager auch ein Theater. Viele nutzten die Zeit zu kulturellen Aktivitäten.

Wir hatten Kameraden bei uns, die aus der Kölner Gegend stammten. Die waren unglaublich aktiv. Sie haben sogar ein Stück von George

Amerikanische Soldaten desinfizieren das Gepäck von Kriegsgefangenen, 1944

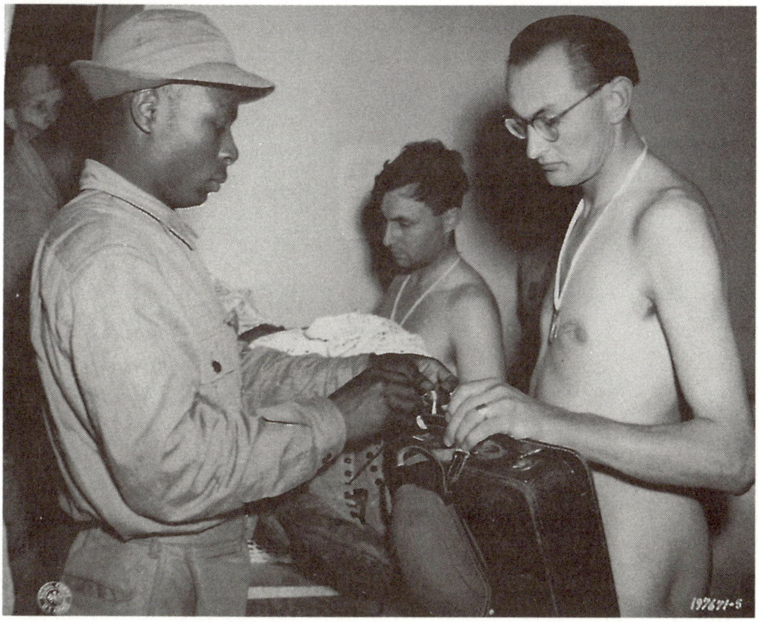

Nach der Desinfektion nehmen die Gefangenen ihr Gepäck wieder in Empfang, 1944

Bernard Shaw aufgeführt. Die Frauenrollen übernahmen Männer, wir waren ja ein reiner Männerverein. Das Hauptlager hatte auch sieben Kinos, wo Filme über Deutschland oder Japan gezeigt wurden. Auch der Unterricht fand dort statt: Marschieren, Gewehrkunde und allgemeine Waffenkunde.

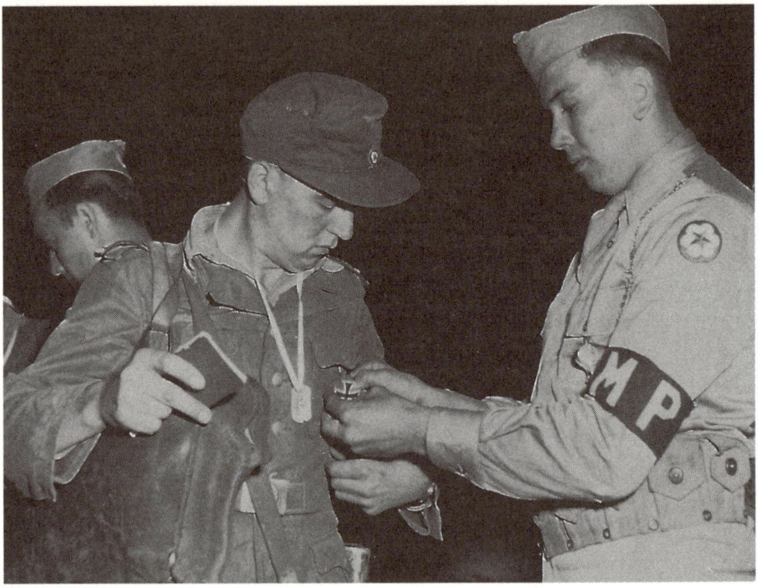

Ein amerikanischer Militärpolizist entfernt das Eiserne Kreuz Zweiter Klasse von der Uniformjacke eines Deutschen; die Ehrenzeichen blieben im Besitz des Gefangenen, durften aber nicht getragen werden, 1944

In den amerikanischen Lagern entwickelte sich ein reges kulturelles und sportliches Leben, das so vielfältig war wie in keinem anderen Gewahrsam. Ein Grund dafür war die ausgezeichnete Ernährung – Hungerkranke spielen nicht Fußball. Außerdem lag es im Interesse der Amerikaner, die Kriegsgefangenen beschäftigt zu wissen. Unbeschäftigte, gut ernährte Kriegsgefangene neigten erfahrungsgemäß zu Fluchtversuchen. Das kulturelle Angebot war vielfältig. Es gab Sportveranstaltungen aller Art, gut ausgestattete Bibliotheken, Lageruniversitäten, Fernkurse, Konzerte, Theaterveranstaltungen und Ausstellungen mit künstlerischen Arbeiten von Gefangenen. Besonders umfangreich war das Bildungsangebot in den Offizierslagern, da hier mit den Reserveoffizieren viele ausgebildete Pädagogen und andere hochqualifizierte Fachleute zur Verfügung standen.

Nach dem Krieg mußten wir uns Filme über die Massenverbrechen der Nationalsozialisten und die Konzentrationslager anschauen. Man zeigte uns einen Film, der von US-amerikanischen Truppen nach der Befreiung des Konzentrationslagers Buchenwald gedreht worden war. Am Eingang des Kinos standen zwei amerikanische Posten mit einer Namenliste. Die Amerikaner wollten sichergehen, daß jeder Gefangene den Film zu sehen bekam. Es war grauenhaft. Wir sahen entsetzte GIs vor den riesenhaften Leichenbergen mitten in Deutschland. Am nächsten Tag zur selben Zeit lief der Film für die in

Im Hafen von New York wird den am 8. Mai 1945 ankommenden deutschen Kriegsgefangenen die Nachricht von der Kapitulation Hitlerdeutschlands vorgelesen

Fort Knox zur Ausbildung untergebrachten amerikanischen Soldaten. Als der Film zu Ende war, kamen die jungen Amerikaner in unseren Lagerbereich und spuckten einige Gefangene an. Manche wurden von den amerikanischen Soldaten getreten und geschlagen. Ich blieb verschont. Wir konnten die Reaktion verstehen, auch wenn uns die Aggression der amerikanischen Soldaten unvorbereitet traf. Später hat sich das Verhältnis untereinander wieder eingerenkt.

In unserem Lager lebten ausschließlich Mannschaftsdienstgrade und Unteroffiziere, dadurch existierte bei uns auch keine Lagerhierarchie, die Anlaß zu Ärger oder Neid gegeben hätte.

Mit dem amerikanischen Wachpersonal und der Lagerleitung hatten wir kaum Kontakt. Unser Lagerleiter war Oberstleutnant Hamilton, Reserveoffizier und im Zivilleben offenbar Studienrat, er soll ein gutmütiger Mensch gewesen sein. Wir hatten nie Ärger mit ihm. Kurz vor unserer Rückkehr nach Europa haben wir ihm ein Album mit Zeichnungen von Fort Knox gewidmet, die Kameraden von uns gemalt hatten.

Aus unserer Mitte heraus wählten wir eine deutsche Lagerleitung. Das geschah auf Zuruf. Meistens wurden ein Feldwebel oder ein Gefangener gewählt, der Erfahrung in Menschenführung hatte. Die deutsche Lagerleitung hielt den Kontakt zu den Amerikanern. Wir Gefangenen hatten keine Möglichkeit, die deutsche Lagerleitung zu kontrollieren, aber mir ist kein Fall von Korruption oder persönlicher Bereicherung bekanntgeworden. In anderen Lagern hat es aber gewiß Fälle von Machtmißbrauch gegeben.

Offiziere wurden in allen Gewahrsamsstaaten grundsätzlich getrennt von den Unteroffizieren und Mannschaften untergebracht. Gemäß den Bestimmungen des Kriegsvölkerrechts konnten Offiziere nicht gezwungen werden, »für den Feind zu arbeiten«.

Unteroffiziere durften von der Gewahrsamsmacht nur für Aufsichtszwecke eingesetzt werden. Da solche Tätigkeiten selten waren und sich viele der insgesamt 75 000 Unteroffiziere ohnehin weigerten zu arbeiten, bildeten sich in den Lagern zwei Gruppen – die einen, die arbeiteten und auf diese Weise die amerikanische Realität kennenlernten, und die anderen, die keiner Arbeit nachgingen, über viel Zeit verfügten und zumeist auch ihr nationalsozialistisches Weltbild bewahrten. Sie errangen vielerorts die Meinungsführerschaft im Lager, so daß häufig von der »Feldwebeldiktatur« die Rede war. Unterstützt wurde diese Entwicklung durch das Prinzip der amerikanischen Kriegsgefangenenpolitik, den deutschen Gefangenen so viel wie möglich zur Selbstverwaltung zu überlassen. Das ließ den tonangebenden Gruppen großen Spielraum.

Während des Krieges inspizierte einmal eine Delegation des Internationalen Roten Kreuzes das Lager. Der schwedische Delegationsleiter wurde von Vertretern anderer Nationen und der amerikanischen Lagerleitung begleitet. Es ging um einen Vorfall, bei dem ein amerikanischer Wachsoldat einen deutschen Kriegsgefangenen angeherrscht hatte. Über diesen Wachsoldaten hatte sich die deutsche Lagerleitung beim Roten Kreuz beschwert.

Rückblickend habe ich den Eindruck, daß Beschwerden von den Amerikanern ernst genommen wurden. Auch wurde ich zu keinem Zeitpunkt meiner Gefangenschaft verächtlich behandelt.

Später ist mir klargeworden, daß man meine Erfahrungen der Gefangenschaft nicht mit denen von Heimkehrern aus der Sowjetunion vergleichen kann. Durch Gespräche mit anderen Heimkehrern erfuhr ich, daß viele von ihnen ein wesentlich schlechteres Los getroffen hatten.

Die Erfahrung, vom »Klassenfeind« USA besser behandelt worden zu sein als die Deutschen im Gewahrsam der Sowjetmacht, dem erklärten Leitbild der DDR-Staats- und Parteiführung, führte dazu, daß Heinz Fiedler sich später mit dem in der DDR propagierten Feindbild gegenüber den Westmächten nicht identifizieren konnte. Die DDR-Funktionäre ließen ihn dann auch spüren, daß er als unzuverlässig galt.

Gemäß den Bestimmungen der Genfer Konvention mußte jedes am Krieg teilnehmende Land eine Schutzmacht benennen, die sich um das Schicksal der eigenen Kriegsgefangenen im feindlichen Gewahrsam kümmern sollte. Im Fall der Deutschen in US-Gewahrsam war dies die Schweiz. Darüber hinaus gestattete die Genfer Kriegsgefangenenkonvention auch die Inspizierung von Lagern durch Hilfsgesellschaften. Insbesondere das Internationale Rote Kreuz bildete, wo immer es ihm erlaubt wurde, Delegationen, die die Lager möglichst regelmäßig besuchten. Sie erstellten etwa 5000 Berichte – in der Regel als Zusammenfassung mehrerer Besuche – über Lager mit deutschen Kriegsgefangenen. Die Hälfte der Berichte bezieht sich auf den französischen Gewahrsam.

Das Essen in den Vereinigten Staaten war gut, allerdings gab es einen Einbruch in der Nahrungsmittelversorgung unmittelbar nach Beendigung des Krieges. Die Qualität und Quantität der Mahlzeiten nahm deutlich ab. Auch das Kantinengeld wurde nicht mehr ausgegeben. Mit dieser Lagerwährung, die in der Form von Wertmarken zugeteilt wurde, konnten wir uns Rauchwaren, Coca-Cola, Kaugummi, Rasierschaum und Rasierseife und Bekleidungsstücke, wie Unterhemden und Unterhosen, kaufen.

Bis Ende 1944 erlebten viele deutsche Kriegsgefangene in den amerikanischen Lagern eine Versorgung, wie sie sie in dieser Reichhaltigkeit zuvor nicht gekannt hatten. Bereits im September 1944 hatte es infolge inneramerikanischer Proteste allerdings erste Anweisungen zur Reduzierung der üppigen Lebensmittelversorgung von Kriegsgefangenen gegeben. Ab Februar 1945 traten weitere Kürzungen in Kraft. Mit der Kapitulation der Wehrmacht am 8. Mai 1945 und der Befreiung der amerikanischen Kriegsgefangenen aus deutschem Gewahrsam entfiel für die amerikanische Regierung das Risiko von Vergeltungsmaßnahmen an Amerikanern. Die folgenden, nun für alle deutschen Kriegsgefangenen drastisch spürbaren Kürzungen wurden mit der Empörung der Amerikaner über die während der Eroberung Deutschlands aufgedeckten Zustände in den Konzentrationslagern erklärt. Verglichen mit dem bis dahin geltenden extrem hohen Standard erhielten die Gefangenen nun sehr knappe Rationen, verglichen mit Kriegsgefangenen in anderen Ländern ging es ihnen jedoch niemals schlecht. Ab September 1945 normalisierte sich die Versorgungssituation wieder.

Deutsche Kriegsgefangene im Camp Blanding/Florida, aufgenommen von einem amerikanischen Fotografen: Blick in eine der Baracken, Juni 1943

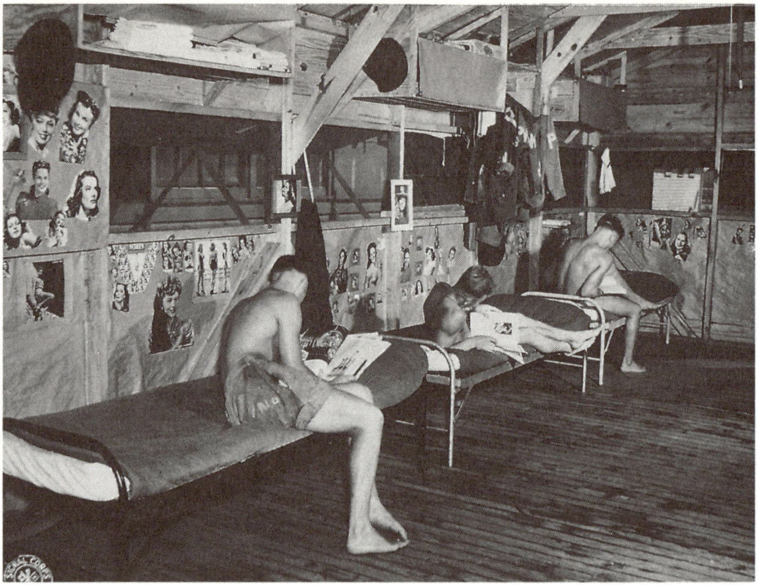

Die sanitären Einrichtungen waren tadellos. Die Hygiene in der Küche wurde regelmäßig überprüft. Die meisten Lebensmittel mußten zu jeweils festgelegten Fristen vollständig verbraucht werden. Das wurde stichprobenartig kontrolliert. Die Küche wurde tageweise mit einem festgelegten Sortiment an Grundnahrungsmitteln wie Nudeln, Mehl und Haferflocken ausgestattet. Die Küche wurde ausschließlich von deutschen Gefangenen betrieben, sogar die leitende Funktion hatte ein Deutscher inne.

Die Amerikaner sind nur in Erscheinung getreten, wenn der »roll call«, der Appell, stattfand. Dazu wurden alle Gefangenen zu einer bestimmten Tageszeit zusammengerufen. Wir mußten in Reih und Glied auf der Lagerstraße antreten. Die Posten gingen mit einer Liste durch die Reihen und riefen die Namen auf, manchmal wurden wir auch nur durchgezählt. Wenn einer fehlte, wurde sein Name notiert.

Im Lazarett waren wir nur selten, aber konnten darauf vertrauen, daß uns im Fall einer Erkrankung geholfen werden würde. Manchmal waren die Ärzte auch erzieherisch tätig. Wir hatten einen amerikanischen Lagerarzt, der sehr gut Deutsch sprach. Wenn einer zu ihm kam, der keine Lust hatte zu arbeiten, und ihm eine Krankheit vortäuschte, sagte er nach der Untersuchung: »Wären Sie mit dieser Krankheit von der Front nach Hause geschickt worden?« Verneinte der Gefangene, antwortete er: »Wenn Sie mit der Krankheit für Hitler kämpfen konnten, dann können Sie auch mit derselben Krankheit für Amerika arbeiten!«

Im Frühjahr 1945 wurde ich einem Kommando zugeteilt, das die

Gefangene beim Radio hören vor der Unterkunft im Camp Blanding, Juni 1943

sieben Kinos sauberzuhalten hatte. Dabei fand ich die Geldbörse eines amerikanischen GIs mit Ausweis, Fotografien und etwa 100 Dollar in Banknoten. Ich händigte die Geldbörse dem Kinovorführer aus; als ich am nächsten Tag wieder meine Arbeit machte, holte er einen Kumpel, deutete auf mich und sagte so laut, daß ich es hinter der Scheibe hören konnte: »That's the crazy Jerry!« Er hielt mich für komplett verrückt, weil ich tags zuvor das Geld abgegeben hatte. Wir wurden im Jargon der GIs stets als »Jerry« bezeichnet, so wie wir die Engländer »Tommies« und die Russen »Iwans« nannten.

Das Kino war nicht die einzige Informationsquelle für uns Kriegsgefangene. Im Lager gab es eine Zeitung, »Der deutsche Herold«. Sie erschien einmal wöchentlich in deutscher Sprache und wurde in Amerika verlegt. Eine bestimmte Anzahl von Exemplaren wurde uns regelmäßig zur Verfügung gestellt. Wir konnten auch eine Lagerzeitung lesen, »Der Ruf«. Durch die Zeitungslektüre waren wir immer über den Kriegsverlauf informiert. Darüber hinaus sorgte der amerikanische YMCA dafür, daß wir die Ausgaben des Reader's Digest in Englisch bekamen.

Im Fort Knox gab es auch eine sogenannte Demokratenschule. Der Besuch der Kurse war freiwillig, vor allem im Winter waren die Fortbildungsmöglichkeiten eine willkommene Abwechslung. Ich nahm an einem Sprachkurs für Fortgeschrittene und einem Kurs über den amerikanischen Bürgerkrieg teil. Das war interessant. Die Amerikaner haben sich ja Mühe gegeben und wollten aus uns Demokraten machen. Das ist ihnen aber kaum gelungen. Bis zum Kriegsende hielt die Mehrheit von uns Gefangenen die Nachrichten über den Krieg in Europa für reine Propaganda.

Den deutschen Kriegsgefangenen war es gestattet, amerikanische Zeitungen und Zeitschriften zu abonnieren und amerikanische Rundfunksender zu hören. In der meisten Lagern entstanden eigene Zeitungen, häufig von kriegsgefangenen Journalisten herausgegeben. Die bekannteste, »Der Ruf«, erschien erstmals Anfang März 1945 mit einer Auflage von 11 000 Exemplaren und wurde an alle Lager verteilt. Er stand unter der Leitung von Captain Walther Schoenberg, einem bekannten kommunistischen Schriftsteller der Weimarer Zeit, der als Exildeutscher in der US Army diente. Zur Redaktion gehörten Schriftsteller wie Alfred Andersch oder Hans Werner Richter – beide später Mitglieder der »Gruppe 47«.

Ihr Einfluß auf die Masse der Kriegsgefangenen sollte jedoch nicht überschätzt werden, die Zeitung war zu anspruchsvoll, zu sehr auf Intellektuelle ausgerichtet. »Der Ruf« war zugleich auch ein Instrument der Reeducation, mit der die Amerikaner im Herbst 1944 begonnen hatten. Die Öffentlichkeit erfuhr von dem Programm erst am 2. Juni 1945, als Deutschland bereits kapituliert hatte. Die Amerikaner wollten vermeiden, daß die deutsche Regierung im Gegenzug zum Reeducation-Programm versuchen könnte, die amerikanischen Kriegsgefangenen in Deutschland mit nationalsozialistischem Gedankengut zu beeinflussen.

Kontakt zur Zivilbevölkerung hatten wir in den USA keinen. Viele Amerikaner kamen an den Lagerzaun, um sich die deutschen Kriegsgefangenen dahinter anzuschauen. Persönliche Gespräche konnten da nicht entstehen. Darüber hinaus war uns befohlen worden, einen Abstand von mindestens zwanzig Metern zum Zaun zu halten, wenn wir kurze Hosen trugen – nackte Männerbeine erschienen der Lagerleitung offenbar anstößig.

Viele Verhaltensweisen der Amerikaner schienen mir unlogisch und widersprüchlich. Man konnte ihre Reaktionen auf bestimmte Vorkommnisse nicht im voraus berechnen, es schien keine Generallinie zu geben. Offenbar hing vieles vom einzelnen ab. Ich habe versucht, einen Zusammenhang der Haltung amerikanischer Posten gegenüber den gefangenen Deutschen an deren persönlicher Weltanschauung oder Religionszugehörigkeit festzumachen. Folgende Geschichte wurde im Lager erzählt: Ein Arbeitskommando, bestehend aus neun einfachen Soldaten und einem Unteroffizier oder Feldwebel war zu-

Kriegsgefangene bei der Orangenernte in Leesburg/Florida

sammen mit einem amerikanischen Wachsoldaten unterwegs. Die Gefangenen arbeiteten auf einem Feld. Einer entfernte sich unauffällig, um auf dem Nachbargrundstück Äpfel zu pflücken. Währenddessen kam eine Kontrolle. Nun fehlte einer, und es wurde gefragt, warum hier nur neun Mann seien. Der amerikanische Posten sagte, er habe einen weggeschickt. Damit nahm er die Schuld für das Fehlen des Gefangenen auf sich und wurde dafür bestraft. Der Posten war Jude. Lange dachte man im Lager über diesen Vorfall nach.

Die deutschen Kriegsgefangenen unterschieden bei den Amerikanern drei Gruppen: »Neger«, Juden und Weiße. Sie zeigten aus der Sicht der Kriegsgefangenen jeweils typische Verhaltensweisen. Die »normalen« weißen Amerikaner besaßen den schlechtesten Ruf. Sie waren es auch, die prügelten – vor allem die Angehörigen von Waffen-SS-Verbänden.

Deutsche Kriegsgefangene und amerikanische Mannschaften erweisen einem verstorbenen deutschen Soldaten gemeinsam militärische Ehren; Camp Chaffee/Arkansas

Farbige wurden in den amerikanischen Streitkräften zwar gebraucht, gleichzeitig aber diskriminiert. Von daher entwickelten sie eine Haltung, die einer von ihnen einem Deutschen gegenüber folgendermaßen formulierte: »Ich bin ein Sklave, Du bist ein Sklave!« Dieses Gefühl, ebenso wenig Rechte wie die Gefangenen zu besitzen, führte bei einigen Farbigen dazu, daß sie die Deutschen um so mehr verachteten; die meisten jedoch entwickelten eine gewisse Solidarität mit den Kriegsgefangenen.

Vor dem Hintergrund der Judenverfolgung in Deutschland wurde das Verhalten von Juden unter den Angehörigen der Gewahrsamsmacht aufmerksam verfolgt. Neben denen, die durch das Erleben der Judenverfolgung in Hitlerdeutschland mit Haß reagierten, werden auch immer solche beschrieben, die sich – in den Augen der Gefangenen – völlig unerwartet gegenüber Deutschen menschlich verhielten.

Unter uns gab es auch genügend, die am 20. April 1945 noch Hitlers Geburtstag feierten. Wir nannten sie »Schreihälse«. Sie ließen sich durch nichts, auch nicht durch unsere Erzählungen vom Kriegsalltag in Europa, von ihrem Glauben an den Endsieg abbringen. Zehn Tage später war Hitler tot und am 8. Mai der Krieg zu Ende! Es war doch schon seit der erfolgreichen Landung der Alliierten in der Normandie klar, wohin dieser Krieg führen würde. Es platzte uns buchstäblich der Kragen, und die Schreihälse bekamen Schläge. Daraufhin bekamen sie es mit der Angst zu tun. Sie haben sich an die amerikanische Lagerwache gewandt und erklärt, sie wollten sich unter den Schutz der Amerikaner stellen, denn sie würden verfolgt – im Lager seien alles Nazis!

Johann Fiedler war wie alle Kriegsgefangenen gemäß der Genfer Konvention und der Haager Landkriegsordnung während der Gefangenschaft nach wie vor Soldat, was zur Folge hatte, daß die militärische Grußpflicht gegenüber den Vorgesetzten innerhalb der Wehrmacht bestehen blieb – und bekanntermaßen war ab Juli 1944 in der gesamten Wehrmacht der Hitlergruß vorgeschrieben. Natürlich hätten die Kriegsgefangenen in den USA diesen Befehl ignorieren können, in der Regel befolgten sie ihn jedoch.

Die US-Behörden enthielten sich bis Ende 1944 strikt jeder politischen Beeinflussung oder Reglementierung der Gefangenen, obwohl sie der zunehmenden Konflikte zwischen den Nationalsozialisten und NS-Gegnern gewahr wurden. Mit der Niederlage in Nordafrika waren auch die Afrika-Schützenregimenter 961 und 962 mit etwa 5000 Mann in Gefangenschaft geraten. Bei diesen »999er-Einheiten« handelte es sich um Bewährungseinheiten für politische Gegner des Nationalsozialismus. Bezogen auf die etwa 400 000 Deutschen in den USA handelte es sich um eine kleine Gruppe, verglichen mit der Anzahl erklärter Regimegegner in anderen Wehrmachtverbänden waren es dennoch viele. In Auseinandersetzungen mit den Antifaschisten gelang es den Nazis in den meisten Fällen, die Meinungsführerschaft in den Lagern zu behaupten. Es kam zu Ausschreitungen bis hin zum »Fememord« an sieben deutschen Gefangenen. In dem nachfolgenden Gerichtsverfahren wurden fünfzehn deutsche Kriegsgefangene zum Tode verurteilt, die noch vor Kriegsende gegen straffällige US-Soldaten in Deutschland ausgetauscht werden sollten. Dazu kam es jedoch nicht mehr – vierzehn der Todesurteile wurden daraufhin vollstreckt.

Generell beschränkten sich die US-Behörden darauf, hartnäckige Nazis bzw. bekannte und verfolgte Antifaschisten in spezielle Lager zu verlegen. Für die Gegner der Nationalsozialisten war dies allerdings problematisch. Erfuhr die Hitler-Regierung von solchen Sonderbehandlungen, liefen sie Gefahr, daß ihre Familien in Deutschland Schikanen bis hin zur Sippenhaft ausgesetzt waren. Auch der Briefverkehr wurde gesperrt. Doch zurück zum Bericht über das Verhalten von jüdischen Amerikanern:

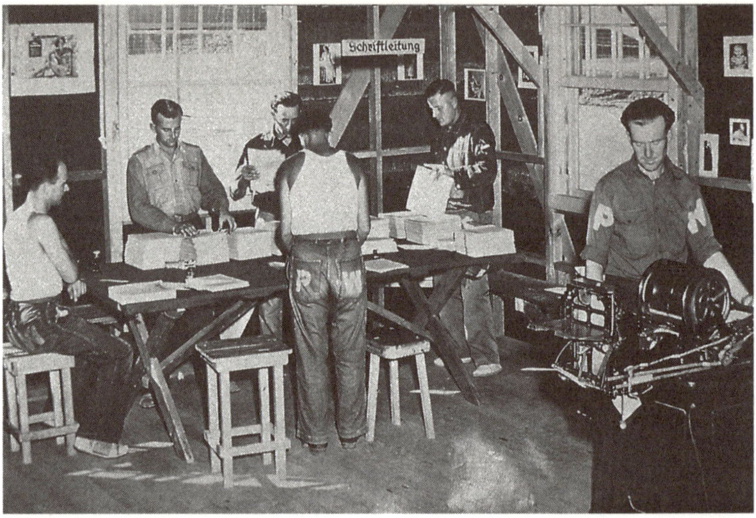

In einem Camp im Südwesten der USA wird von deutschen Kriegsgefangenen eine Zeitung produziert, »Die PW-Woche«

Probe eines Lagerorchesters in einem Camp im Südosten der USA, April 1944

Nachdem die verschiedenen Arbeitskommandos abends im Lager eingetroffen waren, erfolgte Alarm. Wir mußten uns vor dem Gebäude der amerikanischen Lagerwache aufstellen. Man befahl uns durch Lautsprecher, unsere Gesichter dem Balkon in der ersten Etage zuzuwenden. Von dort strahlten uns Scheinwerfer an. Die Amerikaner wollten offenbar die Leute finden, die angeblich die Nazis waren. Als wir unbeweglich zwischen den Zäunen standen, fielen plötzlich Schüsse. Ich habe gesehen, daß Gefangene umfielen, aber ob sie nun verletzt oder tot waren, kann ich nicht sagen. Darüber ist nie mehr gesprochen worden. Es hieß, der Schütze sei ein US-Amerikaner jüdischer Abstammung.

Für ihre Arbeit erhielten die Gefangenen pro Tag Marken im Wert von 80 Cents, mit denen sie in der Kantine einkaufen konnten; Camp Fort Knox/Kentucky, Sommer 1944

Kantinenmarken

Ich habe aber eben auch das Gegenteil erlebt – ein Jude, der die Deutschen deckte und vor einer harten Strafe bewahrte. Es läßt sich keine Regel aufstellen.

Die Todesfälle von deutschen Kriegsgefangenen in amerikanischen Lagern sind exakt dokumentiert. Von den insgesamt 491 starben etwa die Hälfte eines natürlichen Todes, zu den häufigsten unnatürlichen Ursachen gehörten Selbstmorde und Kfz-Unfälle. In 40 Fällen war der Tod auf Schußwaffengebrauch der amerikanischen Bewacher zurückzuführen.

Ein weiterer dramatischer Höhepunkt war der Fluchtversuch eines Arbeitskommandos. In einem Teil des Lagers haben die Gefangenen die Autos des Lagers gewaschen und einfache Reparaturen vorgenommen. Sie pflegten auch die Sanitätskraftwagen. Ein solches Auto hatten sie versteckt, Lebensmittel und Kleidung hineingepackt, und als die Zeit für eine Flucht gekommen schien, haben sie sich alle hineingesetzt und sind losgefahren. Als sie mit eingeschaltetem Martinshorn und voller Geschwindigkeit auf das Lagertor zufuhren, dachten die Posten, es handele sich um Sanitäter, und öffneten das Tor. Sechs Mann sind so geflüchtet. Einer von ihnen war Deutschamerikaner, in den USA geboren; er wollte versuchen, zu seinem Elternhaus durchzukommen. Das aber wurde überwacht. Er gab auf und traf nach vier Wochen wieder im Lager ein. Die anderen kehrten bereits nach drei bis vier Tagen zurück. Alle erhielten vier Wochen verschärften Arrest. Ihre Flucht hatte jedoch keine negativen Auswirkung auf den Zeitpunkt ihrer Heimkehr.

Gemäß den Bestimmungen des Kriegsvölkerrechts konnten Kriegsgefangene für Fluchtversuche lediglich disziplinarisch, nicht jedoch gerichtlich bestraft werden – es sei denn, sie hätten während der Flucht strafbare Handlungen wie die Ermordung von Wachpersonal begangen. Wiederergriffene Kriegsgefangene durften nach Ableistung der Disziplinarstrafe nicht anders behandelt werden als die übrigen Kriegsgefangenen. Obwohl in den USA die Weite des Landes und die große Entfernung nach Deutschland Fluchtversuche allenfalls nach Mexiko attraktiv erscheinen ließen, kam es zu mehr als tausend. Der bekannteste war der Ausbruch von 25 Gefangenen aus dem Lager Papago-Park am 25. Dezember 1944. In der Hälfte der Fälle wurden die Entflohenen binnen eines Tages wieder eingefangen, nur ganz wenigen gelang die Flucht.

Im Januar 1946 ließ man uns antreten und kündigte uns an, daß wir zurück nach Europa verschifft würden. Die amerikanischen Gewerkschaften hatten die Auflösung der amerikanischen Lager für deutsche Kriegsgefangene gefordert, um die Arbeitsplätze der in die Vereinigten Staaten zurückkehrenden GIs wieder freizumachen.

Als wir nach der Überfahrt über den Atlantik von Bord gingen, waren wir nicht in Deutschland, sondern in Southampton in England. Wir rechneten alle mit der baldigen Entlassung aus der Kriegsgefangenschaft. Es war Februar 1946, ich hatte nun schon zwanzig Monate Gefangenschaft hinter mir. Erneut wurden wir kontrolliert, wieder unterzog man jeden einzelnen einem Verhör. Ich hatte so gehofft, nach Hause gelassen zu werden! Der britische Offizier meinte aber nur: »No way! You stay in England and you arbeiten für England!« Der Traum von der Heimkehr war vorerst ausgeträumt.

Diese Übergabe von Gefangenen aus dem US-Gewahrsam an die Briten basierte auf weit zurückliegenden Abmachungen. Grundsätzlich hatten die Amerikaner und die Briten vereinbart, die gemeinsam eingebrachten Kriegsgefangenen im Verhältnis 50 : 50 untereinander aufzuteilen. Im Januar 1943 hatten sich die Amerikaner der britischen Regierung gegenüber bereit erklärt, deutsche Kriegsgefangene, die den Briten »gehörten«, stellvertretend für sie zu »verwahren«. Als nun die Amerikaner die etwa 400 000 Deutschen nach Europa zurücktransportierten, machten die Briten den Anspruch auf etwa 130 000 von ihnen geltend, die sie dann als Zwangsarbeiter in Großbritannien einsetzten.

Abermals wurde nach der politischen Einstellung gefragt. Die Einteilung in »Nazis«, »Antinazis« und »politisch Neutrale« wurde um eine neue Nuance ergänzt. Die in den USA zusammengestellte Gruppe der »Antifaschisten« wurde noch einmal geteilt. »Hitler ist tot. Der tut uns nichts mehr. Aber Stalin lebt noch!« hieß es. Die Kommunisten hat man nicht nach Hause gelassen, die anderen wohl. Da wurden schon die Weichen gestellt. Der Kalte Krieg wurde gewissermaßen bis in die Kriegsgefangenenlager getragen. Manchmal wollten wir unsere englischen Lageroffiziere ärgern. Dazu gingen wir hinter unsere Nissenhütten und sangen die Internationale. Wenn die Wachen kamen, waren wir schon längst hinter der nächsten Hütte. Da haben wir wieder gesungen.

Als der Frühling anbrach, wurde ein Arbeitskommando aus fünfzig Mann zusammengestellt. Auf Lkws wurden wir in das POW Camp 113, Holm Park, im Städtchen Newton Stewart an der Südwestküste von Schottland gebracht und bei den Bauern als Erntehelfer eingesetzt. Weil wir noch die schwarz gefärbten amerikanischen Uniformen anhatten, verbreitete sich in dem schottischen Dorf das Gerücht, daß wir alle bei der Waffen-SS gewesen seien und deshalb noch nicht nach Hause dürften. Trotzdem gewöhnte man sich aneinander; langsam, aber sicher akzeptierte die schottische Bevölkerung uns Fremde.

Die Bevölkerung war uns ehemaligen Soldaten für unsere Hilfe bei einem Rettungseinsatz im Winter sehr dankbar. Im kommenden Frühjahr 1947 setzte sie sich dafür ein, daß wir uns ohne Bewachung im Umkreis von fünf Meilen bis zum Anbruch der Dunkelheit frei bewegen durften. Sie war der Meinung, daß der Krieg doch jetzt schon zwei Jahre zu Ende und es verrückt sei, wenn nach einer so langen Zeit die jungen Männer weiterhin mit der Begleitung von Wachposten herumlaufen müßten. Sie hatte Erfolg, und so konnten wir Kontakte mit der schottischen Bevölkerung knüpfen. Bald traf man sich zur gemeinsamen »tea time«. So konnten wir dann auch das Vorurteil zerstreuen, wir seien bei der Waffen-SS gewesen.

Mein Arbeitskommando arbeitete bei einem Bauern, der mehrere Angestellte hatte. Einer der Melker, Mr. McHarry und seine Familie, luden uns Deutsche in Arbeitspausen ein, mit ihnen zu essen. An einem kirchlichen Feiertag sprachen wir über den christlichen Glauben. Ich redete über die Bergpredigt, über die Gleichnisse und Lebensgeschichte Jesu. Mrs. McHarry war vollkommen verwundert: »Was, ein SS-Mann will etwas von Christus wissen?« Sie begann, mir gezielt Fragen zur Bibel zu stellen. Ich hatte auf jede Frage eine Antwort parat und auf einmal war das Schwarze vergessen.

Später hat Mr. McHarry selbst eine Farm gepachtet. Sein kleiner Bauernhof befand sich in der Nähe unseres Lagers, des POW Camps 22, Pennylands-Camp, in Kumnok/Ayrshire. Am ersten Sonntag nach dem Umzug des Schotten und seiner Familie ging ich mit einigen unseres Kommandos sie besuchen. Seit der Zeit gingen wir jedes Wochenende zu dem Bauernhof, halfen sonntags früh den Stall auszumisten und versorgten die Tiere. Am Nachmittag bereitete die Frau des Bauern regelmäßig das Essen vor, bis in den Abend haben wir dann »tea time« gehabt!

Viele meiner Kameraden suchten während ihrer gesamten Gefangenschaft ihre Angehörigen. Mit Briefen, Karten und der Hilfe des Internationalen Suchdienstes und des Roten Kreuzes versuchten sie, ihre Verwandten und Freunde aus ihrer ehemaligen Heimat im Warthegau, Ostpreußen oder Schlesien ausfindig zu machen. Sie wußten, daß diese Gebiete nun Polen oder der Sowjetunion zugeschlagen worden waren. Aber sie wußten nicht, wo sie hinsollten, wenn sie nach Hause kamen. Ihre Heimat war ja nicht mehr! Diejenigen, die keine Antwort von ihren Verwandten hatten, fragten sich: »Was soll ich jetzt in Deutschland? Wenn kein Mensch mehr da ist, dann bin ich in Deutschland genauso fremd wie jetzt in England. Und hier habe ich eine Familie, mit der ich gut auskomme, und ein Mädchen, mit dem ich eine Familie gründen kann, und deshalb bleibe ich hier.« Von fünfzig Männern des Arbeitskommandos sind drei in Schottland geblieben. Sie haben in der Umgebung auch Mädchen gefunden, mit denen sie zusammenbleiben wollten.

Generell war die Behandlung der deutschen Kriegsgefangenen in Großbritannien so korrekt, wie man es von einem Staat er-

Abendschule in einem der 50 Kriegsgefangenencamps in Amerika, in denen sich die Gefangenen auf den unterschiedlichsten Gebieten weiterbilden konnten

warten konnte, der selbst mit den Folgen des Zweiten Weltkriegs fertig werden mußte und dazu noch internationale Verpflichtungen zu erfüllen hatte – darunter die Unterstützung der britischen Besatzungszone im besiegten Deutschland. Als die USA ab 1946 begannen, auf die Freilassung der deutschen Kriegsgefangenen hinzuwirken, boten die Briten den deutschen Kriegsgefangenen auch an, als freie Vertragsarbeiter – zunächst für ein Jahr – in Großbritannien zu bleiben. Etwa 25 000 Männer nahmen dieses Angebot an.

Ich war sehr froh, daß ich regelmäßig Post von meiner Familie bekam und immer wieder schreiben durfte. Ich wußte, wohin ich zurückkehren würde. Während meiner Gefangenschaft habe ich etwa zwanzig Briefe bekommen und zwanzig Briefe verschickt. Die Post brauchte sehr lange, es ging aber keine Sendung verloren.

Gemäß den Bestimmungen der Genfer Konvention waren alle kriegführenden Staaten verpflichtet, Stellen einzurichten, die über das Schicksal der Kriegsgefangenen Auskunft gaben. Darüber hinaus wurde in Genf durch das Internationale Rote Kreuz eine internationale Auskunftsstelle als »Vermittlungszentrale« eingerichtet. Jede Gewahrsamsmacht mußte den Gegnerstaat unverzüglich über jeden toten oder in Gefangenschaft geratenen Feindsoldaten informieren. Darüber hinaus mußte jedem Gefangenen ermöglicht werden, unverzüglich

In den US-Camps wurden den deutschen Kriegsgefangenen die Filme gezeigt, die amerikanische Soldaten nach der Befreiung der Konzentrationslager in Deutschland aufgenommen hatten; hier eine Vorführung vom Dezember 1945

brieflichen Kontakt mit seiner Familie aufzunehmen. Alle diese Bestimmungen, die auf dem westlichen Kriegsschauplatz auch eingehalten wurden, sorgten dafür, daß alle kriegführenden Parteien recht gut informiert waren über das Schicksal ihrer in Gefangenschaft geratenen Staats- bzw. Familienangehörigen. Diese Kenntnis bewirkte, daß es unter den deutschen Soldaten keineswegs als hartes Los galt, in britischen oder amerikanischen Gewahrsam zu geraten – ganz im Gegensatz zur sowjetischen Gefangenschaft.

Durch die Korrespondenz mit meiner Mutter erfuhr ich in Schottland auch vom Schicksal meines Vaters. Meine Mutter schrieb mir im März 1945, daß sie nun mit den beiden anderen Brüdern allein zu Hause sei, da der Vater im Februar zum Volkssturm eingezogen worden wäre – Vater war Jahrgang 1900. »In Magdeburg hat man ihn eingesetzt«, schrieb sie verzweifelt, »aber nun ist doch schon alles verflogen, was wollten die denn da noch retten?« Mein Vater geriet in Kriegsgefangenschaft, er wurde nach Belgien transportiert und dann im Kohlebergbau eingesetzt. Wir hatten große Angst um ihn. Mein Vater war als Reichsbahnsekretär körperliche Arbeit nicht gewöhnt. Sein Arbeitsplatz war immer das Büro. Nun sollte er in Kohleminen arbeiten. Als er aus der Gefangenschaft heimkehrte, befürchteten wir, daß wir ihn überhaupt nicht mehr über die Runden kriegen. Es traten Herzprobleme auf. Er hat es dann Gott sei Dank überstanden und ist 75 Jahre alt geworden.

Deutsche Gefangene in Ft. Benning/Georgia demonstrieren auf einem Foto für die amerikanische Öffentlichkeit ihr Interesse für die Geschichte der Demokratie, Oktober 1945

Ich hatte von Mutter die Postanschrift in Belgien erhalten und durfte Vater auf einem vorgedruckten, mit Kalk beschichtetem Papier schreiben. Die Beschichtung sollte das Beschreiben des Papiers mit geheimen Botschaften verhindern. Ich legte Vater ein Bild von mir bei, das in Schottland aufgenommen worden war.

Nach dem Ende des Krieges boten die USA und Großbritannien den westeuropäischen Staaten deutsche Kriegsgefangene als Arbeitskräfte an. Die belgische Regierung, der es an Arbeitskräften insbesondere für die Kohleförderung fehlte, hatte zunächst vergeblich versucht, ehemalige polnische Zwangsarbeiter aus Deutschland für diese Aufgabe anzuwerben. Nach der deutschen Kapitulation übergaben dann Großbritannien und die USA je etwa 30 000 deutsche Kriegsgefangene an die Belgier. Die Lebensumstände waren zunächst sehr hart, da im kriegszerstörten Belgien große Lebensmittelknappheit herrschte und Lager für die Kriegsgefangenen erst eingerichtet werden mußten. Der überwiegende Teil der Kriegsgefangenen wurde im Bergbau eingesetzt, und die Arbeit dort kostete viel Kraft. Die wenigen, die bei Handwerkern oder Bauern eingesetzt waren, konnten durch das tägliche Beisammensein Kontakte knüpfen, die die anfangs massiv vorhandene Deutschfeindlichkeit der Belgier überwinden halfen. Dies war in den Gruben in der Regel nicht möglich. Auch die Belgier boten, als 1947 von den Regierungen das Ende der Kriegsgefangenschaft

THE time of being a prisoner of war will leave a continual remembrance in each one of us. To deepen these remembrances is the aim of this booklet.

Together with the personal occurrences there will stay with us the remembrance of the extremely fair treatment here in Camp Fort Knox and its branch camps.

We are obliged to thank the officers and men of these camps. As a small sign of gratefulness we would like to devote this souvenir album to the Commanding Officer of the Prisoner of War Camp, Fort Knox, Kentucky,

Lt. Col. LLOYD L. HAMILTON

We owe primarily the successful cooperation to his incessant care for our welfare, prospective leadership and fair and just administration.

We shall depart from America with the best impressions of the United States Army and the whole country. The assurance of this impression should represent the more valuable part of our gratitude towards Lt. Col. Hamilton and his officers.

DIE Zeit der Gefangenschaft wird in jedem von uns unausloeschliche Erinnerungen hinterlassen. Zur Vertiefung dieser Erinnerungen diene dieses Buechlein.

Zusammen mit den persoenlichen Erlebnissen wird die Erinnerung an die ueberaus korrekte Behandlung hier im Lager Fort Knox und seinen Nebenlaegern wach werden.

Wir sind den Offizieren und Mannschaften dieser Laeger zu Dank verpflichtet. Als kleines Zeichen dieser Dankbarkeit moechten wir dieses Erinnerungs-Album dem kommandierenden Offizier des Kriegsgefangenen-Lagers Fort Knox, Kentucky, Herrn

Oberstleutnant Lloyd L. Hamilton

widmen. Seiner unablaessigen Sorge um unser Wohlergehen, seiner vorausschauenden Fuehrung und unparteiischen und gerechten Verwaltung ist in erster Linie die erfolgreiche Zusammenarbeit zu danken.

Wir scheiden von Amerika mit den besten Eindruecken von der Armee der Vereinigten Staaten und von dem gesamten Lande. Die Versicherung dieses unseres Empfindens duerfte wohl den wertvolleren Teil des Dankes darstellen, zu dem wir Herrn Oberstleutnant Hamilton und seinen Offizieren verpflichtet sind.

Camp Spokesman Camp I | Camp Spokesman Camp II | Camp Spokesman Camp III

Fort Knox, 1 February 1946

Fort Knox, den 1. Februar 1946

beschlossen wurde, den deutschen Kriegsgefangenen an, als freie Arbeiter in Belgien zu bleiben; etwa 5000 von ihnen nahmen das Angebot an.

Im Herbst 1947 kündigte sich die endgültige Entlassung an. Ich befand mich inzwischen im Camp 112 in Doonfoot bei Ayr. Wir traten

Aus dem Album, das die deutschen Kriegsgefangenen dem Kommandeur des Kriegsgefangenenlagers Fort Knox/Kentucky anläßlich ihrer Entlassung im Februar 1946 überreichten

das letzte Mal an und wurden mit dem Zug bis an den Kanal gebracht. Am 16. Oktober kamen wir nach Munsterlager, dem Entlassungslager der Briten im Kreis Soltau-Fallingbostel in der britischen Zone. Dort wurden wir gefragt, wohin wir wollten. Ich gab meinen Heimatort Seebergen an, nun in der sowjetisch besetzten Zone gelegen. Von britischen Offizieren wurde uns inoffiziell nahegelegt, in den Westzonen zu bleiben. Man sagte uns, es bestünde die Gefahr, daß wir nach Sibirien kommen würden. Angeblich soll das bei manchen auch so gewesen sein. Ich ließ mich nicht beirren, wurde in das Grenzübergangslager Friedland gebracht und passierte die berühmte Sperre vor dem Niemandsland gleichsam in umgekehrter Richtung. Dort setzte man mich zusammen mit anderen Heimkehrern in einen Zug, der uns nach Hermsdorf, dem Entlassungslager der sowjetisch besetzten Zone, brachte. Hier erhielten wir unseren Entlassungsschein.

Bei meiner Heimkehr fand ich zu meiner großen Erleichterung die Familie unversehrt vor. Vater war wenige Monate vor mir, im Juli 1947, nach Hause zurückgekehrt. Nach vier Jahren Trennung war die Familie am Weihnachtsfest 1947 wieder beisammen.

In den USA war mir ein Dollar pro Tag gutgeschrieben worden. Ein Freund half mir, an das Geld zu kommen. Er reiste mit meiner Verdienstbescheinigung nach Berlin West und löste für mich und ein paar andere Kameraden den Schein ein. Die Kücheneinrichtung habe ich von diesem Geld gekauft.

Die Kriegsgefangenen in den USA wurden entsprechend den Regeln des Kriegsvölkerrechts bezahlt. Offiziere erhielten je nach Dienstgrad einen Sold zwischen 20 und 40 Dollar. Als

Ausweis eines deutschen Kriegsgefangenen in amerikanischem Gewahrsam

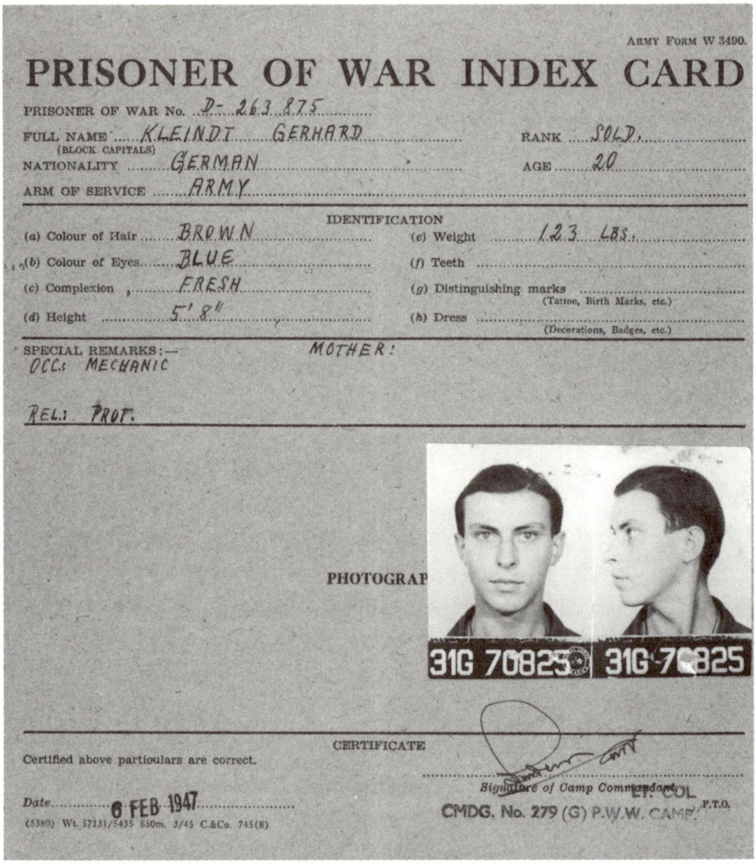
ARMY FORM W 3490.

PRISONER OF WAR INDEX CARD

PRISONER OF WAR No. D-263 875

FULL NAME (BLOCK CAPITALS) KLEINDT GERHARD — RANK SOLD.

NATIONALITY GERMAN — AGE 20

ARM OF SERVICE ARMY

IDENTIFICATION

(a) Colour of Hair BROWN — (e) Weight 123 LBS.

(b) Colour of Eyes BLUE — (f) Teeth

(c) Complexion FRESH — (g) Distinguishing marks (Tattoo, Birth Marks, etc.)

(d) Height 5' 8" — (h) Dress (Decorations, Badges, etc.)

SPECIAL REMARKS:— MOTHER:

OCC.: MECHANIC

REL.: PROT.

PHOTOGRAP[H]

31G 70825 31G 70825

CERTIFICATE

Certified above particulars are correct.

Date 6 FEB 1947

Signature of Camp Commandant LT. COL

CMDG. No. 279 (G) P.W.W. CAMP

P.T.O.

(5380) Wt. 57131/5435 850m. 3/45 C.&Co. 745(8)

freiwillige Leistung wurde Mannschaften und Unteroffizieren, die nicht arbeiteten, zunächst ein Taschengeld von drei Dollar, später nur noch von einem Dollar pro Monat gezahlt. Arbeitende Kriegsgefangene konnten zwischen 80 Cent und 1,20 Dollar pro Tag verdienen. Alle diese Beträge wurden auf Konten gutgeschrieben und in Lagergeld ausbezahlt, mit dem die Gefangenen dann in der Lagerkantine einkaufen konnten. Bei der Entlassung aus der amerikanischen Kriegsgefangenschaft erhielten die Heimkehrer über das restliche Geld einen Gutschein, den sie dann in Deutschland einlösen konnten.

Nun mußte auch das Privatleben werden. Ich sah mich in meinem Heimatort um. Meine Freundinnen aus der Zeit, ehe ich Soldat geworden war, waren inzwischen schon alle verheiratet – die hatten ja nicht auf mich gewartet.

Meine spätere Frau und ihre Familie kamen aus Breslau. Sie hatten fliehen müssen und waren mit einem Transport nach Thüringen gekommen. Sie ist mit ihrer Familie in dem Dorf Seebergen bei Gotha gelandet. Wir waren gleichaltrig. Im Jahr 1948, wenige Monate nach der Heimkehr, fand dann das Verlöbnis statt. Bevor wir aber heiraten konnten, mußte erst einmal eine Arbeit gefunden werden.

Mit meiner Lehre als Flugzeugbauer konnte ich ja nichts mehr anfangen, mehrere Monate lang erhielt ich ausschließlich nichtssagende oder gar keine Antworten auf meine Bewerbungsbriefe. Zunächst dachte ich, mein gesundheitlicher Zustand wäre dafür verantwortlich, ich war ja wegen meiner Neurasthenie nicht mehr voll arbeitsfähig. Immer wenn ich bei einem Arbeitgeber persönlich vorsprach und meine Papiere zeigte, erhielt ich eine Absage. Meine Verlobte, die eine Stelle als Schreibkraft bei der Polizei in Gotha gefunden hatte, hörte von ihrem Chef, daß es einen Befehl der sowjetischen Militäradministration gäbe, wonach die Anhäufung von ehemaligen Offizieren, Berufssoldaten, Mitgliedern der NSDAP und Leuten, die länger als sechs Monate in westlicher Gefangenschaft gewesen waren, an einer Arbeitsstelle verhindert werden sollte. Jetzt verstand ich, warum ich Absagen erhalten hatte. Die anderen waren ja überall schon seit dem Kriegsende auf den Arbeitsplätzen, da war für mich kein Platz mehr!

Die DDR-Funktionäre verhielten sich äußerst skeptisch denen gegenüber, die aus Lagern der Westmächte heimkehrten. Nicht zu Unrecht vermuteten sie, daß die dort gemachten Erfahrungen zu einer kritischen Haltung gegenüber der DDR-Propaganda führen konnten. Die Parolen vom »Klassenfeind« verfehlten dann auch bei Heinz Fiedler ihre Wirkung.

Aber meine Verlobte hat mir immer wieder Mut gemacht, letztlich habe ich dann doch meinen Abschluß als Straßenbauingenieur machen können. Als ich später einmal auf der Technischen Messe in Leipzig den Stand einer französischen Firma für Spezialfahrzeuge besuchte, bot mir der Delegationsleiter an, sein Fahrzeug einmal vorzuführen. Ich machte den übergeordneten Dienststellen klar, daß die französische Firma mit dem Fahrzeug eine Straße bearbeiten würde, die sowieso zur Ausbesserung vorgesehen sei; die Vorführung sei umsonst und so würden sie erfahren, was das Fahrzeug alles könne. Alles lief im besten Einvernehmen. Einige Tage später wurde ich dann von der Werksleitung und dem Ministerium für Staatssicherheit bestellt und gefragt, wie ich denn dazu käme, für einen Klassengegner so etwas zu organisieren. Ich hätte offenbar eine Affinität zu diesen Kreisen.

»Wer nicht mehr hofft, der ist tot«

Kriegsgefangene aus dem sowjetischen Lager Nr. 99, Karaganda, auf dem Weg zur Arbeit, vor 1945

»Wer nicht mehr hofft, der ist tot«

Hans Kampmann: Von der Ostfront über Moskau nach Sibirien

1922 in Porta Westfalica geboren, wurde er nach dem Abitur am 1. Oktober 1941 nach Paderborn zur Kavallerie eingezogen. Als einundzwanzigjähriger Leutnant und Kompanieführer geriet er im Juni 1944 an der Ostfront in russische Kriegsgefangenschaft und nahm am Marsch der Kriegsgefangenen zusammen mit Generalfeldmarschall Friedrich Paulus durch Moskau teil. Nach acht Jahren Abwesenheit, davon mehr als fünf in Gefangenschaft, kehrte er im Oktober 1949 in die bereits existierende Bundesrepublik zurück. Er studierte Forstwirtschaft und leitete später ein Forstamt.

Hans Kampmann
1946 und 1998

Nach meiner Grundausbildung schickte man mich für ein halbes Jahr an die sogenannte Ostfront. Dann absolvierte ich einen Lehrgang an der Artillerie-Waffenschule in Thorn an der Weichsel. Am 1. Dezember 1942 wurde ich zum Leutnant befördert. Anschließend ging's wieder an die Front. Nach einer ersten Verwendung in der Heeresgruppe Nord gelang es mir, wieder zu meinem alten Verband, dem Artillerieregiment 6 der 6. Panzerdivision, zurückversetzt zu werden. Zunächst war ich Batterieoffizier, und als mein Batteriechef später Kommandeur einer Abteilung wurde, übertrug man mir das Kommando über die Batterie. In dem »Haufen«, in dem ich militärisch groß geworden war, blieb ich also bis zur Gefangennahme.

Mein Vater war Jahrgang 1898 und hatte wie viele andere Männer seines Jahrgangs zwölf Jahre lang als Berufssoldat gedient. Während des Zweiten Weltkriegs war er im Divisionsstab »meiner« 6. Division. Wir verloren uns aus den Augen, als er nach Dänemark versetzt wurde, um am Aufbau des Ersatzheeres mitzuarbeiten. Dort geriet er 1945 in Gefangenschaft und wurde den dänischen Stellen übergeben. Meine Mutter erhielt von meinem Vater und mir zwei Jahre lang kein Lebenszeichen.

Während meines Fronteinsatzes wurde ich Augenzeuge einer Entdeckung, die damals die Welt in Atem hielt und sowohl das Verhältnis der Alliierten untereinander als auch später die Nürnberger Prozesse überschattete. Seit Anfang 1943 befand ich mich in der Gegend um Katyn, in der Nähe von Smolensk. Ich war in Katyn, als etwa 40 bis 50 Skelette freigelegt wurden, damit eine Delegation des Internationalen Roten Kreuzes sie am Tag darauf besichtigen konnte. Zwei Posten in polnischen Uniformen hielten Totenwache. Die Uniformen der mumifizierten polnischen Offiziere waren noch alle erhalten. Schmuckstücke, Ringe, Portemonnaies, Brieftaschen und Ausweise lagen ausgebreitet neben dem Gräberfeld. Diese Gegenstände hatte man ihnen nicht abgenommen.

Diese Toten gehörten zu den etwa 200 000 polnischen Soldaten, die in sowjetischen Gewahrsam geraten waren. Nachdem am 1. September 1939 die Deutsche Wehrmacht Polens Grenzen überschritten hatte, marschierten am 17. September auch sowjetische Truppen ein; bis Anfang Oktober waren die polnische Armee geschlagen und das Land besetzt. Ein Teil der polnischen Soldaten geriet in sowjetische Gefangenschaft. Etwa 15 000 von ihnen, darunter viele Offiziere, ein wichtiger Teil der intellektuellen Elite Polens, wurden im Frühjahr 1940 auf Anordnung der sowjetischen Regierung umgebracht. Das erste von mehreren Massengräbern, das von deutschen Truppen gefunden wurde, lag bei Katyn. Obwohl eine internationale Kommission Beweise fand, daß die Gefangenen im sowjetischen Gewahrsam ums Leben gekommen waren, versuchte die sowjetische Regierung das Verbrechen der deutschen Seite anzulasten. Erst im Jahr 1992 übernahm sie dafür offiziell die Verantwortung.

Der Schicksalsweg der übrigen polnischen Kriegsgefangenen in sowjetischem Gewahrsam sollte sich noch mehrfach mit dem der Deutschen kreuzen. Zunächst wurden sie in das Archipel GUPVI verbracht, die aus dem Archipel GULag neu entstandene Verwaltung für die Kriegsgefangenenlager. Als aber das Deutsche Reich am 22. Juni 1941 die Sowjetunion überfiel, schlossen die polnische Exilregierung in London und die sowjetische Regierung einen Beistandsvertrag. Neue militärische Verbände aus polnischen Kriegsgefangenen und Deportierten wurden aufgestellt, die unter der Führung der Roten Armee gegen die Deutschen kämpfen sollten. Als dieser Plan scheiterte, gelang es General Władisław Anders, seine polnische Armee 1943 aus der UdSSR über Persien herauszuführen und sich der polnischen Exilregierung in London unter der Oberhoheit der Westalliierten anzuschließen. Deutsche Soldaten begegneten den Polen dann als Wachmannschaften in der Kriegsgefangenschaft, als Teil der alliierten Truppenverbände bei der Invasion in der Normandie 1944 und nach dem Krieg als Besatzungstruppen im Emsland.

Nach einem Fronturlaub im Frühsommer 1944 kam ich zu meiner Division zurück, die in Richtung Bobruisk gezogen war. Vollkommen unerwartet für uns brach dann die Sowjetarmee am 22. Juni 1944 nördlich von uns, in Mogilev, mit mächtigen Truppenteilen durch, schob sich hinter uns und rollte die Front der Heeresgruppe Mitte einfach von Norden nach Süden auf. Russische Panzer vom Typ T 34 kamen in unsere Feuerstellung herein. Ich war als vorgeschobener Beobachter weit davor. Bis auf den heutigen Tag kann ich mich an meine letzte Telefonverbindung erinnern. Ich hörte, daß Russen in der Stellung seien, mit Panzern die Holme unserer Kanonen überfahren und die Geschütze somit unbrauchbar gemacht hatten. Ab diesem Zeitpunkt hatte ich keine Verbindung mehr zu meiner Einheit. Die gesamte Truppe befand sich nun auf der Flucht nach Westen. Immer wieder verlor man sich aus den Augen; jeder war auf sich allein gestellt. Schließlich kamen wir an den Fluß Beresina bei Bobruisk, wo einst Napoleon seine erbitterten Rückzugskämpfe ausgefochten hatte. Irgendwann gelangten wir über den Fluß und sammelten uns in der Zitadelle von Bobruisk. Die deutsche Wehrmachtführung versuchte, Ordnung in das Chaos zu bekommen und geschlossen aus dem Kessel auszubrechen. Aus dem Unternehmen wurde nichts, wir brachen zwar aus, doch darauf hatte die Rote Armee nur gewartet. Was von den deutschen Truppen noch übrig war, wurde zerschlagen. Jeder, der entkommen war, versuchte sich allein Richtung Westen durchzuschlagen. In den Pripjatsümpfen erlebte ich eine Szene, die mich zutiefst demoralisierte: Ich lag unterhalb einer Rollbahn, auf der sich ein T 34 nach dem anderen gen Westen bewegte. Die Panzer waren vollbesetzt mit männlichen und weiblichen Rotarmisten, und ich konnte immer wieder die Worte »Berlin, Berlin!« heraushören. Nun hatte die sowjetischen Armee nur noch ein Ziel vor Augen: Berlin!

Obwohl die Entfernung zwischen der Ostfront und Berlin zu diesem Zeitpunkt noch etwa tausend Kilometer Luftlinie betrug, war das Ziel »Berlin« für die Rotarmisten nicht mehr unrealistisch. Zum erstenmal war nicht nur eine Armee – wie in Stalingrad –, sondern eine ganze Heeresgruppe von den Sowjets völlig zerschlagen worden. In der Front klaffte ein Hunderte Kilometer breites Loch, die Angriffsrichtung der sowjetischen Verbände zeigte auf Berlin, und zwischen Minsk und der Reichs-

Aufruf zur Desertion an die deutschen Soldaten, Flugblatt der Roten Armee

Gib Dich gefangen! Rufe laut: „Proschaj Moskwá, dalój Gitlera!", das heißt: „Leb wohl Moskau, nieder mit Hitler!"

März 1942. Nr. 13

Wie die Kriegsgefangenen in Sowjetrussland leben

Deutsche Soldaten! Das Hitlerkommando verheimlicht Euch, daß Zehntausende deutscher Soldaten und Offiziere mit dem Krieg schon Schluß gemacht haben, indem sie sich gefangengegeben haben. Lest die wahrheitsgetreuen Berichte Eurer Kameraden über ihr Leben in russischer Gefangenschaft.

Russischer Sanitäter erweist einem verwundeten deutschen Soldaten erste Hilfe.

hauptstadt gab es zeitweise keine deutschen Verbände mehr, die in der Lage gewesen wären, der Roten Armee Widerstand zu leisten. Daß nun die Niederlage des Deutschen Reiches und die Eroberung Berlins auf der Tagesordnung stand, wurde Hans Kampmann deutlich, als er die Rotarmisten hörte. Diese Erkenntnis hatten auch viele Deutsche zu Hause.

Die Tage verbrachte ich im Kornfeld, in der Nacht lief ich weiter und richtete mich nach dem Stand der Sterne. Die sowjetische Front

Nationalsozialistische Propaganda auf einem Plakat von 1943

wanderte von Tag zu Tag weiter westwärts, und die Distanz zwischen uns und den deutschen Linien wurde immer größer. Es gab weder zu essen noch etwas zu trinken. Nach den drei Tagen war ich schon sehr erschöpft. In einem Kornfeld wollte ich den Tag verbringen, als ich morgens gegen zehn Uhr Hundegebell hörte. Durch die Ähren sah ich, wie sowjetische Soldaten mit Hunden wie auf einer Treibjagd das Feld durchkämmten. Sie kamen auf mich zu. Ich war allein und hatte meine Pistole, meinen Fotoapparat, einen Kompaß und die Armbanduhr noch bei mir. Es war der 30. Juni 1944. Tausend Gedanken schossen mir durch den Kopf: »Jetzt ist der Zeitpunkt gekommen, wo du dich entweder vor den Soldaten auf der Stelle umbringst. Oder sie bringen dich um. Die letzte Möglichkeit ist, daß du alles auf dich zukommen läßt.« Da waren sie auf einmal vor mir: »Ruki vverch«, hörte ich, »Hände hoch!« Der erste griff gleich nach meiner Uhr und legte sie sich als fünfte oder sechste um seinen Arm. Der andere nahm sich den Kompaß und die Pistole. »Mein Gott«, dachte ich, »jetzt werde ich wahrscheinlich noch mit der eigenen Pistole totgeschossen.« Ich glaube, ich hatte den Soldaten ein paar Gastgeschenke überlassen, und deshalb waren sie fröhlich und behandelten mich freundlich. Auf alle Fälle war die Gefangennahme gut verlaufen. Das war eine Überraschung, denn man hatte uns immer eingebleut, daß eine Gefangenschaft unser Ende bedeuten würde. Man warnte uns immer wieder: »Die bringen euch um!« Das hatte viele zum Selbstmord geführt. So hatte es auch mein Vorgesetzter vorgezogen, lieber sich selbst zu erschießen, als gefangengenommen zu werden.

Diese weitverbreitete Vorstellung geht auf den Ersten Weltkrieg zurück, in dem etwa 200 000 Deutsche in russische Gefangenschaft geraten waren. Das Zarenreich hatte sich nicht nur als unfähig erwiesen, die Gefangenen zu versorgen, die Deutschen wurden darüber hinaus auch willentlich schlechter behandelt als andere Gruppen von Kriegsgefangenen. Infolge der Oktoberrevolution und des Bürgerkriegs in der UdSSR kehrten die letzten erst Mitte der zwanziger Jahre zurück, etwa zwanzig Prozent von ihnen waren ums Leben gekommen. Das Leben der Deutschen in russischer Gefangenschaft wurde von zahlreichen Zeitzeugen beschrieben. Die Romane von Elsa Brändström und Edwin Erich Dwinger zu diesem Thema genossen nach dem Ersten Weltkrieg ebenso große Popularität wie die von Heinrich Gerlach und Hans Günther Konsalik nach dem Zweiten Weltkrieg. An diese Bilder konnte die nationalsozialistische Propaganda überzeugend anknüpfen, wenn sie forderte, ein Soldat solle sich eher selbst umbringen, als in Gefangenschaft zu gehen. Das wurde zwar von jedem Soldaten erwartet, ganz besonders aber von den Offizieren. So hatte Hitler General Friedrich Paulus noch in der Nacht zum 31. Januar 1943 zum Generalfeldmarschall befördert – in der Hoffnung, Paulus würde als Führer der 6. Armee bis zum Letzten im Kessel von Stalingrad kämpfen. Am 31. Januar jedoch ergab sich Paulus und ging in Gefangenschaft.

Die sowjetischen Soldaten brachten mich zu einem kleinen Gehöft. Etwa fünfzehn bis zwanzig Kameraden waren bereits zusammengetrieben worden. Ungefähr zehn Russen bewachten uns mit ihren Maschinenpistolen und einigen Hunden. Es tat sich nichts, wir lagen in der Sonne und konnten nur noch abwarten. Der Krieg war für uns vorbei!

Auf einmal stellte man uns einen Sack Mehl zur Verpflegung hin, unsere Bewacher bedeuteten uns, daß sie nichts anderes hätten. Wir überlegten, was wir damit anfangen sollten, denn einen Löffel Mehl bekommt man nicht runter. Mir fiel schließlich ein Ausweg ein: Wir suchten ein paar Steine und fanden in der Nähe des Hauses ein Stück rostiges Blech. Man erlaubte uns, ein kleines Feuer zwischen den Steinen zu machen. Aus dem Mehl rührten wir mit Wasser einen Brei, den wir als Plinsen auf dem heißen Blech buken. Wir aßen unsere Plinsen mit Appetit, und unsere Bewacher aßen gerne mit. Im nachhinein empfanden wir es als human, daß uns die Russen überhaupt etwas gebracht hatten, sie hatten ja selber nichts. Das begriffen wir im Laufe der Zeit immer deutlicher. Vom ersten Tag an waren wir besser dran als unsere Bewacher und das russische Volk in den Dörfern.

Die Phase der unmittelbaren Gefangennahme war einer der gefährlichsten Momente in bezug auf die Überlebenschance eines Kriegsgefangenen. Dies galt insbesondere an der Ostfront. Nicht nur die Deutschen hatten in Gefangenschaft geratene tatsächliche und vermeintliche Kommissare der Roten Armee erschossen, auch auf russischer Seite war es zur Ermordung

Gefangene nach dem Zusammenbruch der Heeresgruppe Mitte bei Bobruisk, Juni 1944

deutscher Kriegsgefangener gekommen. Die russischen Befehlshaber versuchten allerdings, solche Vorkommnisse zu verhindern, da sie die ohnehin geringe Neigung der deutschen Soldaten zur Kapitulation weiter verkleinerte – das bedeutete letztlich verlängerte Kämpfe und weitere sowjetische Verluste.

Die Versorgung der Kriegsgefangenen war in den zerstörten Gebieten der UdSSR so katastrophal, daß von den Gefangenen des ersten Kriegsjahres mehr als 90 Prozent nicht überlebten. Bis zum Jahr 1944 sank diese Quote auf etwa ein Drittel. Hunger litten jedoch nicht nur die Kriegsgefangenen, sondern auch die Zivilbevölkerung.

Wir wurden auf Lkws verladen und fuhren noch zwei andere Hütten ab, in denen sich ebenfalls Gefangene befanden. Der Lkw brachte uns in die Zitadelle von Bobruisk und damit ausgerechnet an den Ort, den wir wenige Tage zuvor verlassen hatten. Wir wurden in den Katakomben eingeschlossen. Die Verpflegung bestand aus jeweils zwei Pellkartoffeln, die wir abends und morgens erhielten. Jeden Tag wurden wir in Trupps von vielleicht fünfzig Mann an die Beresina geführt. Wir konnten dort trinken und uns waschen, in der Zitadelle selbst gab es kein Wasser. Am Ufer war es schlammig, und wir standen immer wie Rindvieh bis an die Knie im Wasser und schlürften

In einer langen Kolonne werden 58 000 deutsche Kriegsgefangene durch die Straßen von Moskau geführt, 17. Juli 1944

das fließende Wasser von der Oberfläche weg. Jeder trank, so viel er konnte, denn es mußte für einen halben Tag reichen.

In diesem Lager waren wir zwei bis drei Tage, dann wurden wir auf dem Bahnhof von Bobruisk in einen Eisenbahntransport Richtung Moskau verladen. Dort lief alles sehr organisiert ab. Wir lagen auf einer Trabrennbahn unter freiem Himmel und wurden von allen Seiten bewacht. Es mögen etwa tausend Mann gewesen sein. Als Latrinen wurden ein paar Löcher ausgehoben und noch ein paar Balken darüber gelegt. Tagsüber hatten wir eine Gluthitze und in der Nacht Gewitter, richtige Wolkenbrüche, die in den Nächten auf uns niederprasselten, und wir wurden bis auf die Haut naß. Bald brach unter uns die Ruhr aus, Leute starben, es war eine Katastrophe.

Ich weiß nicht mehr, wie wir auf der Trabrennbahn verpflegt wurden, irgend etwas wird man uns gegeben haben. Erstaunt beobachtete ich, daß zwischen unseren Reihen sowjetische Reporter mit Kameras herumliefen, die sich einige von uns heraussuchten und filmten. Wir hatten uns teilweise mehrere Tage nicht mehr rasiert oder gekämmt. Und nun wählten die Fotografen markante Gesichter heraus, die wahrscheinlich so aussahen, daß sich später der Betrachter fragen würde: »Das will die nordische Rasse sein? Wir Sowjets wurden doch als Barbaren bezeichnet. Nun schaut in diese Gesichter – das sind die Barbaren!« Die Tricks der militärischen Propaganda schienen überall auf der Welt gleich zu sein ...

Während des deutschen Vormarsches waren sowjetische Kriegsgefangene in Wochenschauen und Propagandafilmen vorgeführt worden, möglichst verwahrlost, mit krummer Nase und anderen Körpermerkmalen, die nach der nationalsozialistischen Rassenlehre negativ besetzt waren. Für diese »Untermenschen«, so die Nazi-Propaganda, gelten die Regeln des normalen menschlichen Miteinanders nicht.

Es entstand eine endlos lange Schlange; ich stand in der zehnten Reihe. Auf einmal kam ein Lkw, der einige deutsche Generäle heranbrachte. Sie wurden vor uns aufgestellt, ich konnte alle aus nächster Nähe betrachten. Wenn heute Bilder im Fernsehen kommen, suche ich mich immer in den Reihen, denn ich war ja praktisch ganz vorne. Die Schlange setzte sich in Bewegung. Der Marsch führte uns über den Roten Platz am Kreml vorbei. Das war der berühmte Gefangenenmarsch durch Moskau, den Stalin hatte inszenieren lassen. Viele Gefangene waren sehr abgemagert und hager im Gesicht; einige hatten nur Unterhosen an, manche liefen ohne Strümpfe, ohne Schuhe. Diejenigen, die während des feuchtheißen Wetters an Ruhr erkrankt waren, mußten während des Marsches ihr Bedürfnis auf der Straße verrichten. Der Schriftsteller Ilja Ehrenburg beschrieb in seinem 1946 erschienenen Buch »Der Sturm«, daß nach diesem Marsch durch Moskau noch eine Woche Kehrmaschinen fahren mußten, um die Straßen von dem Dreck, den die Deutschen hinterlassen hatten, zu befreien. Der Marsch ging durch verschiedene Straßen Moskaus. Mit sehr bangen Blicken nach rechts und nach links, zu den Bürgersteigen und nach oben zu den Fenstern schlichen wir langsam als Besiegte durch die Straßen. Überall standen Russen. Die meisten betrachteten uns schweigend, wenn auch ab und an ein Blumentopf von den umliegenden Fenstern und Balkonen gestoßen wurde.

Irgendwann leitete man den Menschenzug in verschiedene Richtungen. Wir wurden geteilt und marschierten auf die verschiedenen Bahnhöfe Moskaus zu. Ich kam am Weißrussischen Bahnhof an. Nun kannte ich keinen mehr; wir waren etwa 1000 bis 1500 Mann. Auf dem Abstellgleis des Güterbahnhofs standen mehrere Güterwaggons, in die wir verfrachtet wurden. Die Türen wurden verschlossen. So standen wir nun in diesem Waggon eingepfercht wie Vieh, und es war so eng, daß sich keiner hinlegen – aber auch keiner umfallen konnte. Niemand kümmerte sich um uns. Nur die Moskauer Jugend machte sich einen Spaß daraus, uns mit Bahnschotter zu bewerfen. Das klang wie Maschinengewehrfeuer an den Wänden dieser Waggons. Der Krach war ohrenbetäubend. Irgendwann hatten die Kinder keinen Gefallen mehr an ihrem Tun, und der Lärm verstummte.

Deutsche Kriegsgefangene auf dem Marsch durch eine russische Stadt

Wir standen etwa sechzehn Stunden auf dem Gleis; zu essen gab es nichts. Dann wurde eine Lok vor uns gekoppelt, und wir setzten uns in Bewegung. Unser Ziel war die Kreisstadt Wologda, von dort ging es weiter in das Lager Grjazovec, etwa 50 Kilometer von Wologda entfernt. Dieses Lager war von Juli 1944 bis Mai 1947 mein Stammlager; dort befand sich dauerhaft meine Pritsche. In der Zeit war ich auf mehreren Arbeitskommandos in umliegenden Kolchosen tätig.

Untergebracht waren wir in einem ehemaligen Kloster, das 1918 von den Rotarmisten zerstört worden war. Mit jeweils hundert Mann lagen wir auf drei langen Pritschen, jeder hatte etwa siebzig Zentimeter zur Verfügung. Wenn man nachts austreten mußte und dann wiederkam, war der eigene Schlafplatz von den Nachbarn zur Rechten und Linken belegt. Dann machten wir es, wie man es in Ferkelställen beobachten kann: Wir legten uns oben drauf, und irgendwann sank man nach unten auf seinen Stammplatz zurück. In der ersten Zeit der Gefangenschaft erlebte ich einige Male, daß ein Kamerad morgens nicht mehr von der Pritsche aufstand.

Bereits mit dem Einmarsch der Roten Armee in Polen im September 1939 hatte die UdSSR die Hauptverwaltung für die Angelegenheiten von Kriegsgefangenen (GUPVI) gegründet. Zu den ersten Gefangenen gehörten die Polen, die man später bei Katyn ermordet fand. Der Aufbau der GUPVI ähnelte dem der Kriegsgefangenenverwaltungen in anderen Staaten. Hinter der Front wurden Stellen eingerichtet, an denen die kämpfenden Truppen ihre Gefangenen übergaben. Diese wurden dann in mobilen Durchgangslagern gesammelt und von dort aus auf die stationären Lager verteilt. Die ersten wurden für Aufräumarbeiten in den zerstörten Gebieten errichtet, später entstanden Lagerverwaltungen für den regulären Arbeitseinsatz, die aus einem Hauptlager und einer variablen Anzahl von Nebenlagern bestanden. Die meisten lagen im europäischen Teil der Sowjetunion, in den Regionen um Moskau, Leningrad, Kiev und im Donezbecken. Zu weiteren wichtigen Standortbereichen gehörten der Ural, der Kaukasus, das Gebiet um Taschkent, der Baikalsee und Vladivostok in Sibirien.

Kurz nach der Ankunft in Grjasovec empfing uns am Lagertor ein deutscher Major mit den Worten: »Ich heiße Sie herzlich willkommen im Namen des Nationalkomitees Freies Deutschland und des Bundes Deutscher Offiziere.« Das war für mich ein Tiefschlag. Mir war bislang nicht bewußt gewesen, daß es offenbar gelungen war, die deutschen Kriegsgefangenen in Rußland in zwei Lager zu spalten, die sich in scharfem ideologischen Gegensatz befanden. Wir sahen das so, daß das NKFD von Wilhelm Pieck und Otto Grotewohl ins Leben gerufen worden war. Und um dieser Richtung noch etwas mehr Fasson zu geben, hatte man den BDO gegründet. Wir hatten an der Front schon gehört, daß sich in der Gefangenschaft solche »Antigruppen« gebildet hatten. Ich hatte jedoch nie geglaubt, daß an den Gerüchten etwas Wahres dran war. Ich hatte meine persönliche Vorstellung von dem militärischen Eid und den anderen Treuebekenntnissen, die ich geleistet hatte. Entweder leiste ich einen Eid oder nicht; ein drittes schien mir nicht möglich.

Kurzer Halt auf freier Strecke während des Transports deutscher Kriegsgefangener über Kasan nach Jelabuga, Mai 1945

Das »Nationalkomitee Freies Deutschland« (NKFD), in dessen Namen der Major sprach, war auf einer Versammlung im Kriegsgefangenenlager Krasnogorsk bei Moskau am 12./13. Juli 1943 gegründet worden, am 11./12. September 1943 kam der »Bund Deutscher Offiziere« (BDO) hinzu. Die Führungen beider Organisationen bestanden im wesentlichen aus deutschen Exilkommunisten wie Wilhelm Pieck und Erich Weinert und Kriegsgefangenen – darunter viele, die mit der 6. Armee in Stalingrad in Gefangenschaft geraten waren. Zu den Prominentesten gehörten die Generäle Walther von Seydlitz-Kurzbach, Dr. Otto Korfes und Martin Lattmann sowie der Fliegerleutnant Heinrich Graf Einsiedel, ein Urenkel des Reichskanzlers Otto von Bismarck. Ziel war es, den kommunistischen wie auch den nicht-kommunistischen Widerstand gegen den Nationalsozialismus zusammenzuführen und die noch kämpfenden deutschen Truppen zur Kampfeinstellung zu bewegen. In den Kriegsgefangenenlagern führten sie politische Aufklärungsveranstaltungen durch. Viele der Mitglieder des Nationalkomitees und des Bundes der Offiziere, die keineswegs nur Kommunisten waren, mußten im Lauf der Zeit einsehen, daß sie ihre Vorstellungen nicht verwirklichen konnten. Beide Organisationen wurden im Jahr 1945 durch die »Antifaschistische Bewegung«, oft nur kurz »Antifa« genannt, ersetzt.

Wir wurden gründlich gefilzt. Alles, was wir noch bei uns hatten, wurde uns zunächst abgenommen und überprüft. Später konnten wir unsere Sachen wieder anziehen. Dann prasselte es von allen Seiten Fragen: »Kennst du den XY?«, »Wer ist von der Einheit XY?« usw. Ich war in einem Offizierslager gelandet. Nur wenige Mannschaftsdienstgrade gab es hier – in erster Linie für Lagerarbeiten. Voll belegt faßte das Lager 3000 Mann, als wir ankamen, waren schätzungsweise 2000 Mann schon dort, mit uns kamen 1000 dazu.

Offiziere wurden in allen Gewahrsamsstaaten grundsätzlich getrennt von den Unteroffizieren und den Mannschaften untergebracht. Die Tatsache, daß das Deutsche Reich und die Sowjetunion sich nicht auf die Einhaltung der kriegsvölkerrechtlichen Konventionen geeinigt hatten, bedeutete nicht, daß die UdSSR diese Abkommen völlig ignorierte. Der sowjetische Erlaß über die Behandlung der Kriegsgefangenen vom 1. Juli 1941 entsprach im wesentlichen den Vorschriften der Genfer Konvention, sah allerdings schlechtere Standards bei der Unterbringung und Verpflegung vor. Der Austausch von Namenlisten der Gefangenen mit dem Heimatstaat und die Inspektion von Kriegsgefangenenlagern war auch in dem Erlaß vorgesehen, fand jedoch nicht statt.

Wir waren Offiziere und durften deshalb nur zu leichten Lagerarbeiten herangezogen werden. Ab dem Dienstrang des Majors durfte gar nicht gearbeitet werden. Die sowjetische Lagerleitung hielt sich in dieser Beziehung strikt an die Genfer Konventionen.

Die Unterbringungsmöglichkeiten reichten nicht aus, um ein geordnetes Lagerleben aufrechtzuerhalten. Deshalb beschäftigten wir uns in der ersten Zeit mit dem Bau von neuen Baracken. Es klingt einfach, war aber keine einfache Angelegenheit, wie sich herausstellte. Das gesamte Material mußte im Lager hergestellt werden.

Wir bauten in Fachwerkbauweise, die Lücken zwischen den Holzbalken wurden mit Lehmziegeln ausgefüllt, die wir selber herstellten. Wir ließen sie einige Wochen in der Sonne trocknen. Den Ziegeln wurde dadurch das Wasser entzogen, ein kleiner Rest jedoch blieb darin. Mit den Ziegeln füllten wir das Gebälk aus und beschmierten die Fugen mit Lehm. Die Häuser sahen ganz schön aus. Im Herbst machten wir uns daran, die Außenwände zu kalken. Im Winter führten die restlichen Wassereinlagerungen leider dazu, daß die Ziegel in der Wand einfroren und zerplatzten, weil sich das Wasser in ihnen als Eis ausgedehnt hatte. Sie fielen aus der Wand, und bei 30 Grad Frost, den ich Winter für Winter erlebt habe, gelangte die Kälte dann ungehindert in die Baracke. Wir zogen unsere wärmsten Kleidungsstücke an und verkrochen uns, um nicht zu erfrieren.

Zweimal im Jahr, am 1. Oktober und 1. Mai, wurde die Kleidung gewechselt. Zum Wintertermin erhielten wir warme Kleidung wie Pelzmäntel, Wattehosen und andere getragene Sachen. Dazu gab es Filzstiefel. Ohne Rücksicht auf Größe und Paßform wurden sie wahllos zugeteilt. Die Unterwäsche wurde in der Wäscherei etwa alle zwei bis drei Wochen gewaschen.

Einmal im Monat kam ein Friseur, die Lagerleitung gab dann zwei bis drei Rasiermesser heraus. Der Empfang mußte quittiert werden, und bei jedem Rasiermesser war ein russischer Posten als Bewachung dabei. So wurden wir nacheinander die Bärte los. 200 Mann wurden mit einem Messer behandelt. Die Gefahr war groß, daß man sich auf diese Art und Weise eine Bartflechte zuzog, gegen die es kein Mittel gab. Das juckte fürchterlich. Auch in dem Fall mußte man improvisieren. Ich erfand ein einfaches Mittel. Mein Freund und ich nahmen ein Stück Sack, befeuchteten es mit unserem eigenen Urin und behandelten damit erfolgreich die entzündeten Stellen.

Bis etwa 1944 wurden die Kriegsgefangenen lediglich für die Erhaltung bzw. den Ausbau der Lagereinrichtung eingesetzt – die Masse war ohnehin körperlich nicht in der Lage zu arbeiten. Offiziere waren den Regeln des Kriegsvölkerrechts gemäß nicht verpflichtet, »für den Feind« zu arbeiten. Sie konnten sich allerdings freiwillig dazu bereit erklären, was viele taten, um der Eintönigkeit des Lagerlebens zu entgehen. Es wurde von sowjetischer Seite aber auch massiver Druck ausgeübt, woraufhin sich auch Zögerliche zur Arbeit bereit erklärten. Ab Anfang 1946, vereinzelt auch schon früher, galt für Subalternoffiziere die Arbeitspflicht, lediglich Stabsoffiziere und Generäle blieben davon verschont. Das traf nicht auf Kriegsverurteilte zu, sie mußten immer arbeiten, denn sie galten nicht mehr als Kriegsgefangene, sondern als Kriegsverbrecher.

Wir hatten neben den Lagerarbeiten noch die Möglichkeit, als Außenkommando Aufgaben in den umliegenden Kolchosen zu übernehmen. Zunächst versuchten wir, unsere unmittelbare Umgebung, unser Lager, angenehm zu gestalten. Nach dem Bau von ein paar Baracken schlugen wir Holz für die Lagerküche und die Wäscherei. Wir waren im Grunde froh, eine sinnvolle Tätigkeit auszuführen.

An Flucht war nicht zu denken, dafür waren wir viel zu schwach, und wir hätten bestimmt auch von der Bevölkerung keine Hilfe erwarten können – auch wenn wir an unserer Kleidung nicht als Kriegsgefangene zu erkennen waren; man hatte uns auch keine Buchstaben auf den Rücken oder die Hosen aufgemalt.

Bau neuer Unterkünfte aus Stangen und Lehmblöcken in dem Kriegsgefangenenlager Aleksin (Nr. 53), 50 Kilometer nordwestlich von Tula, 1947

Als wir im Juli 1944 im Lager ankamen, mußten wir uns erst einmal klar machen, daß wir uns auf längere Zeit einzurichten hatten. Jeder sorgte sich um seine persönliche Ausstattung. Mein Wehrmacht-Kochgeschirr und das Besteck waren verlorengegangen. Ich mußte mir die notwendigen Gegenstände des täglichen Lebens neu besorgen. Irgendwo fand ich einen Holzlöffel, der zwar schön bunt und verziert, aber einem Mund nicht angepaßt war. Immerhin, ich hatte einen eigenen Löffel. Mein ganzer Stolz war eine Konservendose mit einem Drahtbügel. Die war fünf Jahre lang mein Teller. Auf dem Holzplatz des Lagers versuchten wir, uns Frühstücksbretter zu schneiden. Aus Nägeln versuchten wir Messer zu schmieden. Es war nicht einfach, sich seinen Hausrat zusammenzustellen.

Darüber hinaus war unser Lagerleben permanent von dem Bestreben geprägt, sich auf irgendeine Art und Weise ein Zubrot zu verschaffen. Wir dachten uns alle nur möglichen Tricks aus. Eine typische Szene: Zwanzig Mann hatten einen Korb mit Saatkartoffeln bekommen, wir sollten sie pflanzen. Ein russischer Posten beaufsichtigte uns. Wir mußten Löcher in die Erde graben, um die Kartoffeln hineinzulegen. Ein paar Kartoffeln steckten wir uns in die Tasche. Einer wurde bestimmt, sich am Ende des Feldes in den Wald zu stehlen. Dieser Mann besorgte ganz trockenes Birkenholz und Birkenrinde, denn das ergab ein Feuer ohne Rauch. Am Rand des Feldes ließen wir unauffällig die Kartoffeln aus unserer Hose fallen. Unser Mann sammelte sie auf, legte sie in einen mit Wasser gefüllten Kessel und kochte die Kartoffeln über dem Feuer. Wir konnten es gar nicht erwarten, bis sie gar waren. Der Posten merkte von alledem nichts. Er saß stets auf dem Kartoffelkorb wie eine brütende Henne, damit keiner an die Kartoffeln kam. Auch die Verteilung der garen Kartoffeln hatten wir minutiös organisiert. Dort, wo wir jetzt rohe Kartoffeln ablegten, lagen nun die gekochten Kartoffeln. Wir nahmen sie auf und aßen sie mit Genuß, während wir weiterarbeiteten. Wir konnten uns sogar einen Vorrat anlegen. Wir nahmen unsere Kochgeschirre mit nach draußen, denn es war uns ausdrücklich gestattet, Brennesseln zu kochen. Die waren in Hülle und Fülle vorhanden. Unser Mann am Feldrand zerstampfte die gekochten Kartoffeln, schichtete sie in unsere Kochgeschirre und bedeckte sie bis zum Rand mit Brennesselspinat. So konnten wir sie unentdeckt ins Lager schmuggeln.

Dieses Beispiel von Kameradschaft sollte nicht darüber hinwegtäuschen, daß es Kameradschaftlichkeit als »Normalverhalten« nicht gab. Die Gefangenen hielten zusammen, wenn sich daraus ein Vorteil für jeden ergab oder wenn es galt, der Gewahrsamsmacht »eins auszuwischen«. Ansonsten sorgten der Hunger, der manchen zum Dieb werden ließ, und das sowjetische Spitzelsystem dafür, daß die meisten Gefangenen kaum Freunde besaßen, denen gegenüber sie sich uneigennützig verhielten bzw. verhalten konnten.

Eßgeschirr aus einer Konservendose

»Deutsche Kriegsgefangene teilen das erste Brot in russischer Kriegsgefangenschaft nach der Schlacht bei Stalingrad«, so lautete die Unterzeile der sowjetischen Agentur zu diesem Bild, Februar 1943. Die Wirklichkeit sah in der Regel anders aus

Man mußte stets zusehen, daß man satt wurde, denn es gab wochenlang immer das gleiche: Kascha, eine Art Haferbrei, der nicht ausreichend ernährte. Es gab über Monate hinweg kein Fleisch. Das wenige Fleisch, das wir bekamen, hatten wir einem nach Chicago ausgewanderten deutschen Juden namens Oskar Meyer zu verdanken. Von diesen Fleischdosen war ein Teil in unser Lager gelangt. Das hat uns am Leben gehalten. Ebenso nützlich wie der Inhalt waren die leeren Dosen. Bald hatte jeder eine aus einem Dosendeckel geformte Schale und strich seine Butter hinein oder bewahrte den Zucker dort auf, der ihm in wenigen Mengen zugeteilt wurde. Man mußte erfinderisch sein.

Die Fleischlieferungen stammten aus dem Lend-Lease-Programm, das die USA im Jahr 1941 ins Leben gerufen hatten. Es sah Hilfslieferungen aller Art für die alliierten Verbündeten vor. Die Transporte in die UdSSR erfolgten entweder über Murmansk oder via Persien. Darunter befanden sich auch Nahrungsmittel, in diesem Fall Corned beef aus Chicago. Zahlreiche Kriegsgefangene berichteten, daß ihnen auf diesem Wege Oskar Meyer das Leben gerettet habe.

Wir bekamen 500 Gramm Brot pro Tag. Ich kann mich heute noch an die Konsistenz des Brotes erinnern. Der Teig für das Graubrot wurde in eine Kastenform gegossen und im ersten Arbeitsgang schnell abgebacken. Dabei ging er hoch und bildete eine Kruste. Beim zweiten Abbacken fiel die Teigmasse unter der Kruste wieder zusammen, so daß zwischen beiden ein Hohlraum entstand. Dieses Brot lag im Magen wie ein Mühlstein. Manche Brotlaibe waren so naß, daß man sie fast auswringen konnte.

Die umliegenden Brotfabriken oder Bäckereien belieferten täglich das ganze Lager mit einer genau festgelegten Anzahl von Brotlaiben, die genauestens auf die Baracken verteilt wurden. Wir bildeten Gruppen zu zehn Mann, und unsere Vertreter bekamen fünf Kilo Brot am Stück in die Hand gedrückt. Die Laibe mußten nun in 500-Gramm-Portionen aufgeteilt werden. Dafür wurden Waagen in allen Variationen entwickelt, einarmige mit Gewichten daran, Waagen mit Doppelschenkeln – unserer Phantasie war freier Raum gelassen. Diese fünf Kilo konnte man nicht gleich in zehn Stücke zu jeweils 500 Gramm abwiegen, das kriegte man nicht hin. Deswegen wogen wir zunächst nur je 450 Gramm ab, um einen besser verteilbaren Rest zu erhalten. Dieser wurde nun nach Augenmaß in zehn kleine Stücke geschnitten. Dann ging es darum, wer das Kantenstück bekam. Maßgeblich war auch, welches Stück man vom sogenannten Supplement, dem 50-Gramm-Zuschlag, erhielt. Über diese Supplemente wurde genau Buch – vielmehr Birkenrinde – geführt. Denn Papier hatten wir nicht zur Verfügung, wir schrieben stets auf Birkenrinden. Die Brotverteilung war eine heilige Handlung und nahm jeden Tag mindestens eine Stunde in Anspruch. Ebenso wurden Butter und Zucker abgewogen und geteilt; wir kneteten die Stückchen Butter und formten Rechtecke daraus.

Solche Verteilungsrituale werden von Gefangenen aller Lager beschrieben, in denen Hunger herrschte. Streit um die gerechte Verteilung gab es oft, so daß sich mitunter kaum einer bereit fand, diese Aufgabe zu übernehmen.

Die Art, wie die einzelnen Gefangenen die Nahrungsmittel verzehrten, war sehr verschieden. Die einen verschlangen in ihrem unerträglichen Hunger alles auf einmal und gingen mit den oft kläglichen Mengen unkontrolliert um – ein Verhalten, das unter solchen extremen Lebensumständen oftmals den Tod bedeuten konnte.

Viele tauschten das Essen gegen die knappe Tabakware, nahmen Hunger des Rauchens wegen in Kauf und gingen oft an Unterernährung zugrunde. Andere planten, in welchem zeitlichen Abstand sie welche Menge essen würden. Schlimm war es dann, wenn ihnen von einem Kameraden das Ersparte gestohlen wurde.

Manchmal setzte die Versorgung aus. Brot wurde zwar jeden Tag geliefert, aber Zucker und Butter ließen zeitweise bis zu einer Woche auf sich warten. Die fehlende Grammzahl wurde nachgeliefert. Dann gab es jedesmal ein Freudenfest! Man hatte eine Menge Nahrungsmittel zur Verfügung und wurde richtig satt. In Wologda gab es eine Brauerei, von dort erhielt das Lager Bierhefe zugeteilt. Die sowjetische Lagerleitung hoffte, uns mit der Hefe gesund und arbeitsfähig zu erhalten bzw. die meisten erst einmal arbeitsfähig zu machen.

Jeden Tag gab es eine kleine Tasse voll Bierhefe. Ich trank sie in einem Zug. Andere versuchten unermüdlich, ihr mehr Volumen zu geben. Wenn man die Bierhefe wie Sahne schlägt, nimmt sie Luft auf und dehnt sich aus. Dazu wurden Schneebesen gebaut: Schneebesen zum Drehen, zum Schlagen, die ausgefallendsten Formen. Nun muß man sich vergegenwärtigen, daß wir im Lager Hauptleute, Oberleutnante, und Majore hatten, die bei der Truppe einige Befehlsgewalt besessen hatten. Sie bekamen natürlich auch die Bierhefe und standen jetzt mit Tasse oder einem größeren Gefäß da und schlugen ihre Bierhefe. Die Gespräche kreisten nur noch um die Hefe: »Heute ist sie aber schlecht, sie läßt sich nicht richtig schlagen, nicht wahr?« Oder: »Donnerwetter, heute gibt es aber eine Menge!«. Hohe, erfahrene Offiziere standen da. Ich dachte jedesmal, was für eine Entwürdigung. Früher hatten sie strategische Pläne ausgearbeitet, Truppen geführt. Nun standen sie mit dem Schneebesen da und schlugen Bierhefe. Das paßte für mich nicht zusammen.

An diesem Beispiel zeigt sich ein wesentlicher Unterschied zwischen der deutschen und der sowjetischen Kriegsgefangenenpolitik. Auch wenn in sowjetischem Gewahrsam so viele deutsche Kriegsgefangene gestorben sind wie in keinem anderen Land, auch wenn russisches Personal, das sich rächen wollte, manchen Kriegsgefangenen schikanierte, auch wenn Russen die wenigen vorhandenen Lebensmittel veruntreuten, um selbst zu überleben oder um Geschäfte zu machen, kann hieraus dennoch nicht geschlossen werden, daß es Ziel der sowjetischen Regierung gewesen wäre, die deutschen Kriegsgefangenen umkommen zu lassen.

Die sowjetische Regierung sah die Kriegsgefangenen nicht als Feinde, sondern als Arbeitskräfte, war aber oft nicht in der Lage, für sie zu sorgen. So hatten Meldungen der Lagerkommandanten über hohe Todesraten zwar Untersuchungen zur Folge und Befehle, die die Situation verbessern sollten, doch scheiterte ihre Umsetzung an der Realität: Die notwendigen Ressourcen standen nicht zur Verfügung.

Der Krieg ging in dieser Zeit weiter. Wir erfuhren die Nachrichten vom Frontverlauf, von der Schlacht um Königsberg, um Breslau und um Berlin durch unseren Dolmetscher, einen Deutschen, der zu den Russen übergelaufen war. Ihm standen die regierungsamtlichen Zeitungen »Pravda« und »Isvestija« zur Verfügung. Er stellte auch Wandzeitungen her, die im Lager ausgehängt wurden. Zusätzlich ging er durch die Baracken und verlas neueste Nachrichten. Wir haben seine Berichte angehört, aber konnten nicht beurteilen, ob sie wahr waren oder nicht. Manches hielten wir für Propaganda. Wir wurden besonders mißtrauisch, wenn er mit handgeschriebenen Zetteln kam, anstatt mit einer seiner Zeitungen.

In den meisten Kriegsgefangenenlagern gab es eine Drahtfunkanlage, die an das örtliche sowjetische Drahtfunknetz angeschlossen war und entweder die Sendungen des lokalen Rundfunks oder die von Radio Moskau übertrug. Das NKFD gab eine eigene Zeitung heraus, das »Freie Deutschland«. Darüber hinaus erschienen von Januar 1946 bis Ende 1949 auch die »Nachrichten für die deutschen Kriegsgefangenen in der Sowjetunion« in einem Umfang von je vier Seiten. Sie waren als Instruktionsmaterial für die politische Arbeit der Antifa gedacht. Anfangs nur vereinzelt verteilt, erhielten später alle Lager diese Zeitschrift wöchentlich.

Auch unsere Bewacher erhielten politische Schulungen. Während des Krieges wurde das ganze Lagerpersonal einmal wöchentlich zusammengerufen. Nach diesen Politschulungen war es für uns nicht ratsam, nahe an den Stacheldraht zu treten, denn dann schrien die Posten sofort von den Wachtürmen oder schossen in unsere Richtung, weil sie offenbar Wut auf uns hatten. Am übernächsten Tag standen sie jedoch schon wieder mit lachendem Gesicht am Stacheldraht oben am Tor und tauschten ihre Machorka gegen unsere Offizierspapirossys.

Die Verteilung von Offizierszigaretten gehörte zu den für alle deutschen Soldaten erstaunlichsten Regelungen im sowjetischen Gewahrsam. In der Wehrmacht hatten alle dieselbe Verpflegung erhalten, in der Roten Armee war es jedoch üblich, daß Offiziere bessere Rationen erhielten als die einfachen Soldaten. Diese Regel galt auch für deutsche Kriegsgefangene, so daß die Offiziere häufig besseres Essen erhielten. Der Unterschied war nicht groß, doch mitunter konnten in der Zeit des größten Hungers bereits kleine zusätzliche Nahrungsmengen wichtig fürs Überleben sein. Am deutlichsten machte sich der Unterschied bei der Zuteilung von Tabakwaren bemerkbar, die auch als heißbegehrtes Tauschobjekt dienten.

Mehrfach kamen russische Delegationen ins Lager. Nach ihrem Eintreffen ließ uns die Lagerleitung jedesmal auf der langen Lagerstraße antreten, das erste Glied einen Schritt vor, das letzte Glied einen Schritt zurück. Durch den Zwischenraum gingen die Delegationsmitglieder die Reihen ab. Während der ersten Zeit hatten wir stets den Oberkörper zu entblößen und wurden mit einer Lupe, Mann für Mann, mit erhobenem linken Arm untersucht. Man suchte nach der Blutgruppen-Tätowierung der Waffen-SS-Leute, die auf diese Weise herausgefiltert und dann abtransportiert wurden.

Die Prüfungen gingen auch nach der Aussortierung der Waffen-SS weiter. Man suchte nun nach Deutschen und ihren Verbündeten, die sich gemäß dem russischen Strafgesetzbuch am sozialistischen Volkseigentum vergriffen hatten. Es handelte sich um Leute, die zum Beispiel während des Rückzugs das Elektrizitätswerk in Minsk zerstört hatten, oder um Sonderführer. Sie hatten Rindvieh organisiert, das für die Verpflegung der Truppe geschlachtet wurde, oder Material für den Bau von Bunkern. Das dafür benötigte Holz beschafften sie durch den Abriß alter Panjehäuser. Häufig requirierten sie benötigte Güter bei der Bevölkerung, dadurch hatten sie sich der Verfassung der Russischen Föderation zufolge am sozialistischen Volkseigentum vergriffen.

Die Solidarität unter den Gefangenen begann in dieser Zeit zu bröckeln. Vielleicht hing das mit dem Hunger zusammen, den wir so oft verspürten. Einige waren bereit, den anderen für einen Teller Brei zu verraten. Manch einer mag der Lagerleitung einen Tip gegeben haben, wenn er von jemandem wußte, der während der Besatzungszeit eine solche Funktion innegehabt hatte.

Bereits ab 1943 hatte es Prozesse gegen deutsche Kriegsgefangene wegen Kriegsverbrechen gegeben. Persönliche Schuld der Angeklagten war für die Verurteilung nicht Voraussetzung – und häufig auch nicht gegeben. In dieser Phase ging es der Sowjetunion in erster Linie darum, deutsche Verbrechen öffentlich anzuklagen. Das änderte sich in den Jahren 1948 und 1949. Die etwa 20 000 Kriegsverbrecherprozesse dauerten oft nur wenige Minuten und fanden unter Ausschluß der Öffentlichkeit statt. In den meisten Fällen verstanden die deutschen Angeklagten nicht einmal die auf russisch vorgetragene Anklage, Verteidigungsmöglichkeiten gab es kaum. Über die

Gründe für diese Verurteilungswelle kann bis heute nur spekuliert werden, die damit verfolgte Absicht der sowjetischen Regierung ist bis heute nicht bekannt. Wirtschaftlich gesehen, war die Zahl der Verurteilten unbedeutend. Die einzig plausible Erklärung ist, daß die UdSSR ein Faustpfand zurückbehalten wollte, um es gegebenenfalls als Druckmittel bei Verhandlungen über die ja noch keineswegs geklärte politische und völkerrechtliche Zukunft Deutschlands einzusetzen. Durch die Verurteilung verloren die Betroffenen ihren Kriegsgefangenenstatus und mußten nicht entlassen werden.

Nach Kriegsende kamen nur noch wenige Delegationen in das Lager, und auch die militärischen Rangzeichen hatten offenbar keine Gültigkeit mehr. Wir Offiziere wurden nun ebenso wie die Mannschaften zu schwerer Arbeit herangezogen. Wir gehörten wie Millionen anderer russischer Menschen in der Sowjetunion zu den »zakljucennys« – den Inhaftierten. Die ganze Sowjetunion war ja mit einem Netz von Arbeitslagern überzogen. Wir waren Teil des Wiederaufbauprogramms geworden und ebenso der Normerfüllung unterworfen wie die Zivilisten. Die Genfer Konventionen interessierten keinen mehr. Ab jetzt ging es an die Arbeit. Die mangelhafte Ernährung bei schwerer Arbeit und das ungünstige Klima führten zu einer hohen Sterblichkeit.

Deutsche Kriegsgefangene arbeiteten in fast allen Bereichen der Wirtschaft, hauptsächlich jedoch in der Bauwirtschaft. Sie wurden bei der Enttrümmerung zerstörter Städte eingesetzt oder beim Bau von Gebäuden, Fabriken, Straßen oder Wasserwegen. Nicht zu vergessen der Einsatz bei der Holzgewinnung und -verarbeitung, im Bergbau und in Steinbrüchen.

Im Vergleich zu den anderen Staaten wurden in der Sowjetunion relativ wenig Kriegsgefangene in der Landwirtschaft eingesetzt. Der Anteil betrug nicht einmal zehn Prozent. Das erstaunt, da im Zweiten Weltkrieg alle Staaten ihre Soldaten bevorzugt aus den ländlichen Gebieten rekrutierten und folglich vor allem dort männliche Arbeitskräfte fehlten. Kriegsgefangene kamen deshalb häufig in der Landwirtschaft zum Einsatz. Ebenfalls ungewöhnlich war die sehr geringe Zahl deutscher Kriegsgefangener, die Hilfsdienste für die Rote Armee leisteten. – Die Wehrmacht hingegen war wesentlich auf ihre sowjetischen »Hiwis« angewiesen.

Nachdem nun klar war, daß ich weiterhin Stacheldraht um mich haben würde, wurde mein Hauptziel, zu begreifen, wie die russischen

Der Beruf des Schusters wurde im Lager hochgeschätzt; festes Schuhwerk war notwendig, um unter den harten Bedingungen der Kriegsgefangenschaft zu überleben, Lager 99, Karaganda

Menschen um mich herum lebten, was sie bewegte und den Kern ihres Denken und Fühlens ausmachte. Mich begannen die Kleinigkeiten ihres alltäglichen Lebens zu faszinieren. Ich wollte nun jede Chance nutzen, um dem Lagerleben zu entfliehen, und meldete mich zu verschiedenen Außenkommandos. Wir waren etwa fünfzehn bis zwanzig Leute in den Kommandos. Wir halfen bei der Ernte, dem Setzen und dem Ausgraben von Kartoffeln. Wir bildeten Heukommandos, Mähkommandos, Holzeinschlagkommandos und so fort. Wir lebten während dieser Zeit praktisch mitten unter der normalen Bevölkerung, und so konnte ich immer wieder alles beobachten, was um mich herum geschah.

Während meiner Ausbildung als Offizier war mir kein besonderes Feindbild im Sinne der nationalsozialistischen Weltanschauung ver-

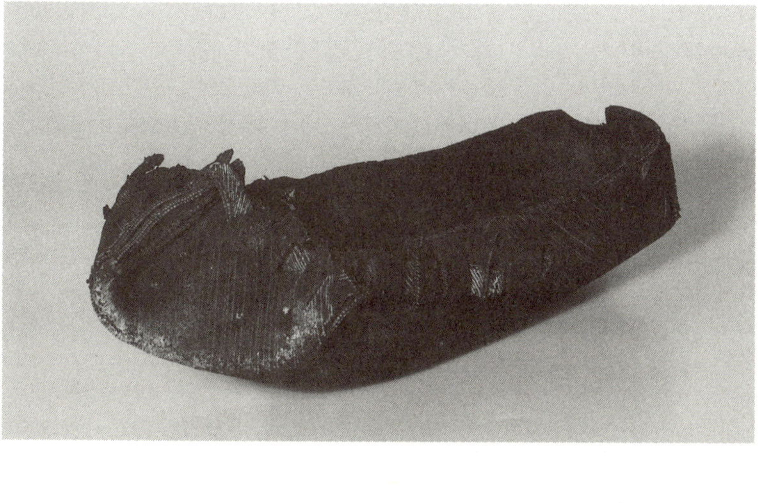

Schuh aus einem Gummireifen zum Schutz vor Erfrierungen

mittelt worden. Der Russe war Feind, und damit fertig. Das Wort »Untermensch« war nur gelegentlich aufgetaucht. Nun erlebte ich den Alltag unseres ehemaligen Feindes. Selbst der Wachposten wurde häufig so etwas wie ein Freund für uns. Mich schlugen immer wieder die alten Menschen in den Bann. Ich wurde häufig von ihnen eingeladen und schlich heimlich aus unserem Quartier heraus, um zu ihren Katen zu gehen.

Das eindringlichste Erlebnis hatten wir während eines Anmarsches zu einer neuen Arbeitsstelle. Man führte uns über eine Kreuzung. Dort stand eine alte Russin in einem abgetragenen, großen Mantel. Unsere Wege kreuzten sich auf der Straße. Sie schaute uns mit großen Augen an, bekreuzigte sich und sagte mit einemmal laut und vernehmlich: »Boze u vas!« – »Gott sei mit euch!« Wir erstarrten. Der junge Posten ging auf die alte Frau zu, stieß ihr seinen Gewehrkolben in den Rücken und jagte sie weg. Diese Szene führte uns den frappierenden Unterschied zwischen den jungen und den alten Menschen, den »Russen« und den »Sowjetbürgern« vor Augen. Die alte Frau, die uns gesegnet hatte, machte uns nachdenklich. Die Älteren schienen noch aus einer völlig anderen Zeit zu stammen. Sie schienen vor allem ehrlich und nicht so grob. Zudem waren sie zutiefst gläubig. Die junge Generation schien mir dagegen derber zu sein.

Mich bedrückte zunehmend, daß wir als Kriegsgefangene offenbar besser genährt waren als die Bevölkerung. Einmal hatte mich eine alte Russin in ihre Kate geholt und bat mich zu Tisch. Dort saß ihre erwachsene Tochter mit drei kleinen Kindern, Männer gab es kaum in diesen Dörfern. Meine Gastgeberin nahm einen Topf mit Kartoffeln und schnitt sie in kleine Scheibchen. Diese klebte sie rund um die heiße Wand des Samowars. Die Kinder saßen da und stierten auf den Samowar. Sie warteten auf den Moment, in dem die Kartoffelstücke durch die Hitze von der Wand abfielen, faßten blitzschnell nach diesen halbgaren Scheiben und aßen sie augenblicklich auf. Das war Hunger! Mir war nicht wohl in meiner Haut, denn ich bekam in dieser Zeit immer noch täglich mein Weißbrot aus amerikanischem Mehl.

Das Dorfleben schien mir ungeheuer mühselig und eintönig zu sein. Der Spielraum jedes einzelnen war sehr gering; er mußte vor allem eins können: Gehorchen. Mit unseren Arbeitskommandos waren wir häufig Kolchosen zugeteilt. Ein Morgen in der Kolchose begann damit, daß ein Stück aufgehängte Eisenbahnschiene geschlagen wurde, um das Dorf zu wecken. Daraufhin erschienen alle und nahmen die Befehle entgegen. Jeder ging an sein Tagewerk, und mittags traf man sich in der Gemeinschaftsküche zum Essen: vorwiegend zu Brei gekochter Süßklee mit ein paar Kartoffeln. Angesichts der Armut der Bevölkerung und der offensichtlichen Trostlosigkeit ihres Nachkriegslebens entwickelten wir zunehmend Verständnis für die Umstände unseres Daseins. Wir waren gewissermaßen Gleiche unter Gleichen, vielleicht sogar noch besser gestellt. Nur saß uns eben immer dieses Damoklesschwert im Nacken – die Frage: Läßt uns Stalin umbringen, oder kommen wir wieder nach Hause? Und das zehrte, aber ganz gehörig.

Solche Ängste bestimmten das tägliche Leben der Gefangenen. Die Lager waren ein kleiner, enger Bereich – weitgehend abgeschirmt von der sowjetischen Außenwelt. Eine solche Situation bildete natürlich den besten Nährboden für Gerüchte, die die Gefangenen dauernd beschäftigten, sie in überzogene Hoffnungen oder übertriebene Befürchtungen stürzten. Tatsächlich fuhren ja immer wieder einige von ihnen nach Hause, schon seit Kriegsende waren todkranke Kriegsgefangene und solche, die voraussichtlich nicht mehr arbeitsfähig werden würden, in die Heimat entlassen worden. Auf der Moskauer Außenministerkonferenz war am 23. April 1947 beschlossen worden, daß alle Kriegsgefangenen bis Jahresende 1948 zu repatriieren seien. Die große Masse der Österreicher kehrte bis zu diesem Termin heim, von den Deutschen mußten etwa 500 000 in der UdSSR zurückbleiben. Nach welchen Regeln der eine nach Hause durfte und der andere nicht, war für den einzelnen nicht nachvollziehbar.

Wir erlebten das russische Wirtschaftssystem hautnah. Im Oktober 1946 wurden wieder Freiwillige für ein Mähkommando gesucht – im Oktober! Wir sammelten uns am Lagertor, wo schon die Sensen eingebunden in einen Sack standen. Es sah beinahe romantisch aus, als wir losfuhren mit unseren Sensen in der Hand. Es schneite leicht, und wir fuhren mit einem Zug irgendwo in die Weite. An einem kleinen Bahnhof wurden wir ausgeladen. Der Starost, der Bürgermeister des Dorfes, erwartete uns schon und hatte für uns ein kleines Lager bereitet. Es schneite immer weiter. Am nächsten Morgen sollte es dann an die Arbeit gehen, wir sollten das riesengroße Feld abmähen. Das ging nicht, das sah der Bürgermeister selber ein: »Jetzt seid ihr schon einmal da. Ich habe noch viele Kartoffeln in der Erde, die müßten heraus.« Es hatte aber schon einen Monat gefroren, und deshalb bekamen wir Brechstangen, Äxte und Spaten. Auf dem Feld guckten nur noch die trockenen Kartoffelstrünke heraus. Wir hatten schon öfters beobachtet, daß die Vorgesetzten in den Kolchosen gerne die Arbeitskommandos gegeneinander ausspielten. Uns erging es nun ähnlich. Wir waren zwanzig Mann, auf einmal erschienen zwanzig russische Mädchen, die man nur an der Stimme erkennen konnte, denn sie trugen dicke Pelzmäntel. Diese Brigade fing jetzt an, neben uns zu arbeiten. Jede Gruppe begann am Anfang des Feldes. Uns hatte man als Belohnung versprochen, daß jeder dritte Sack Kartoffeln uns gehören würde. Wir gingen mit preußischer Gründlichkeit, mit Axt und Stange, zu Werk und brachen die Schollen um und holten mühsam die gefrorenen, glasigen Kartoffeln aus der Erde. Bald schon zogen die Mädchen an uns vorbei. Sie hatten zwar weniger in den Säcken, etwa ein Drittel von dem, was wir herausgeholt hatten, waren aber viel eher am Ziel. Wir schafften an dem Tag nur das halbe Feld. Daraufhin wurden wir mit den schlimmsten russischen Flüchen belegt. Wir verstanden unsere Bewacher inzwischen ganz gut, jeder von uns konnte einige Brocken Russisch sprechen. Die Flüche kannten wir sowieso. Doch der Vorwurf, wir seien Saboteure, traf uns schwer. Der Bürgermeister sagte: »Die Mädchen haben ihr Soll erfüllt. Ihr solltet nicht die Kartoffeln herausholen, ihr solltet den Acker abernten. Das Feld von euch ist jetzt leer, wovon soll die Bevölkerung im Frühjahr leben, wenn es auftaut? Ihr habt schon alle Kartoffeln vorher herausgeholt!« Im Frühjahr ging die Bevölkerung auf den Acker und holte sich die glasigen Kartoffeln. Dem Starost ging es nur darum, nach Moskau melden zu können, daß das Feld abgeerntet ist!

In bezug auf die Arbeitsmoral befanden sich die Kriegsgefangenen in einer Zwickmühle. Vor allem in den Anfangsjahren waren sie auf der einen Seite bestrebt, die ihnen aufgetragene Arbeit mit dem geringstmöglichen Einsatz zu erledigen. Grund dafür war zunächst die körperliche Schwäche. Darüber hinaus machten sich Gefangene einen Spaß daraus, der Sowjetmacht »eins auszuwischen«. Auf der anderen Seite besaßen sie aber auch den Ehrgeiz, die Arbeit bestmöglichst zu erledigen, insbesondere wenn es sich um eine anspruchsvolle Tätigkeit in dem erlernten Beruf handelte. Mit dem Ziel der Normerfüllung war ein solcher Anspruch dann aber wieder nicht vereinbar.

Eines Tages wurden wir zum Bahnhof Grjasovec gebracht und in Waggons gesetzt. Wohin die Reise ging, sagte uns keiner. Es ging Richtung Norden. Als wir ausgeladen waren, suchten wir nach dem Polarstern, um die nördliche Richtung zu bestimmen. Solange wir auch in den Sternenhimmel schauten – wir fanden ihn nicht. Auf einmal rief einer: »Da, genau über uns!« Wir waren also sehr weit nördlich. Man hatte uns in das Lager Petschatkino, ein Außenlager der Lagergruppe Sokol, in einen Urwald nördlich des Onegasees gebracht. Dort war in einem Wald ein Gleis gelegt, auf dem ein paar ausrangierte Pullmanwagen standen. Sie waren undicht, und es regnete durch, aber sie dienten uns nun ein Jahr lang, vom 1. Mai 1947 bis zum 30. Juni 1948, als Unterkunft. Wir mußten Holz einschlagen; die Norm war schwer.

Diese Normen galten überall, sobald die Kriegsgefangenen Arbeiten verrichteten, die nicht mehr nur dem Unterhalt des Lagers dienten. Wurden sie übertroffen, erhielten die Gefangenen in der ersten Zeit Nahrungsmittelzuschläge, das »Normbrot«. Diejenigen, die – in der Regel aus körperlicher Schwäche – nicht in der Lage waren, das Soll zu erfüllen, erhielten geringere Rationen.

Mit der Einführung der Bezahlung richtete sich der Lohn nach der Normerfüllung, wobei Abrechnungsbetrug die Regel, wenn nicht sogar ein Sport war – nicht nur unter den Kriegsgefangenen, sondern genauso bei den sowjetischen Arbeitskräften. Um die Kriegsgefangenen zu größtmöglicher Leistung anzuspornen, wurden in den Lagern die Namen der jeweiligen »Bestarbeiter« und der Arbeitsbrigaden mit der höchsten Normerfüllung öffentlich ausgehängt.

Zusätzlich zu unserer Standardverpflegung – gekochtem Trockengemüse und Trockenfisch – erhielten wir zur Fettversorgung in Tran eingelegte Seehundflossen. Sie abzunagen erforderte anfangs große Überwindung. Die Posten waren alle Bauernjungen unseres Alters, sie gehörten praktisch zu uns. Auch in Petschatkino schienen sie mehr Hunger zu leiden als wir. Man konnte sie beobachten, wie sie im Frühjahr an den sprießenden Birken standen, sie entrindeten und sich von der frischen Wachstumsschicht ernährten. Im großen und ganzen ließen uns die Posten gewähren. Morgens marschierten sie mit uns aus diesen Waggons heraus, setzten sich in die Nähe unseres Einsatzortes und vertrieben sich die Zeit. Wir bewaffneten uns mit Sägen und Äxten und begaben uns zum Holzeinschlag, entfachten ein Feuer, um uns in den Pausen warm zu halten, und fällten Bäume. In diesem ausgedehnten Waldareal gab es eine Menge Birkhühner, die uns im Frühjahr eine willkommene Zusatznahrung bescherten. Wir suchten ihre Gelege und aßen Birkhuhneier so lange, bis in den Schalen halbentwickelte Küken waren.

Die meisten Kameraden, mit denen ich zusammenarbeitete, hatten noch nie in ihrem Leben eine Säge oder eine Axt in ihren Händen gehabt. Hinzu kam, daß wintertags der Schnee meterhoch lag. Wenn

Essenausgabe im Kriegsgefangenenlager Nr. 84/6, einem Teillager des Lagers 84, Asbest/Ural

eine zwanzig bis dreißig Meter lange Fichte umgesägt wurde und umfiel, kippte sie in den Schnee und versank. Den Stamm mußten wir wieder freischaufeln, bevor wir die Äste absägen und abhacken konnten. Unsere Gerätschaften gehörten eher ins Museum, sie waren stumpf, manchmal fielen die Teile auch auseinander und mußten erst einmal geflickt werden.

Im Nacken saß uns immer die Norm. Jeden Tag wurde das Holz gemessen, das fertig war. Abends kam ein Russe und brachte zu Papier, was wir gearbeitet hatten. Von den Stämmen wurde der Durchmesser am dünnen Kopfende gemessen. Um die Norm zu erfüllen, schickten wir manchmal einige voraus, die von den bereits abgeholzten Stämmen eine dünne Scheibe mit der Markierung abschnitten. So waren bei unserer Ankunft schon ein bis zwei Stämme »fertig«, die abends ein zweites Mal verbucht wurden. Die angefallenen Scheiben traten wir einfach in den Schnee und dachten uns, daß er frühestens zu Ostern wegtaut, wenn wir längst zu Hause in Deutschland sind. – Wer nicht mehr hofft, der ist tot. – Es wurde Ostern, und wir waren immer noch nicht zu Hause. Der Schnee schmolz, und drunter kamen die Scheiben zum Vorschein. Am Ostermontag 1948 wurden wir morgens früh mit den schlimmsten Verfluchungen aus unseren Waggons geholt. Wir mußten die Scheiben zusammensuchen und alles nacharbeiten.

Irgendwann brachte man uns ins Stammlager Sokol, wo wir in einer großen Papierfabrik eingesetzt wurden. Die Arbeit war sehr unangenehm, weil wir permanent im Wasser standen. Der Boden »schwamm« zumeist, weil zur Produktion von Papier sehr viel mit Wasser gearbeitet wird. Es wurde dort auch Schwefelsäure zur Aufspaltung der Zellulose hergestellt. Vor diesen Eisenschwefelverbindungen hatten wir Angst. Man schärfte uns immer ein, die entsprechenden Waggons möglichst schnell zu entladen.

Häufig wurden wir im Hafen eingesetzt, wo das Holz in Flößen ankam. Wir mußten die Vertäuung der Stämme öffnen und die losen Stämme mit langen Eisenstangen auf das bis ans Wasser reichende Förderband hieven. Ich erinnere mich heute noch an die Myriaden von Mücken, die sich aufgrund der faulen Rinde und des stehenden Gewässers im Hafen entwickelten. Wir warteten, bis sich eine Traube von Mücken auf unsere Arme gesetzt hatte, und schlugen dann erst zu. Das Schlagen nach einer einzigen Mücke lohnte sich einfach nicht.

Am 1. Juli 1948 wurden wir dem Lager Cerepowec in der Nordregion zugeteilt, ich war bis zum 31. Oktober 1948 dort. Wir mußten zum Beispiel Gras für die Panjepferde der Sowjetarmee mähen. Auch hier schauten wir sofort, ob sich etwas Eßbares in der näheren Umgebung befand. Es wurde alles gegessen, der Hunger trieb es rein. Ekel kannten wir nicht. Wir rechneten uns aus, daß es in diesem Sumpfgebiet eigentlich Frösche geben müßte. Wir waren enttäuscht – kein Frosch – und sahen uns schon dem Verhungern nahe. Das gemähte Gras wurde abends zu Haufen zusammengerecht, damit es vom Tau nicht naß würde. Früh teilten wir sie wieder auseinander. Am dritten oder vierten Tag fanden wir eine Schlange darin, eine schwarze Sumpfviper. »Keine Frösche! Schlange frißt Frösche, Plennyj frißt Schlange!« – So haben wir Schlangen gegessen und waren froh, daß wir sie hatten. Braten konnten wir sie nicht, wir hatten kein Fett. Ein Topf und Wasser waren vorhanden. Salz hatten wir uns irgendwann einmal beim Entladen eines Güterwagens organisiert. In der Umgebung fand ich wilden Knoblauch. Das war etwas Feines. So hatten wir im wahrsten Sinne des Wortes einen Schlangenfraß mit Knoblauch.

Im Winter wurde ich dem sogenannten Ausladekommando zugeteilt. Die Stadt Cerepowec wurde wie viele sowjetische Städte zentral versorgt. An einem Tag kam mit den Zügen die Versorgung für ein ganzes Jahr an. Nach Moskau konnte daraufhin gemeldet werden, daß die Stadt versorgt sei. Es spielte offenbar keine Rolle, ob die Nahrungsmittel und Gebrauchsgüter im Freien gelagert werden mußten, durch Schnee und Regen verdarben.

Wir mußten die Säcke in den Schnee schmeißen und Pyramiden daraus bauen. Tag für Tag luden wir Säcke aus und balancierten sie über zahlreiche Bohlen. Natürlich versuchten wir auch hier, an zusätzliche Nahrung zu kommen. Im Waggon wurde ein Sack fallen gelassen, damit er aufplatzte. So konnten wir etwas mitnehmen. Eines Ta-

Floßbauplatz am Ufer der Kama in Kosyl-Tau, einem Teillager der Lagerverwaltung Jelabuga, Herbst 1945

ges kamen schöne Bohnen an, gesprenkelt wie Ostereier, und die schmeckten so gut – wir kauten die ganze Zeit. Als wir merkten, daß es sich um Rizinusbohnen handelte, war der durchschlagende Erfolg schon eingetreten. Es wurde ein mühsamer Heimweg.

NKFD-Mitglieder hatten im Lager deutliche Vorteile. Sie durften Theater spielen, boxen oder in der Küche arbeiten – ein besonderes Privileg. Als der Küchenchef sah, daß ich in biologischen Dingen beschlagen war und dafür gesorgt hatte, daß Brennesseln gekocht wurden, sagte er mir, er könne mich in der Küche gut gebrauchen. Nach drei Tagen stellte man in der Küche jedoch fest, daß ich nicht bei der Antifa war – wahrscheinlich bin ich von jemandem angeschwärzt worden. Daraufhin riet mir der Küchenchef: »Ja mein lieber Freund, ich habe dich hier ja ganz gerne, aber du mußt dich jetzt entscheiden. Entweder muß ich dich entlassen, oder du trittst ins Nationalkomitee ein.« Ich bin sofort aus der Küche marschiert und weggegangen. In der Zeit hatte mich auch ein guter Freund von mir, der während der Kriegszeit in der Nachbarbatterie Leutnant gewesen war, in Grjasovec zum Eintritt in den BDO bewegen wollen. Das traf mich wie ein Blitz aus heiterem Himmel. »Mach' mit«, hieß es da, »dann kannst du in der Wäscherei oder Küche anfangen – für dich finden wir schon irgend etwas.« »Nein!« war meine Antwort. Die Antifa wirkte immer als Spaltpilz im Lager. Ihre Überzeugung war jedoch beileibe keine echte: Als die Ardennenoffensive noch einmal aufflackerte und die Amerikaner zurückwichen, trat eine große Zahl der Mitglieder wieder aus. »Mensch«, hieß es da, »wenn wir als Kriegsgefangene wieder nach Hause kommen, müssen wir doch eine weiße Weste haben und dürfen nicht in der Antifa gewesen sein!« Und die Massen traten wieder ein, als es dann wieder Richtung Remagen und weiter ostwärts ging. Ich konnte diesen Wankelmut nicht verstehen und habe nur dafür Verachtung verspürt. Ich hätte einen Beitritt moralisch einfach nicht vertreten können.

Im November 1945 lösten sich das »Nationalkomitee Freies Deutschland« und der »Bund Deutscher Offiziere« selbst auf, an ihre Stelle trat die »Antifaschistische Bewegung«, oft Antifa genannt. In den Lagern existierten Antifa-Ausschüsse, die die politische Schulung der Kriegsgefangenen durchführten. Sie besaßen oft weitreichenden Einfluß, insbesondere in kulturell-politischen Angelegenheiten, und hatten die Möglichkeit, attraktive Posten in der Lagerverwaltung mit von ihnen ausgewählten Gefangenen zu besetzen. Darüber hinaus war es üblich, daß Antifa-Mitglieder eine zusätzliche Essenportion erhielten – für viele Gefangene ein Grund, sich hier zu engagieren.

Die Antifa war nicht die einzige Gruppierung in den Lagern, an der sich die Geister schieden. Das betraf auch die Lagerverwaltung sowie die Führer von Arbeitskommandos und -brigaden. Neben solchen, die ihre Aufgabe im Interesse aller erfüllten, gab es auch zahlreiche Gefangene, die ihre Position hauptsächlich zum eigenen Vorteil nutzten. Die Funktionäre befanden sich allgemein in einer schwierigen Position. Einer-

Eine Zugbrigade beim Transport der geschlagenen Baumstämme zum Fluß, Kosyl-Tau 1945

seits mußten sie den Interessen der sowjetische Lagerverwaltung Rechnung tragen, andererseits konnten sie es sich nicht völlig mit den anderen Gefangenen verderben. Wichtig für sie war jedoch in erster Linie, nicht wegen Unzufriedenheit seitens der sowjetischen Leitung abgesetzt und in das namenlose Meer der Normal-Plennyjs zurückgestoßen zu werden.

Es gab auch die »Kameradenschinder« – Angehörige der Lagerverwaltung oder Führer von Arbeitskommandos, die unter Gewaltandrohung extreme Leistung forderten und dabei auch nicht vor Mißhandlungen, mitunter sogar mit Todesfolge, haltmachten. In einigen Fällen wurden solche Kameradenschinder nach ihrer Rückkehr in der Bundesrepublik gerichtlich belangt und zu Haftstrafen verurteilt.

Ich bin durch diese Vorgänge zum schweigsamen Einzelgänger und Einzelkämpfer geworden, der ich auch heute noch bin. Vor dem Krieg war ich gesellig gewesen, aber nachdem mir die Gemeinschaft jahrelang aufgezwungen worden war, konnte ich sie nicht mehr gut ertragen.

Um die Langeweile im Lager zu vertreiben, wurden Vorträge von Mitgefangenen gehalten. Eines Abends lag ich schon auf meiner Pritsche, und es trat jemand in unsere Baracke und begann, einen Vortrag über die drei größten Verfehlungen des Dritten Reiches zu halten. Ich traute meinen Augen und Ohren nicht: Ich kannte ihn, er war einmal eine Nazigröße in Thorn. Und dann kam ein Vortrag, den ich schon damals auf dem Offizierslehrgang gehört hatte – er hatte damals gelautet: »Die drei Säulen des Dritten Reiches«.

Es gab jedoch auch Dinge, die unser Leben erträglicher machten. Wir hatten in dem Lager einen Schlagerkomponisten, Hans Karste, der später Leiter des RIAS-Rundfunkorchesters in Berlin geworden ist. Er kam auf die Idee, ein Lagerorchester aufzumachen, brauchte aber Instrumente. Wir hatten einen Verbindungsoffizier, der ein Segen für uns war. Ein russischer Major und deutscher Emigrant. Wir versprachen ihm, mit den zehn Rubeln, die jedem Plennyj monatlich als Arbeitsentgelt gutgeschrieben, aber nie ausgezahlt wurden, die Instrumente zu bezahlen. Er nahm Verbindung nach Moskau auf und kam eines Tages mit Geigen, Trompeten, Celli und anderen Orchesterinstrumenten zurück, die er von unserem Geld gekauft hatte. Und so nahm das Orchester seine Arbeit auf. Der Dirigent durfte dann abends am Radio sitzen und Sendungen des russischen Rundfunks bzw. aus der sowjetisch besetzten Zone hören und die Noten notieren. So bekamen wir Schlager, wie »Wenn bei Capri die rote Sonne im Meer versinkt« zu hören.

Deutsche Kriegsgefangene lesen die vom Nationalkomitee Freies Deutschland herausgegebene Zeitung »Freies Deutschland«, Asbest/Ural

Irgendwann ging den Geigern das Collophonium aus. Ein paar Kameraden sollten mit einem Lkw aus der Papierfabrik drei große Fässer Collophonium holen. Wahrscheinlich hatte unser Dirigent nie wieder in seinem Leben so viel Collophonium auf einmal gesehen. Wir überlegten, wie dieser Rohstoff nützlich verwendet werden könnte. Essen konnte man Collophonium leider nicht. Aber für unsere Ambulanz war dieses Harz ein Segen, denn damit konnte die Furunkulose, mit der sehr viele im Lager zu tun hatten, gelindert werden. Mit der täglichen Hygiene sah es bei uns schlecht aus, Verbandszeug gab es auch nicht. Auf die Furunkel kam zunächst die Ichtyol-Salbe, eine schwarze Paste, die wir in großen Töpfen hatten, darauf ein Leinenlappen, der rundherum mit dem in Äther gelösten Collophonium bestrichen wurde. In fünf Minuten war der Äther verflogen und das Collophonium ausgehärtet, der Verbandslappen saß fest.

In diesem Sommer wurde mir zum Geburtstag ein besonders schönes Geschenk gemacht. Er fiel in die Zeit, in der wir auf einem Heukommando tätig waren. Meine beiden Freunde gingen mit der Sense los, mähten bis in einen Tümpel hinein und holten mit der Harke abgetrennte Seerosen an Land. Sie stellten sie mir morgens in einer Schale an meine Schlafstelle. Wunderschön war das. Ich dankte ihnen von Herzen und bekam prompt noch ein Geschenk: einen Eimer mit blutigem Wasser und voll von Fischen. Mit ihren Sensen hatten sie nicht nur Seerosen gekappt, sondern auch eine Unmenge Fische durchgeschnitten. Von dem Tag an haben wir immer Fische »gemäht«, die dann gekocht oder zu Paste verarbeitet wurden. Unsere Posten bekamen natürlich auch ihre Portionen ab.

Vortrag im Lager für kriegsgefangene Offiziere Nr. 97 in Jelabuga, Tatarische SSR; der Soldat links trägt ein Pflaster im Nacken, er wird vermutlich gegen Furunkulose behandelt, Sommer 1945

Am ersten November 1948 wurde ich mit anderen nach Cajka zum Holzeinschlag abkommandiert. Bis zum 31. August 1949 blieben wir in diesem Waldlager. Wir arbeiteten dort auch an Flüssen und liehen uns bei unseren Posten die Fischfangnetze aus. Eines Tages zogen wir einen großen Hecht an Land. Dieser Fang wurde Dorfgespräch, alle liefen zusammen, um unser Prachtstück zu begutachten. »Gut, gut!« wurde immer wieder ausgerufen. Keiner neidete uns den Fang – wir waren immerhin Fremde, Kriegsgefangene. Sie boten uns sogar viel Geld, 30 Rubel, für den Fisch, doch wir aßen ihn lieber selber.

Vor uns war kein Tier, keine Pflanze sicher. Ob es ein Igel war oder ein Mops, alles ging durch unsere Mägen. Im Lager gab es auch keinen Löwenzahn mehr: Was aus der Erde sproß, wurde gegessen, und was darüber flog, nach Möglichkeit erlegt. Nachts beim Toilettengang fauchte einmal ein Igel vor mir – ein Geschenk des Himmels. Ich wickelte ihn in ein Tuch, nahm ihn mit, und am Tag darauf wurde er abgezogen, gekocht und verspeist.

Zu der Schwäche kam die Angst, krank zu werden. Ich hatte eigentlich nur einmal eine gefährliche Krankheit, Fleckfieber. Am meisten fürchtete man sich davor, in eine Isolierbaracke zu kommen, denn das war meist das Ende. Mein Körper hat letztlich alles gut überstanden. Mir taten diejenigen ungeheuer leid, die von der Kurland-Armee, vom letzten Aufgebot, kamen. Diese Offiziere waren manchmal schon 55 Jahre alt. Sie litten bei weitem stärker unter der Gefangenschaft als wir Jungen. Uns war es unangenehm, mit ihnen in die Banja, die russische Dampfsauna, zu gehen. Durch die Mangelernährung hatten sie ihr gesamtes Körperfett verloren und waren bis auf die Knochen abgemagert. Viele ältere Männer wurden krank. Ihre Widerstandskraft war einfach aufgebraucht. Manche starben nicht nur an ihrer körperlichen Schwäche oder an einer Krankheit, sondern an Resignation. Manche wählten auch den Freitod. Als wir im Norden am Onegasee angelangt waren, hatte sich ein Kamerad in der ersten Nacht erhängt. Er hatte uns davor schon häufiger gesagt, daß er die »Schnauze voll« und keine Hoffnung mehr auf Heimkehr habe.

Die Heeresgruppe Kurland, bestehend aus zwei Armeen mit etwa 200 000 Soldaten, war im Baltikum von sowjetischen Truppen eingeschlossen worden, hatte sich aber bis zur Kapitulation halten können. Sie war damit eine der ganz wenigen Verbände, die geschlossen, also nicht im unmittelbaren Verlauf von Kampfhandlungen, in sowjetische Gefangenschaft gerieten. Zum Offizierskorps gehörten überdurchschnittlich viel Ältere. Die statistische Überlebenschance der Offiziersanwärter und der unteren Offiziersdienstgrade, die in den Kompanien an vorderster Front eingesetzt waren, lag deutlich unter der von Mannschaften und Unteroffizieren. Anders verhielt es sich mit der natürlich weitaus kleineren Zahl von höheren Offizieren, die in den weiter rückwärts gelegenen Stäben eingesetzt waren. Statistisch nachweisbar, inhaltlich bis heute jedoch nicht vollständig erklärt, drehte sich dieses Verhältnis in der Gefangenschaft um – die Älteren starben weitaus häufiger. Der Grund hierfür soll nicht in der geringeren körperlichen Widerstandsfähigkeit, sondern im größeren Überlebenswillen der Jüngeren zu suchen gewesen sein. Auch die Erkrankung von Hans Kampmann an Fleckfieber hätte ein Älterer vermutlich nicht überstanden.

Es gab auch welche, die sich bewußt krank machen wollten. Man hatte ja über die Zeit hinweg beobachten können, daß nur die Kranken nach Hause kamen. Sie aßen zum Beispiel viel Salz und kleisterten sich dadurch die Magenwände aus; die Magenzotten verdauten in dem Falle nichts mehr. So verhungerten sie langsam. Andere schluckten Streichholzköpfe, also Schwefel. Oft erreichten sie damit das genaue Gegenteil: Anstatt nach Hause zu fahren, fuhr man sie auf den Friedhof. Die Beerdigungen waren, vornehm gesagt, rustikal. Die Toten ließ man nackt in eine Grube gleiten, denn die Bekleidung war ja noch wertvoll. Die konnte am Tag darauf schon jemand anderes gut gebrauchen.

Am 31. August 1949 wurden wir vom Lager Caika nach Cerepowec verlegt. Es hieß, daß das Lager aufgelöst würde. Wir gaben Äxte und

Gefangene beim Schneeschieben; im Hintergrund der Stacheldrahtzaun, der die Unterkünfte vom Produktionsbereich trennt, Lager Nr. 99, Karaganda, vor 1945

Beile ab und fuhren zurück in das Stammlager. Wenige Wochen wurden wir dort mit Lagerarbeiten beschäftigt. Man munkelte, daß auch dieses Lager aufgelöst würde. Wir würden bald nach Hause kommen. Das konnte keiner mehr so recht glauben; so oft hatten wir gedacht, dieser Moment sei gekommen. Auf einmal wurden wir neu eingekleidet. Das schien uns dann doch langsam ein gutes Zeichen zu sein. Ich bekam eine dunkle Hose und eine gut erhaltene Wattejacke.

Ab Ende der vierziger Jahre legte die Sowjetunion Wert darauf, daß die deutschen Kriegsgefangenen bei ihrer Heimkehr nicht einen allzu abgerissenen Eindruck machten. Von daher wurden sie mit neuer Kleidung ausgestattet, was aber viele Heimkehrer nur zu der bitteren Überlegung brachte, daß sie eine solche Kleidung in den Jahren vorher sehr viel besser hätten gebrauchen können.

Ende September wurden wir zum Bahnhof in Cerepowec geführt – für uns schon ein bekannter Ort, denn hier hatten wir schon zahlreiche Güter abgeladen. Nun lud man uns nicht in Viehwagen wie damals, sondern in normale Holzwagen dritter Klasse. Jetzt ging es eigentlich rasend schnell. Über Moskau fuhren wir nach Minsk und trafen am 31. September 1949 in Frankfurt/Oder-Gronenfelde ein. Dort stiegen wir um in Waggons der Reichsbahn und rollten durch

Ostdeutschland. Im Gegensatz zu den Mitgefangenen, deren Familien vertrieben worden waren, kehrte ich tatsächlich nach Hause, in mein Elternhaus, zurück.

Die Währungsreform hatte bereits stattgefunden, die Läden waren voll, der Wiederaufbau fortgeschritten, niemand aus meiner Familie war gefallen – es war fast so wie zu der Zeit, als ich vor acht Jahren das Land verlassen hatte. Das empfand ich als großes Glück. Zwar hatte man uns empfohlen, uns in der sowjetisch besetzten Zone anzusiedeln, doch das kam für mich nicht in Frage. Ich wollte nach Hause – Politik war in dieser Situation drittrangig.

Es war ruhig im Zugabteil – jeder hing seinen Gedanken nach und machte Pläne für die Zukunft. Ich dachte an das Studium, auf das ich fünfeinhalb Jahre hatte warten müssen und das nun in greifbare Nähe rückte. Alle Kriegsheimkehrer wurden zunächst in das Sammellager Friedland gebracht. Dort wurden wir nach einem äußerst nüchternen Empfang ärztlich untersucht und von den britischen Besatzungsoffizieren vernommen. Man versprach sich Details über die Rote Armee. Nach einer letzten Lagernacht gelangte ich mit dem Zug nach Porta Westfalica. Meine Eltern erwarteten mich am Bahnhof, doch zunächst waren wir uns sehr fremd. Meine Mutter gestand mir später, sie habe mich im ersten Moment nicht erkannt, so sehr hatte mich die Gefangenschaft verändert.

Wir fuhren nach Hause, und da kam mir ein zweijähriges Mädchen mit einem Blumenstrauß in der Hand entgegen. Es war meine Cousine, von deren Existenz ich gar nichts gewußt hatte. Nun wollte mich meine Mutter natürlich verwöhnen und aufpäppeln. Nach kurzer Zeit war ich wieder völlig integriert in das häusliche Leben.

Daß Hans Kampmann von der Existenz seiner Cousine nichts wußte, war nicht erstaunlich, da der Briefverkehr nur eingeschränkt funktionierte – meist durfte nur ein Brief pro Vierteljahr geschrieben werden.

Hans Kampmann kam vier Jahre nach Kriegsende nach Hause, die letzten Kriegsgefangenen aus dem westlichen Gewahrsam waren bereits zwei Jahre früher heimgekehrt. Von den etwa zwei Millionen in sowjetischen Lagern mußte etwa ein Viertel bis 1949 auf die Rückkehr warten. Dazu gehörte Hans Kampmann.

Die Heimkehrer aus dem Westen hatten zumindest in ihren Gewahrsamsländern die westeuropäische Nachkriegsentwicklung miterlebt. Die Heimkehrer aus der UdSSR erlebten die Umstellung als besonders gravierend. Sie hatten vielleicht 1944 zum letztenmal ein Deutschland gesehen, in dem noch »germanische« Schönheitsvorstellungen galten und »deutsche« Musik gespielt wurde, nun kamen sie nach Hause, und ihre Schwestern oder Töchter hörten »Negermusik«, trugen Nylonstrümpfe und fuhren Vespa.

Ich wollte nun so schnell wie möglich mein Studium aufnehmen. Ich hatte mich 1942 während meines Militärdienstes vorsorglich an der Forstwissenschaftlichen Fakultät der Universität Göttingen in Hannoversch-Münden immatrikuliert. Mein Studium ruhte allerdings so lange, wie ich im Krieg und in Gefangenschaft war. Während meiner Gefangenschaft war eines Tages ein unbekannter Herr zu meinen Eltern gekommen und wollte ihnen meine Immatrikulation und meine Zulassung zum preußischen Staatsdienst im höheren Forstdienst abkaufen. »Ihr Sohn wird ja wohl doch nicht wieder nach Hause kommen«, erklärte er.

Mein Vater hat das natürlich nicht getan.

Ich fuhr wenige Tage nach der Heimkehr an meine Fakultät und zeigte meine Dokumente. Man erklärte mir, die Fakultät sei voll besetzt und mit mir habe man gar nicht mehr gerechnet. Diese Behandlung ließ ich mir nicht gefallen. Kurzerhand marschierte ich am nächsten Tag in den Hörsaal und begann mein Studium. Die anderen meines Semesters waren natürlich gute vier Jahre jünger als ich. Das Studium in Hannoversch-Münden hatte mit dem Wintersemester 1945/46 wieder begonnen. Als ich im Oktober 1949 anfing, war der erste Jahrgang gerade mit dem Diplomexamen abgegangen. Wäre ich nicht in Gefangenschaft geraten, hätte ich zu ihnen gehört. Später habe ich ein Forstamt geleitet und mit fünfzig Jahren in Forstwissenschaften promoviert.

Für Hans Kampmann war es ein großer Vorteil, daß er sich bereits während des Krieges immatrikuliert hatte. Nach Kriegsende entstand aufgrund der vielen zerstörten Universitäten, der fehlenden Professoren, die sich häufig noch in Gefangenschaft befanden, des Mangels an Büchern, an Heizmaterial u. v. m. vor allem die Frage, wem die wenigen Studienplätze zugeteilt werden sollten. Die einen waren der Meinung, dies sollten zunächst diejenigen sein, die in der Endphase des Krieges oder in der Nachkriegszeit das Abitur gemacht hatten. Andere wiederum waren der Auffassung, nun hätten jene Jahrgänge das Recht zu studieren, die wegen des Einzugs zur Wehrmacht und der anschließenden Kriegsgefangenschaft seit Jahren auf ihr Studium verzichtet hatten. Viele Heimkehrer konnten ihren Studienwunsch nicht mehr realisieren.

Abschließend kann ich über meine Gefangenschaft sagen, daß sie mir neue Sichtweisen eröffnet hat. Ich habe eine Menschenkenntnis erworben, die mir mein Leben lang zugute kam. Wir hatten uns während der Gefangenschaft einmal beschwert, daß man in anderen Kriegsgefangenenlagern sogar studieren und mit Abschlüssen nach Hause gehen könnte wie in England oder Amerika. Unser russischer Verbindungsoffizier hatte darauf gesagt: »Was studieren die da schon, das ist doch alles dummes Zeug, aber ihr studiert hier an der Universität des Lebens.«

In der Zeit nach dem Kriegsende beschäftigte mich noch etwas anderes. Ich litt sehr darunter, daß Deutschland auf diese Art und Weise den Krieg verloren hatte. Sogar zu dem Zeitpunkt, als wir uns immer weiter Richtung Westen zurückzogen, immer weiter zur deutschen Grenze zurückwichen und überall verbrannte Erde hinterließen, glaubten wir immer noch, daß dieser Krieg für uns noch nicht verloren sei. Es soll heutzutage ja viele geben, die von Anfang an gewußt haben, daß der Krieg verloren war. Und auf einmal wollen auch alle bei der Widerstandsbewegung gewesen sein, auch die, die noch nie etwas davon gewußt hatten. Ich bin ehrlich, ich habe nicht geglaubt, daß der Krieg verloren geht. Ich habe dann ein unglaublich tiefes Gefühl der Enttäuschung gehabt. Ich fühlte mich betrogen.

Meine Jugend wurde mir gestohlen. Mit dem »Ruki vverch!« – »Hände hoch!« – war meine Jugend vorbei. Mit einundzwanzig Jahren bin ich in die Gefangenschaft gekommen, mit siebenundzwanzig Jahren nach Hause. Das war meine Jugend. Oft sage ich mir nun auch, daß es ein Wahnsinn von der damaligen Regierung gewesen ist, einen Einundzwanzigjährigen zum Leutnant, zum Batteriechef zu machen, der zudem der Jüngste dieser Einheit war und 110 Mann, 100 Pferde und vier Kanonen zu befehligen hatte. Wir wurden damals in gewisser Weise verführt, verführt auch dazu, Verantwortung zu übernehmen und zu entscheiden über Leben und Tod.

Ich hatte vierzig Jahre lang einen Alptraum, der immer wiederkehrte. Ich stehe am Bahnhof. Ein Zug fährt ab, voll mit Menschen. Nur ich bleibe am Bahnhof zurück. Seit zehn Jahren habe ich diesen Traum nicht mehr. Ich bin angekommen.

»Ich lernte Wasser und Brot schätzen«

Essen im Freien; Losungen aus den Werken von Marx, Lenin und Stalin schmücken jeden freien Meter im Lager, Lager Nr. 99, Karaganda, vor 1945

UNTERDRÜCKT, KANN NICHT FREI SEIN.
SCHMIEDET SEINE EIGENEN KETTEN.

»Ich lernte Wasser und Brot schätzen«

Hans Laubsch: Über Linz an das sibirische Eismeer

Geboren 1926 in Niesky, ist er der jüngste der fünf Zeitzeugen. Nach dem Abschluß der Mittelschule in Görlitz besuchte er die Lehrerbildungsanstalt. Er befand sich noch in der Ausbildung, als er im Jahr 1944 gemustert wurde und sich »freiwillig« zur Waffen-SS meldete. Als neunzehnjähriger Mannschaftsdienstgrad geriet er im Mai 1945 in der Nähe von Linz/Österreich in sowjetische Gefangenschaft. Dort engagierte er sich in der antifaschistischen Bewegung. Als Dreiundzwanzigjähriger kam er nach mehr als vier Jahren Zwangsarbeit in der UdSSR Weihnachten 1949 nach Hause – in die wenige Monate vorher gegründete DDR. Problemlos fand er in seinen erlernten Beruf als Lehrer zurück.

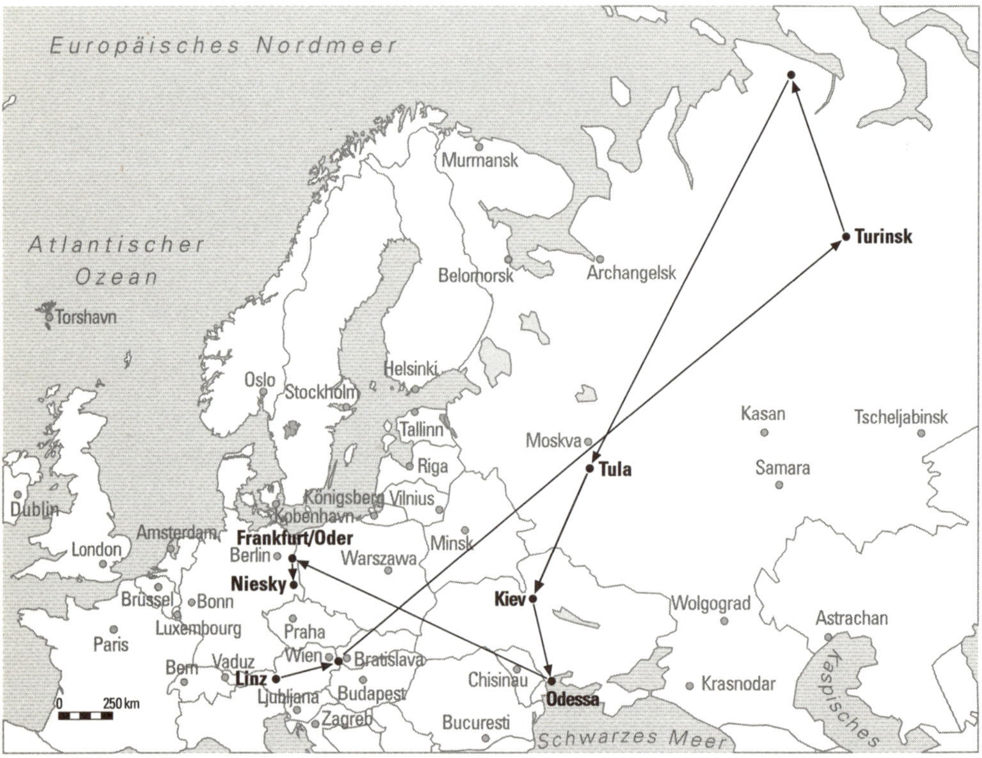

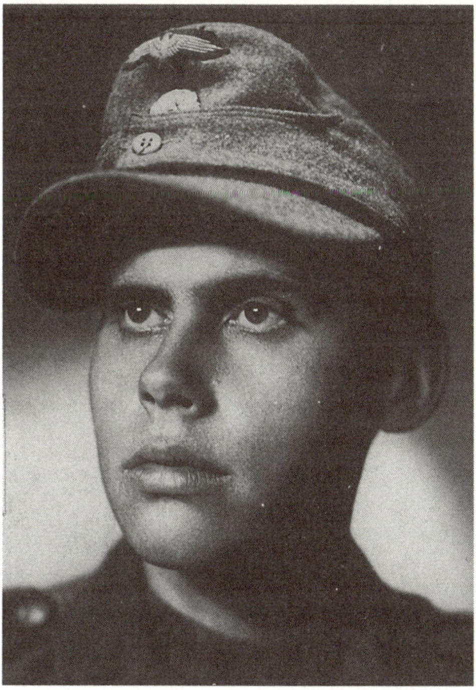

Hans Laubsch
1944 und 1998

Bei der Musterung versuchte man alle Schüler, die, wie ich, größer als 1,80 Meter waren, in eindringlichen Gesprächen zum Eintritt in die Waffen-SS zu bewegen. Keiner traute sich, eine andere Entscheidung zu treffen. Insgeheim hofften viele von uns, daß der Krieg im Laufe des Jahres 1944 zu Ende gehen und uns ein Fronteinsatz erspart bleiben würde. Andere waren stolz darauf, in die »Elitetruppe« aufgenommen worden zu sein; sie drängten förmlich darauf, an der Front ihren Mut zu beweisen und als Helden zu siegen.

Der psychische Druck, den Hans Laubsch erfahren hat, war durchaus üblich. Ursprünglich hatte nur die Wehrmacht das Recht, Wehrpflichtige einzuziehen. Anfang des Krieges war die Waffen-SS auf Freiwillige angewiesen oder später auf Deutschstämmige aus den Siedlungsgebieten – vor allem auf dem Balkan –, die der deutschen Wehrpflicht nicht unterlagen. In Konkurrenz zu einer sich ständig vergrößernden Waffen-SS beharrte die Wehrmacht so lange wie möglich auf ihrem Rekrutierungsmonopol. Erst ab 1944 durfte die Waffen-SS im großen Umfang Wehrpflichtige aus dem Reichsgebiet einberufen.

Im August 1944 wurden wir trotz der noch nicht abgeschlossenen Ausbildung aus der Lehrerbildungsanstalt entlassen. Einige we-

Gefangene deutsche Soldaten in der Tschechoslowakei, 1945

nige Wochen war ich noch als Lehrer eingesetzt, Ende August kam dann der Einberufungsbefehl nach Prag, wo ich eine ziemlich harte Ausbildung mit allen militärischen Schikanen und militärischem Drill über mich ergehen lassen mußte. Jeden Tag ließ man uns auf dem Exerzierplatz antreten mit dem Satz: »Gelobt sei, was hart macht!« Dort war ich bis Weihnachten 1944 und kam dann direkt an die Front in Ungarn, um Budapest zu entsetzen.

Ich wurde zu einer Artillerieeinheit der 3. SS-Panzerdivision »Totenkopf« versetzt. Die alten Kämpfer ließen uns beim ersten Zusammentreffen ihre tiefe Mißbilligung spüren, sie betrachteten uns als Kriegsverlängerer. Kameradschaft – so etwas gab es damals schon nicht mehr. Ich fühlte mich sehr isoliert und konnte auch mit niemandem in meiner Einheit über meine Gedanken und Empfindungen sprechen. Dann erlebte ich die ersten Angriffe russischer »Stalinorgeln«. Ich wurde dabei von meiner Truppe abgedrängt. Versprengt irrte ich umher, bis mich die Feldgendarmerie aufgriff. Man versuchte, mich wieder einer Truppe zuzuordnen. Aber ich war zu dem Zeitpunkt nicht mehr einsatzfähig. Ich hatte mir während der kalten Nächte an den Füßen Erfrierungen zweiten Grades zugezogen und verbrachte vierzehn Tage im Lazarett.

In den letzten Kriegswochen sollte ich dann noch zu einem Funkerlehrgang kommandiert werden. Das erschien mir völlig sinnlos, aber zumindest kam ich auf diese Weise von der vordersten Stellung weg.

Am 8. Mai erhielten wir dann die Nachricht von der Kapitulation der Wehrmacht. Viele meiner Kameraden versuchten, sich zu den Amerikanern durchzuschlagen. Das Gerücht ging um, daß man sich bald den Westalliierten anschließen würde, um zusammen mit ihnen den Krieg gegen den Bolschewismus fortzusetzen. So flüchteten wir lange in westlicher Richtung, bis wir in der Nähe von Linz in amerikanische Gefangenschaft genommen wurden. Wir versammelten uns in einem großen Tal, wurden dort von »Negertruppen« bewacht, verpflegt und verbrachten die Nacht ruhig und in der Hoffnung, daß wir am nächsten Tag in Richtung Heimat transportiert würden.

Am Morgen weckte uns eine freundliche Stimme aus dem Lautsprecher. Wir mußten uns an der Straße in Reih und Glied aufstellen. Verwundert waren wir darüber, daß sich zwischen die einzelnen Marschkolonnen amerikanische Panzer schoben. Seltsam erschien uns auch die Marschrichtung, denn es ging nicht in Richtung Heimat, sondern ostwärts! Es sprach sich herum, daß uns die Amerikaner den Russen ausliefern würden. Da brach Panik unter den Soldaten aus. In ihrem Schrecken versuchten einige, in die umstehenden Häuser zu flüchten. Die amerikanischen Soldaten schossen auf sie, viele blieben im Straßengraben liegen.

Hans Laubschs Einheit gehörte zur Heeresgruppe Süd, die bei Kriegsende zusammen mit der neugebildeten Heeresgruppe Mitte an der Ostfront auf dem Gebiet des heutigen Tschechiens und des östlichen Österreichs eingesetzt war. In ihrem Rücken, von Westen kommend, näherten sich ihnen amerikanische Verbände. Es verblieb ein Gebiet, das zum Zeitpunkt der Kapitulation noch nicht von alliierten Truppen besetzt war. Die deutschen Soldaten versuchten nun, in Richtung Westen zu flüchten, um in westalliierte Gefangenschaft zu gelangen. Die Alliierten hatten jedoch bereits Ende 1944 beschlossen, daß die deutschen Truppen sich dem Gegner zu ergeben hätten, gegen den sie gekämpft hatten. Insgesamt etwa 140 000 Soldaten wurden von den Amerikanern in Sammellagern untergebracht und anschließend den Sowjets übergeben – darunter die »Totenkopf«-Division. Wie der Bericht des in britischen Gewahrsam geratenen Meinhard Glanz (siehe Seite 158 f.) zeigt, wurde in anderen Fällen, insbesondere von den Briten, diese Absprache ignoriert.

Sowjetische Kriegsgefangene, die für die Deutsche Wehrmacht in Frankreich kämpfen mußten

Jeder von uns war mehr oder weniger ein Opfer des nationalsozialistischen Feindbildes; an menschliche Werte bei den Russen konnte niemand glauben, und so zogen viele den Tod dem Leben in sowjetischer Gefangenschaft vor.
Plötzlich, nach einem etwa zehn Kilometer langen Marsch, tauchten wie aus dem Nichts russische Soldaten auf, die uns offensichtlich schon erwartet hatten. Im Hintergrund stand ein langer Güterzug, dessen Anblick eine erneute Panik hervorrief. Wir hatten ungeheure Angst, daß wir unverzüglich verladen und nach Rußland deportiert würden. Zunächst jedoch verpflegten uns die Russen und suchten nach eigenen Leuten, die für Hitler in der Uniform der Wehrmacht gekämpft hatten. Diese sogenannten Hilfswilligen wurden beiseite geführt und auf der Stelle erschossen. Wir konnten die Schüsse deutlich hören.

Bei diesen »Hilfswilligen« handelte es sich um sowjetische Staatsbürger, die als Hilfskräfte bei den deutschen Verbänden dienten – die einen, weil sie so der für viele tödlich endenden Kriegsgefangenschaft entgehen konnten, die anderen aus antikommunistischer Überzeugung, dritte, weil sie so regelmäßig versorgt waren. Je größer die deutschen Verluste wurden, desto mehr war die Wehrmacht auf sie angewiesen. Ab 1944 bestand eine Infanteriedivision der Wehrmacht planmäßig aus 10 000 deutschen Soldaten und etwa 2000 »Hiwis«.

Grundsätzlich galt in der Roten Armee der Befehl, solche Hiwis an den NKWD zu übergeben, von dem sie dann in Speziallager überstellt werden sollten. Viele Zeitzeugen berichten jedoch von Erschießungen. Andere wieder erzählen, daß Hiwis als Dolmetscher eingesetzt und gut behandelt worden seien.

Am nächsten Tag begann der Gewaltmarsch in die Gefangenschaft. Hier lernte ich die Gangart des Geschlagenen – getrieben wie eine Schafherde, schlurfenden Schrittes und mit tief gesenktem Kopf. Die mit Bajonetten bewaffneten Begleitposten brüllten uns das berühmte: »Dawaj, dawaj!« (»Los, los!«) ins Ohr. Schritt für Schritt wuchs das Gefühl des Stumpfsinns.

Am dritten Tag krochen wir nur noch und warfen alles von uns, was uns unnötig belastete. Nur die Decke behielten wir, um uns in der Nacht darin einzurollen, nachdem wir uns irgendwo auf einem Acker fallen gelassen hatten. Die Nächte waren kalt und sternklar, die Tage heiß und staubig.

Wir legten pro Tag etwa 40 bis 50 Kilometer zurück, das Marschziel war uns unbekannt. Ein Zurückbleiben in der Kolonne mußte um jeden Preis vermieden werden. Meine Erschöpfung war so groß, daß ich mit dem Gedanken spielte, mich einfach fallen zu lassen. Einfältigerweise dachte ich, ich hätte dann eine Chance, zeitweise bei den Kranken auf einem Pferdegespann am Ende des Zuges mitzufahren. Also warf ich mich in den Straßengraben, verdrehte die Augen und streckte alle Glieder von mir. Ein sowjetischer Wachsoldat kam zu mir und hielt mir seinen Revolver auf die Brust. Dadurch erweckte er meine Lebensgeister nachhaltig. Brav ordnete ich mich wieder in die dahinschleichende Kolonne ein.

Wir wurden in ein größeres Auffanglager gebracht. In barackenähnlichen Unterkünften begann die Zeit des Wartens. Bis September 1945 wußten wir nicht, was mit uns geschehen würde. Das sinnlose Warten und das Nichtstun quälten uns. Die Ungewißheit über unser weiteres Schicksal lieferte täglich neuen Gesprächsstoff. Ich sonderte mich häufig ab und versuchte, mich zu sonnen. Dadurch hoffte ich auf eine Linderung der Stiche, mit denen mich die Wanzen Nacht für Nacht traktierten.

Allein das banale Warten auf die Mahlzeiten gab den Tagen eine Struktur. Wir hatten großen Hunger, sogar der Genuß von Pferdefleisch erschien uns in diesem heißen Sommer als beglückend. Wurden ärztliche Untersuchungen in der Lagerkommandantur angekündigt, waren das fast schon willkommene Abwechslungen. Diese Prozeduren entschieden darüber, ob eine Entlassung zu erwarten war. Die Älteren unter uns, die bereits früher schwere Erkrankungen, Infarkte, Hypertonie oder Schlaganfälle erlitten hatten, schienen fast dankbar zu sein, waren die Leiden doch der Entlassungsschein in die Heimat.

Für viele kam die Entlassung aus der Gefangenschaft allerdings zu spät.

Unser körperlicher Allgemeinzustand wurde überprüft, indem ein Arzt in das Gesäß kniff, um von der Festigkeit auf die Gesundheit und Arbeitsfähigkeit des Gefangenen zu schließen. Von den daraufhin festgelegten Kategorien ließen die dritte und vierte auf Dystrophie schließen. Ich zählte immer zur dritten oder vierten und hoffte, aufgrund meiner körperlichen Schwäche entlassen zu werden.

Die von Hans Laubsch beschriebene Einstufungsmethode war durchaus üblich. Es gab vier Stufen der Arbeitsfähigkeit:

Stufe 1: Für schwere Arbeiten geeignet
Stufe 2: Für mittelschwere körperliche Arbeit einsetzbar
Stufe 3: Krank, kommt nur für leichte Arbeit in Betracht
Stufe 4: Arbeitsunfähig.

Viele von den in Gruppe 4 eingestuften Schwerkranken konnten bereits in den Sommermonaten 1945 – mitunter noch aus den sowjetischen Sammellagern in Deutschland heraus – heimkehren, oft allerdings nur als Todkranke, um binnen kurzem zu Hause zu sterben. Im Chaos der ersten Nachkriegszeit ist ihre Zahl nicht erfaßt worden, nach sowjetischen Angaben sollen es etwa 500 000 gewesen sein.

Einerseits erschien den Russen die Einstufung in Gruppe 3 und 4 angesichts meiner Jugend nicht schlüssig, andererseits bewahrte mich offenbar gerade mein jugendliches Alter davor, als ehemaliger Soldat der »Schwarzen Garde« Heinrich Himmlers in ein Sonderlager überwiesen zu werden. Auch mir war schließlich in den letzten Monaten der Ausbildungszeit meine Blutgruppe eintätowiert worden. In jedem Lager wurde aufs neue kontrolliert. Daß man mich nicht abgesondert hat, lag wohl daran, daß die Russen vielleicht Mitleid mit den jungen Opfern der Hitlerdiktatur hatten. Die Angst, als Angehöriger der jetzt zu einer Verbrecherorganisation erklärten Truppe erkannt zu werden, begleitete mich jedoch viele Jahre.

Irgendwann im September/Oktober 1945 erfolgte der Befehl zum Antreten, wir wurden zu einem Bahnhof geführt und dort in Waggons geladen. Sie waren mit rechts und links angehängten einfachen Brettern ausgestattet, damit sich die Gefangenen dort hinlegen konnten. 40–50 Mann wurden in einen Waggon gepfercht, das Gedränge war groß, und ich landete unglücklicherweise in der Mitte des Waggons. Mein Platz befand sich neben einem schmalen Holztrichter, der der Fäkalienabfuhr diente. Das Zuschlagen und die Verriegelung der Schiebetüren klingt mir heute noch in den Ohren. Ein schmales, vergittertes Fenster gab spärliches Licht, so daß wir Tag und Nacht unterscheiden konnten. Angestrengt versuchten wir, die Fahrtrichtung festzustellen. Es ging die ganze Zeit in östliche Richtung.

Diese Art des Transports hätte man unter den damaligen Umständen fast komfortabel nennen können. Wie von Hans Kampmann geschildert, wurden oft so viele Menschen in einen Waggon gepfercht, daß sie sich nicht einmal hinlegen konnten. Toiletten oder auch nur Abortschachte gab es nicht, Heizung im Winter auch nicht. Wenn die Fahrt aus den Kampfgebieten in den asiatischen Teil der UdSSR führte, konnte sie Wochen dauern. Als ein für viele Kriegsgefangene tödlicher organisatorischer Mangel erwies sich die fehlende Versorgung mit Wasser und Nahrungsmitteln. Ein – allerdings extremes – Beispiel: Von den etwa 30 000 »Stalingradern«, die im Frühjahr 1943 in die stationären Lager überführt wurden, starben annähernd die Hälfte auf dem Transport.

Das Geräusch der rollenden Räder begleitete uns die ganze Zeit. Wir konnten nur sitzen oder liegen. Bei jedem Halt auf den Bahnhöfen glaubten wir, endlich am Ziel zu sein. Stundenlang standen wir manchmal auf dem Gleis, ohne daß der Zug sich bewegte. Durch einen schmalen Türspalt schob man uns Essen, täglich eine Portion Zwieback und Tee. Aufgrund der Verzweiflung und Ungewißheit über unser weiteres Schicksal verfielen wir in ein lang andauerndes Schweigen. Nirgendwo schien es einen Funken Hoffnung zu geben. Nachts drückte ich mein Gesicht auf die Holzplanken, ich fluchte vor Wut, wenn wieder einer über die Schlafenden schlich und direkt neben mir seinen Darm entleerte.

Wir zählten die Tage an der aufgehenden Sonne und der aufkommenden Dunkelheit, Uhren hatten wir nicht mehr. In der ersten Woche wurden die Waggontüren immer nur einen Spalt geöffnet. Die Landschaft, die man durch das kleine vergitterte Fenster sehen konnte, erschien uns ebenso eintönig und endlos wie das Rattern der Räder. In der dritten Woche hielten wir an einem großen Bahnhof. Ich stieg zum Fenster hoch. Es bot sich mir das Bild einer mächtigen Industriestadt. Es war Ufa, die Rüstungsschmiede jenseits des Urals.

Weiter ging es nach Osten in Richtung Westsibirien. An uns zogen große, dunkle Wälder, Nadelbäume, Fichten und Zirbelkiefern vorbei. Das Land schien endlos weit zu sein. Wir näherten uns der westsibirischen Tiefebene; vor diesen Weiten erfaßte uns das Gefühl der Verlorenheit und Bedeutungslosigkeit mit aller Wucht. An einem Bahnhof wurde auf einmal die Tür weit geöffnet, und wir sahen auf dem

Befehl des sowjetischen Verteidigungsministeriums vom 2. Januar 1943 zur Behandlung deutscher Kriegsgefangener in der Sowjetunion; dem Auswärtigen Amt des Deutschen Reiches vom deutschen Sicherheitsdienst in Übersetzung zur Kenntnis gegeben

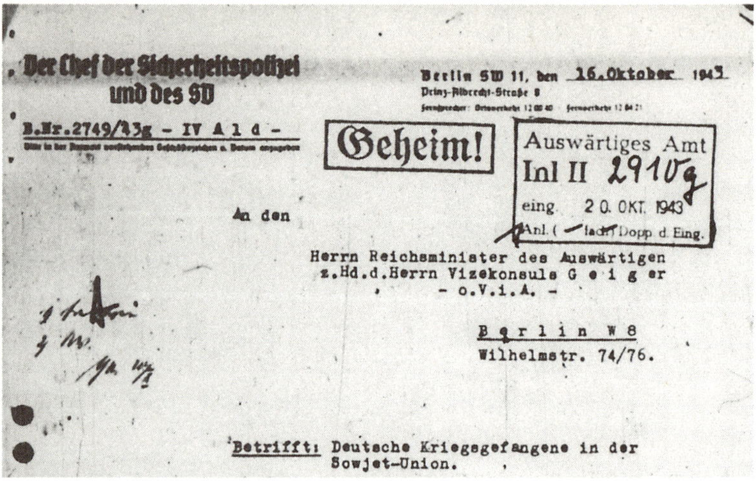

Der Chef der Sicherheitspolizei
und des SD

B.Nr.2749/43g - IV A 1 d -

Berlin SW 11, den 16.Oktober 1943
Prinz-Albrecht-Straße 8

Geheim!

Auswärtiges Amt
Inl II 2910g
eing. 20. OKT. 1943
Anl. (— fach) Dopp. d. Eing.

An den

Herrn Reichsminister des Auswärtigen
z.Hd.d.Herrn Vizekonsuls G e i g er
- o.V.i.A. -

B e r l i n W 8
Wilhelmstr. 74/76.

Betrifft: Deutsche Kriegsgefangene in der Sowjet-Union.

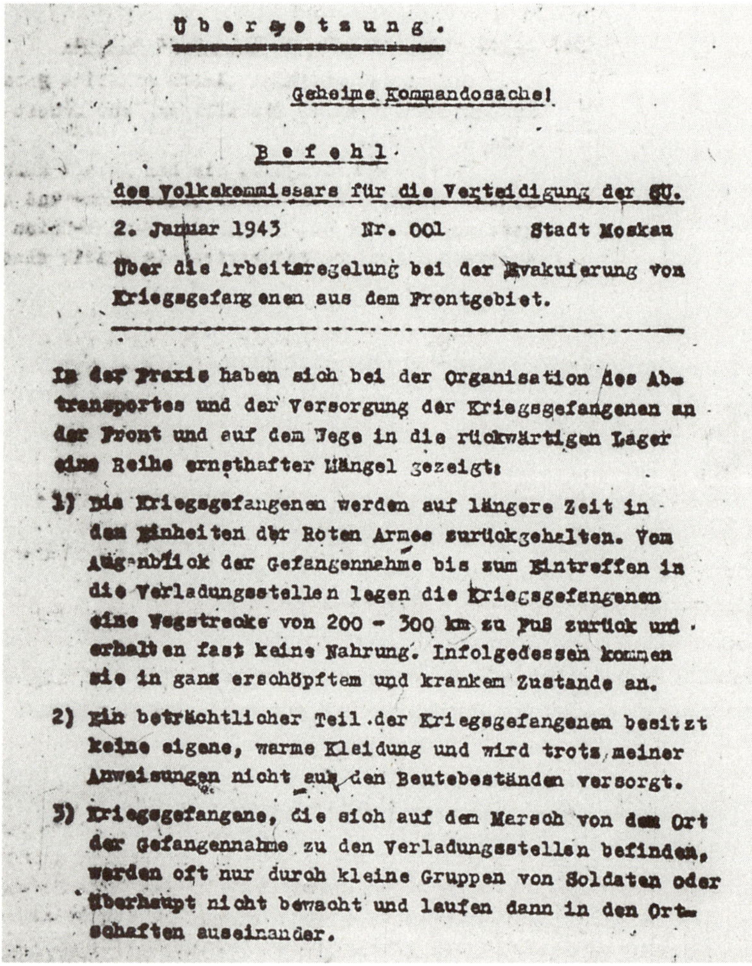

Ü b e r s e t z u n g .

Geheime Kommandosache!

B e f e h l

des Volkskommissars für die Verteidigung der SU.

2. Januar 1943 Nr. 001 Stadt Moskau

Über die Arbeitsregelung bei der Evakuierung von Kriegsgefangenen aus dem Frontgebiet.

In der Praxis haben sich bei der Organisation des Abtransportes und der Versorgung der Kriegsgefangenen an der Front und auf dem Wege in die rückwärtigen Lager eine Reihe ernsthafter Mängel gezeigt:

1) Die Kriegsgefangenen werden auf längere Zeit in den Einheiten der Roten Armee zurückgehalten. Vom Augenblick der Gefangennahme bis zum Eintreffen in die Verladungsstellen legen die Kriegsgefangenen eine Wegstrecke von 200 - 300 km zu Fuß zurück und erhalten fast keine Nahrung. Infolgedessen kommen sie in ganz erschöpftem und kranken Zustande an.

2) Ein beträchtlicher Teil der Kriegsgefangenen besitzt keine eigene, warme Kleidung und wird trotz meiner Anweisungen nicht aus den Beutebeständen versorgt.

3) Kriegsgefangene, die sich auf dem Marsch von dem Ort der Gefangennahme zu den Verladungsstellen befinden, werden oft nur durch kleine Gruppen von Soldaten oder überhaupt nicht bewacht und laufen dann in den Ortschaften auseinander.

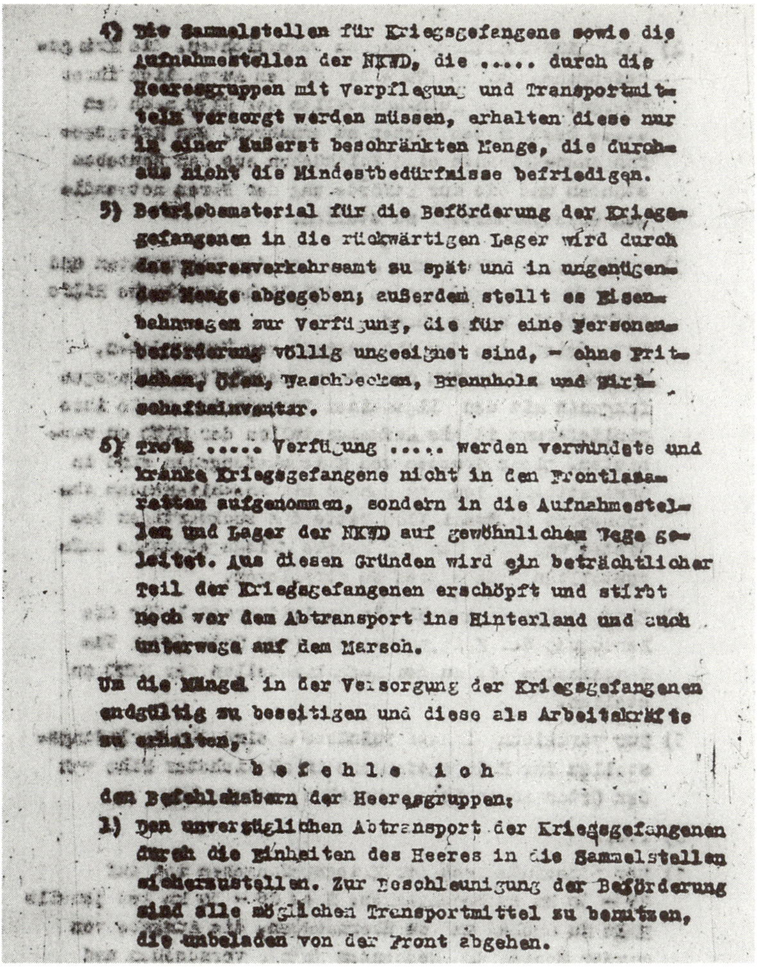

4) Die Sammelstellen für Kriegsgefangene sowie die Aufnahmestellen der NKWD, die ..... durch die Heeresgruppen mit Verpflegung und Transportmitteln versorgt werden müssen, erhalten diese nur in einer äußerst beschränkten Menge, die durchaus nicht die Mindestbedürfnisse befriedigen.

5) Betriebsmaterial für die Beförderung der Kriegsgefangenen in die rückwärtigen Lager wird durch das Heeresverkehrsamt zu spät und in ungenügender Menge abgegeben; außerdem stellt es Eisenbahnwagen zur Verfügung, die für eine Personenbeförderung völlig ungeeignet sind, – ohne Pritschen, Öfen, Waschbecken, Brennholz und Wirtschaftsinventar.

6) Trotz ..... Verfügung ..... werden verwundete und kranke Kriegsgefangene nicht in den Frontlazaretten aufgenommen, sondern in die Aufnahmestellen und Lager der NKWD auf gewöhnlichem Wege geleitet. Aus diesen Gründen wird ein beträchtlicher Teil der Kriegsgefangenen erschöpft und stirbt noch vor dem Abtransport ins Hinterland und auch unterwegs auf dem Marsch.

Um die Mängel in der Versorgung der Kriegsgefangenen endgültig zu beseitigen und diese als Arbeitskräfte zu erhalten,

b e f e h l e i c h

den Befehlshabern der Heeresgruppen:

1) Den unverzüglichen Abtransport der Kriegsgefangenen durch die Einheiten des Heeres in die Sammelstellen sicherzustellen. Zur Beschleunigung der Beförderung sind alle möglichen Transportmittel zu benützen, die unbeladen von der Front abgehen.

anderen Gleis russische Soldaten, die aus Deutschland heimkehrten. Sie winkten uns zu und riefen: »Ein oder zwei Jahre arbeiten und dann domoj – nach Hause!« Sie wollten uns trösten. Ein bis zwei Jahre Zwangsarbeit schien ihnen ein Kinderspiel. Aber uns fuhr der Schreck in alle Glieder! Zwei Jahre Sibirien – was für einer Illusion hatten wir uns doch über unsere Heimkehr hingegeben! Endlos lang kam mir diese Zeit vor, und ich konnte mir nicht vorstellen, der Arbeit, die uns erwartete, körperlich gewachsen zu sein. Ein oder zwei Jahre Zwangsarbeit schien mir das Ende zu sein.

Nach 30 Tagen Zugfahrt – im Oktober 1945 – öffneten sich die Waggontüren wieder, und wir betraten sibirische Erde.

Der quälende Durst verleitete uns, Schnee zu essen. Wir lösten unsere steifen und verkrampften Glieder und betraten das Lager Turinsk, 120 Kilometer entfernt von Sverdlovsk. Ein Stückchen Freiheit hatten wir nun wiedergewonnen. Wir marschierten in ein großes Lager mit vier großen Wachtürmen, einem hohen Stacheldrahtzaun und Wachhunden, die an Ketten gelegt waren. Das Lager stand mitten in einem Wald, aus dem nachts das Heulen der Wölfe zu hören war. Die Unterkünfte bestanden aus beheizbaren Baracken, gefertigt aus Baumstämmen. Man gab uns Strohsäcke als Unterlage und teilte uns in Kommandos ein.

Mich überfiel eine schreckliche Traurigkeit. Wieviel Wochen und Monate lagen nun vor mir? Vom ersten Tag an träumte ich von der Freiheit; daran zu denken wurde meine Lieblingsbeschäftigung und verdrängte alles Wirkliche. Ich werde das Leben noch genießen, schwor ich mir immer wieder. Die Entfernung von meiner Heimat betrug jetzt etwa 3500 Kilometer.

So ein Schwur spielte eine bedeutende Rolle. Auch wenn sich dies nicht statistisch belegen läßt, in einem sind sich alle Heimkehrer einig: Das wichtigste war der eigene Wille zu überleben. Nur so konnten Phasen der Verzweiflung überwunden und die notwendigen Energien zur Bewältigung der Strapazen aufgebracht werden.

Eines der wenigen offiziellen sowjetischen Bilddokumente, die die Zustände im Lager realistischer als üblich darstellen; es zeigt einen Dystrophiker in Gegenüberstellung zu einem wohlgenährten Angehörigen der Lagerprominenz

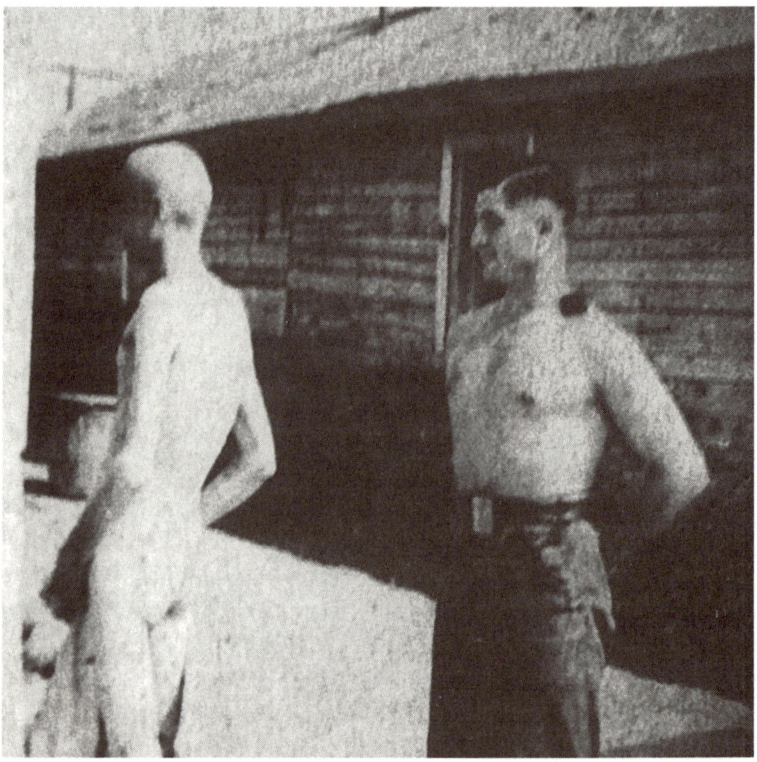

Das Lazarett des Lagers Nr. 27, Krasnogorsk am Ufer der Moskwa – eines der vielen propagandistischen Fotos. Die Bildunterschrift lautete: »Ein kranker kriegsgefangener General auf dem Weg ins Kino«, vor 1945

Man fragte uns nach unserer Berufserfahrung, als wir in Arbeitskommandos eingeteilt werden sollten. Was konnte ich mit meiner Lehrerausbildung anfangen? So kam ich mit zwei, drei anderen Gefangenen zum Kohlenmeiler. Wir zogen die geflößten Baumstämme mit Stahlkrallen aus dem Wasser und schleppten sie zum Kohlenmeiler, den man stets im Schwelbrand halten mußte. Er verbreitete düstere, schwarze Rauchwolken im klarblauen Himmel. Zugleich wärmte er uns, wenn die Hände vom Wasser steif waren. Unser Chef war ein freundlicher, älterer Mann, weit davon entfernt, auf Normerfüllung zu bestehen. Für warme Kleidung war gesorgt; wir trugen Wattejacken und -hosen, Filzstiefel und Pelzmützen mit dicken Ohrenschützern. Wenn das Thermometer die 40-Grad-Marke erreichte, mußten wir uns beim Marsch durch das Lagertor auf Weisung des Lagerarztes das Gesicht mit einer Salbe einschmieren, um Erfrierungen vorzubeugen. Bei diesen Temperaturen fiel das Atmen schwer, und es quollen beim Ausatmen knisternde, weiße Wölkchen aus dem Mund.

Wenn ich den ganzen Tag in der Kälte gearbeitet hatte, in der Baracke auf meinen Strohsack fiel und meinen Kanten Brot und die Kohlsuppe aß, spürte ich, was der Entzug fast aller natürlichen und sittlichen Lebensbedingungen für einen Menschen bedeutet. Die anerzogenen Bildungs- und Kulturgewohnheiten verloren ihren Stellenwert. Hinzu kam die Kälte der menschlichen Beziehungen. Ich blieb in der Gemeinschaft mutterseelenallein. Es gab Tage, die ich vollkommen in mich gekehrt verbrachte und an denen ich von meiner Umgebung nur das Notwendigste wahrnahm.

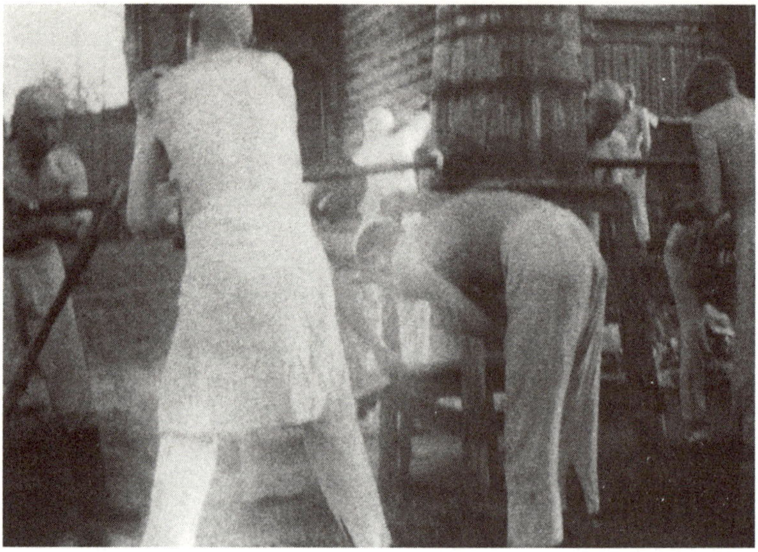

Morgenwäsche im Spezialhospital Selenodolsk, August 1946

Der Verlust der Fähigkeit, mit anderen Menschen Verbindung aufzunehmen, war eine Folge der Unterernährung. Der Dystrophiker ist völlig auf sich und einen engen Wahrnehmungsbereich um ihn herum konzentriert. Solche Persönlichkeitsveränderungen bildeten sich bei besserer Versorgung nicht zurück, sondern erwiesen sich als lang andauernde, wenn nicht dauerhafte Schädigung.

Nach drei bis vier Wochen Arbeitseinsatz plagten mich nicht zu überwindende Müdigkeit, Kopf- und Gliederschmerzen. Ich dachte sofort an Typhus. Der verschmutzte Schnee, den wir getrunken hatten, und die mangelnde Hygiene auf dem Transport hatten die Ausbreitung dieser Krankheit begünstigt. Ich lag bald in einem überfüllten Krankenzimmer, das Fieber stieg bis 41 Grad. Es zeigten sich linsengroße, blaßrote Flecken am Leib. Entsetzen und Todesangst stiegen in mir hoch. Ich glühte in Phantasien und Fieberträumen, begleitet vom Stöhnen meiner Leidensgenossen. Ich nahm die Gesichter der russischen Krankenschwestern und Ärzte wie durch einen Schleier wahr. Im Unterbewußtsein erlebte ich, wie man mich in ein Einzelzimmer verlegte. Man isolierte mich. War das die Endstation? Meine Erkrankung muß in die Adventszeit gefallen sein. Während meine Mitgefangenen Weihnachten feierten, rang ich mit dem Tod. Jeden Tag setzte mir eine Schwester eine Kampferspritze zur Stärkung der Herztätigkeit. Andere Medikamente fehlten. Ich konnte nicht essen, aber ein unerträglicher Durst plagte mich. Auf der weißgetünchten Wand rollte mein kurzes Leben in verworrenen Bildern an

»Beerdigungskommando«; Gefangene im Spezialhospital Selenodolsk ziehen einen ausgedienten Brotwagen zur Begräbnisstätte, September 1946

mir vorüber. War es wirklich mein Schicksal, in Sibirien in der Kriegsgefangenschaft mein Leben auf diese Weise zu beenden? Irgendwann kam ein trotziger Lebenswille wieder zum Durchbruch. Plötzlich schien es mir, als hätte ich das Vertrauen in die eigene Kraft wiedergefunden. Oder gab mir nur die Angst eine lebenserhaltende Kraft? Nach etwa vierzehn Tagen war die Krise überwunden, und ich kam wieder zu Bewußtsein. Das neue Jahr 1946 hatte ich erreicht – zwar abgekämpft, aber lebend!

Ich dachte an die Heimat. Ich sagte mir, daß ich durchhalten müßte, weil ich vom Leben ja noch so gut wie nichts hatte kennenlernen können. Nach der vierten Woche ging es sichtlich bergauf. Man wiederholte nun den bereits beschriebenen Dystrophikertest. Das Ergebnis muß wohl katastrophal ausgefallen sein. Man beschloß, mich in einem Lazarett so weit aufzupäppeln, daß ich wenigstens für leichte körperliche Arbeiten zu gebrauchen war. Als ich mit einigen abgemagerten Kranken und Krüppeln in einem Eisenbahnwaggon wegfuhr, verfolgte mich der neidische Blick der Zurückbleibenden. Sicher würden wir nun entlassen werden. Wir starrten erwartungsvoll aus dem Zugfenster, doch es gab keinen Grund zur Freude. Die Sonne zeigte uns, daß die Fahrt anstatt in den Westen in Richtung Norden ging. Die Hoffnung auf Entlassung zerstob.

Mitten in der Schneewüste in der Nähe des Eismeeres kamen wir in ein Dorf, in dem ausschließlich Gefangene lebten, die schwer erkrankt und nicht mehr arbeitsfähig waren. Keiner hatte genug Kraft zum Verlassen der Baracke. Wir konnten uns nicht erklären, weshalb die Russen einen solchen Aufwand mit uns trieben. Aber vielleicht war es für unsere Gewahrsamsmacht einfacher, uns aufzupäppeln, als uns in unserem schlechten Zustand nach Deutschland zu schaffen.

Bis zum Frühjahr hatte ich ein ruhiges, geregeltes Leben. Ich lag wochenlang im Bett; der Tagesablauf war sehr eintönig. Wir sprachen über die Vergangenheit im allgemeinen und über unser Lieblingsthema im speziellen: über das Essen. Ergötzlich Triviales füllte Stunden und Tage. Wir sprachen über Rezepte, über köstliche Zutaten, über Festtagsspeisen, und der unangefochtene Höhepunkt eines jeden Tages war die Essenausgabe. Die Vorfreude auf das Essen ließ uns sogar das grenzenlose Heimweh vergessen.

In ein solches Sanatorium gebracht zu werden bedeutete einen außerordentlichen Glücksfall für Hans Laubsch. Normalerweise kamen die Gefangenen in das Krankenrevier, über das grundsätzlich jedes sowjetische Kriegsgefangenenlager verfügte. Für schwierigere Fälle gab es zentrale Lazarettlager und Kriegsgefangenenhospitäler. Daß Kriegsgefangene in zivile Sanitätseinrichtungen überwiesen wurden, war sehr selten, in Sanatorien kamen nur ganz wenige, jene, die zwar todkrank waren, bei denen aber noch Hoffnung auf Genesung bestand.

Die Krankenschwestern und das Wachpersonal zeigten uns, wie man Papierblumen produziert. Wir färbten Zigarettenpapier und wickelten es kunstvoll zu Blüten, damit konnten wir uns einigermaßen sinnvoll beschäftigen. Die breiten Männerhände unserer Wachsoldaten bewegten sich erstaunlich geschickt. Träume von Schönheit und ein verkitschter Naturersatz in dem einsamen Garten von Schnee und Eis. Wir fanden sogar Abnehmer für unsere Kunstwerke – die Schwestern verkauften die von uns fabrizierten Blumen und erzählten uns von der Freude der Käufer. Das Leben bekam wieder ein bißchen Farbe.

Noch etwas lernte ich: Hier in der Einsamkeit gab es nichts Überflüssiges. Ich wurde auf natürlichem Wege gesund und lernte Wasser und Brot zu schätzen. Die Hast und der Lärm des Krieges fielen von mir ab. Ich grübelte viel. Eigenschaften wie Neid, Geiz, Egoismus und Machtstreben schienen hier in der Abgeschiedenheit an Bedeutung zu verlieren und hörten auf, die Gemeinschaft zu beherrschen. Es lohnte sich nicht, eine Helden- oder Märtyrerrolle zu spielen. Zuschauer gab es nur wenige, und imponieren konnten wir hier keinem. Wir saßen buchstäblich alle in einem Boot.

Im Frühjahr setzte man uns wieder in den Zug und brachte uns nach Tula, einem Lager südöstlich von Moskau. Dort war ich von Mai 1946 bis Juni 1947 als Schüler an der Antifa-Schule. Zurückblickend

Deutsche Gefangene in einem sowjetischen Kriegsgefangenenlager schreiben ein antifaschistisches Plakat, 1943

kann ich sagen, daß hier der geistige Unrat der faschistischen Ideologie in mir weggeräumt wurde. Ich suchte nach einer Erklärung für das Geschehene und begann, über den Nationalsozialismus nachzudenken. Vielen meiner Mitgefangenen ging es ähnlich. Wir waren von der nationalsozialistischen Führung getäuscht worden. Man hatte uns belogen. Gerade wir als junge Menschen wurden sehr nachdenklich. In der Situation der Gefangenschaft lag es immer wieder nahe, sich selbst als Opfer zu sehen und larmoyant zu beklagen, daß man von Hitler und seinen Organisationen schon seit der Kindheit verführt und mißbraucht worden war. Angesichts der Zerstörung der russischen Städte und Dörfer und des Elends der Russen, die von uns – den Kriegsgefangenen – Brot erbettelten, wurde mir jedoch bewußt, daß uns diese Opferrolle nicht zustand.

Die Antifaschistische Bewegung war eine Abteilung der GUPVI, verantwortlich für die politische Arbeit mit den Gefangenen sowie dem Bewachungspersonal, für die Kriegsgefangenenzeitschriften und für die Antifa-Schulen. Letztere dienten der Ausbildung von Kadern für die »antifaschistischen Ausschüsse« in den Kriegsgefangenenlagern. Erste Ansätze dieser Schulungsorganisation gab es 1942, im Jahr 1947 war sie so weit ausgebaut, daß sie drei Zentralschulen für die gesamte UdSSR, etwa 50 Gebietsschulen sowie 120 Lagerschulen umfaßte. Die höchsten Anforderungen an die Qualifika-

Abendessen in der zentralen Antifa-Schule Nr. 9999, Lager Nr. 27, Krasnogorsk

tion der Dozenten wie an die Leistung der Teilnehmer wurden in den Zentralschulen gestellt. Eine so üppige Ausstattung der Bibliothek, wie sie Hans Laubsch im folgenden beschreibt, dürfte es nur in den Zentralschulen gegeben haben. Zu den normalen Kriegsgefangenenlagern gehörte in der Regel ein »antifaschistischer Ausschuß«. Bücher gab es dort – abgesehen von zufälligen Ausnahmen – selten, allenfalls erhielten die Gefangenen ab etwa 1947 mehr oder weniger regelmäßig Zeitungen.

Den Zugang zur Welt des ehemaligen Todfeindes, zu Rußland bzw. der Sowjetunion, fand ich über die russische Literatur. Ich bemühte mich, alle Tabubereiche der Vergangenheit aufzuspüren. Der große Buchbestand in der Lagerbibliothek half mir dabei. Die verbotenen und verbrannten Bücher jüdisch-deutscher Schriftsteller der Emigration las ich mit großer Anteilnahme. Von Puschkin bis Dostojewskij, von Gorkij bis Scholochow durchstreifte ich Rußland auf den Spuren der Literatur.

Was Hitler verboten hatte, die antifaschistischen Schriftsteller und die Schriften des Marxismus-Leninismus, stellte sich für uns als die Offenbarung dar. Ich habe eine tiefe Menschlichkeit in den Werken der Schriftsteller entdeckt, die damals Deutschland verlassen mußten: Lion Feuchtwanger, Thomas Mann und die anderen Exilliteraten. Ihre Gedanken machten mich aufgeschlossen für das Neue.

Diese Männer hatten eine Erklärung für die Weimarer Zeit, für den Weg Deutschlands in den Faschismus. Das hat uns sehr fasziniert. Ich beschloß, regelmäßig an den Abenden des Antifa-Komitees teil-

Lagerbibliothek im Lager für kriegsgefangene Offiziere Nr. 97, Jelabuga

zunehmen. In einer Baracke trafen wir uns in einem stallähnlichen Raum. Vorn brannten zwei Kerzen, und davor lag immer ein kleines, rotes Buch. Das war die Bibel eines Mannes, der uns mit seinen Vorlesungen jedesmal aufs neue fesselte und uns andächtig zuhören ließ. Dieser Mann war Spanienkämpfer gewesen. Er hatte volles, kräftiges und nahezu weißes Haar und erschien uns schon allein deshalb wie ein Stern aus fernen Welten: Wir waren Glatzköpfe, denn man schor uns immer wieder das Haar, um uns vor Läusen zu schützen. Der Mann vermittelte uns mit seiner Gestik und Mimik das Gefühl, menschlich angenommen zu sein. Mit seinen Ausführungen versetzte er unseren Verstand immer wieder von neuem in Erstaunen. Er beglückte unser Herz mit Menschenliebe und entwarf das Bild einer menschenfreundlichen Gesellschaft.

Er las uns das Kommunistische Manifest vor. Die marxistische Gesellschaftsutopie war für uns noch mit dem Nimbus des Verbotenen umgeben, und vielleicht reizte uns gerade dieser Umstand, diese Lehre genauer kennenzulernen. »Ein Gespenst geht um in Europa ...«, klingt mir immer noch in den Ohren. Die Utopie einer glücklicheren Gesellschaft übte eine große Faszination auf mich aus. Von der Theorie gelangte ich zur Praxis – die Russen schienen sie zu verwirklichen.

Ich habe später nach der Gefangenschaft oft daran gedacht, daß ich zwar etwas Furchtbares miterlebt hatte, aber daß es möglich gewesen war, den Feind zum Freund zu machen. Dieser Zusammenhang hat mich später dann auch zur Psychologie gedrängt: die Frage, wie man mit Vorurteilen fertig wird. Wenn man das Fremde kennenlernt und aus unmittelbarer Nähe erlebt, kann das, was man als abschreckend empfunden hat, sich zum Positiven wenden. Und so zerstört sich jedes Feindbild, wenn man es will und die Möglichkeit dazu hat. Ich habe in diesem Antifa-Kreis die Achtung vor anderen Menschen gelernt.

Viele Jahre war ich überzeugt von der kommunistischen Lehre. Erst dreißig Jahre später erkannte ich dies als meinen Lebensirrtum – wieder durch die Literatur, durch die Bücher Christa Wolfs. In Rußland war ich einfach noch zu jung für die Erkenntnis, daß ich meine Enttäuschung über die nationalsozialistische Ideologie, über die Niederlage meines Landes im Krieg und die seelische Leere danach nur mit neuen Idealen betäubte.

Unsere Tätigkeit in den Zirkeln der Antifa wurde von den meisten Mitgefangenen akzeptiert. Wir wurden aufgrund unseres Engagements weder verhöhnt noch anderweitigen Diskriminierungen ausgesetzt. Ich glaube aus heutiger Sicht, daß man verstand, daß die jungen gefangenen Soldaten nach einer Erklärung für das Geschehene suchten. Meine dort erworbene Weltanschauung habe ich im Laufe der Zeit in manchem korrigiert.

Deutlich wird hier eine völlig andere Sicht auf die ideologische Beeinflussung als zum Beispiel bei Hans Kampmann. Die verschiedenen Haltungen gegenüber den Umschulungsversuchen der Sowjetunion lassen sich sicher nicht mit den unterschiedlichen Dienstgraden erklären. Ein tiefer ideologischer Graben, der auch nach der Rückkehr nicht zugeschüttet werden konnte, zog sich quer durch alle Dienstgradgruppen. In der sowjetischen Besatzungszone arbeiteten heimgekehrte Antifa-Aktivisten an prominenter Stelle beim Aufbau der DDR mit, vor allem in der späteren Nationalen Volksarmee. In der Bundesrepublik standen nicht nur die Antifa-Aktivisten, sondern auch die ehemaligen Angehörigen des BDO und des NKFD unter Rechtfertigungsdruck. Noch 1955 kam es zu Tumulten, als der prominente BDO-Vertreter General Walther von Seydlitz-Kurzbach aus sowjetischer Gefangenenschaft im Heimkehrerlager Friedland eintraf.

Mich bedrängte und beschäftigte in dieser Zeit ein Übermaß an Fragen. Schlaflos quälte ich mich durch manche Nacht. Tausende von Wanzen nisteten in unseren Barackenwänden und taten das Ihrige, mich wach zu halten. In meiner Phantasie entstanden Bilder über die Zukunft. Der Kopf wurde meine Welt; meine Hände taugten nur noch zum Halten von Blechbüchse und Holzlöffel, zum Zerdrücken von Ungeziefer und zum Umblättern von Buchseiten. Diese Trennung von Kopf und Hand belastete mich lebenslang. Hier hatte ich nur Nachteile davon, da ich, ohne jede Berufserfahrung, nie die Chance bekam, in einem Arbeitskommando außerhalb des Stacheldrahts tätig zu sein.

Aufgrund der Vorteile, die einige Gefangene durch ihre Arbeitseinsätze genießen konnten, entstand ab 1946/47 eine Art Lagerhierarchie. Die sogenannten Spezialisten – Facharbeiter, die besonders gebraucht wurden – verdienten besser und konnten sich zum Beispiel Anzüge schneidern lassen. Sie arbeiteten an der Seite von russischen Arbeitern und hatten Kontakt mit der Bevölkerung. Manche verliebten sich in russische Mädchen und Frauen und schmiedeten Pläne für eine gemeinsame Zukunft.

Voraussetzung für solche Planungen war auch in der Sowjetunion Geld. Während des Krieges wurden Kriegsgefangene für ihre Arbeit nicht bezahlt. Lediglich Offiziere – auch dies ein Kuriosum der sowjetischen Kriegsgefangenenpolitik – erhielten entsprechend den Regeln des Kriegsvölkerrechts je nach Dienstgrad einen Sold von zehn bis dreißig Rubel. Nach Kriegsende wurden diese Zahlungen allerdings eingestellt. Im Jahr 1946 gab es erste Prämien für die Arbeitsleistung von Gefangenen, ab 1948 regelmäßigen Lohn. Für einen Facharbeiter betrug er etwa 150 Rubel im Monat. Diese gut bezahlten Spezialisten bildeten eine neue, von der bisherigen Lagerprominenz unabhängige Elite. Sie konnten sich Waren kaufen, die für die bis dahin mächtigste Gruppe nicht erreichbar waren. In ihrer Freizeit trugen sie ihren schicken Zivilanzug – ein Statussymbol, das sie von der breiten Masse der Gefangenen abhob.

Die Verdienstmöglichkeiten waren sehr unterschiedlich, ich gehörte eindeutig zur weniger privilegierten Kategorie. Mein Leben fand zwangsläufig in der Gemeinschaft mit anderen statt. Diese Lebensform wurde mir durch die Kriegsgefangenschaft jahrelang aufgenötigt. Man konnte den anderen nie ausweichen oder aus dem Weg gehen. Ich habe das als psychische Belastung erfahren. Es herrschte eine permanent erzwungene Nähe, eine Enge. Sie war erträglich, wenn ihr eine Gleichheit der Lebenssituation, wie zum Beispiel in dem Lazarett am Eismeer, zugrunde lag. Konflikte konnten da nicht entstehen. Alle waren schwach und krank und wollten nichts anderes als gesund werden. Differenzen entstanden immer, wenn Unterschiede deutlich wurden.

Geschützt haben wir uns wahrscheinlich dadurch, daß wir nur sehr wenige persönliche Freundschaften eingegangen sind. Es hat mich nie besonders zur Masse hingezogen, aber ich hatte immer das Gefühl, einen Menschen zu brauchen. Im Lager tat ich mich zusammen mit Herbert Mühle, einem Berliner. Er war für mich eine Vaterfigur, schenkte mir ab und zu eine Suppe und half mir auch sonst. Aber mit meinen Aktivitäten in der Antifa konnte er nicht viel anfangen. Er war so ein typischer Geschäftsmann, hat mich aber nicht dazu machen können – zumindest waren seine Geschichten immer sehr interessant. So etwas brauchte man. Es kam auch vor, daß jemand versuchte, sich mir als jungem Menschen zu nähern. Manchmal wurde ich belästigt, aber generell habe ich mich auf diese Dinge nicht eingelassen.

In den ersten Jahren der Gefangenschaft litten annähernd alle Kriegsgefangenen an Dystrophie, sexuelle Bedürfnisse standen aufgrund der körperlichen Verfassung ganz im Hintergrund. Lediglich für die kleine Gruppe der Lagerprominenz mag dies anders gewesen sein.

Lautete in der Wehrmacht das Unterhaltungsthema Nr. 1 aller Landser »Frauen«, war es in der Kriegsgefangenschaft »Essen«. Sich gegenseitig von Festessen zu berichten – angefangen von der Zubereitung über die Frage, wie der Tisch zu decken sei, bis zum Geschmack jedes einzelnen Gangs – gehörte zu den beliebtesten Gesprächen.

Mit uns im Lager lebten gefangene Wehrmachtoffiziere; man hatte ihnen ein gesondertes Terrain zugedacht. Unterkunft und Verpflegung waren weit besser als bei uns, Arbeiten keine Pflicht. Von Kriegsschuld wollte man in den Reihen dieser Führungselite nichts hören. Der überzüchtete Stolz ließ keine Trauerarbeit zu. Die Offiziere waren eine Art Eliteklasse, die besser behandelt wurde; das hat Neid erregt bei unseren Leuten.

Denunziationen und ähnliche Erscheinungen konnten das Zusammenleben zur Hölle machen. Ich kann mich nicht erinnern, daß die Lagerleitung oder ein Politkommissar irgendwelche Anforderungen an meine Person gestellt hätten. Aufgrund meiner Jugend war ich wahrscheinlich von geringem politischen Interesse. Ich kann mir jedoch durchaus vorstellen, daß sich unter den Gefangenen solche Eigenschaften entwickelten, daß der eine den anderen auf die Art loswerden wollte. Aber in meiner Umgebung habe ich das nicht so erlebt. Ich kann mich nicht erinnern, in Einzelverhören explizit mit den Verbrechen der Wehrmacht konfrontiert worden zu sein. Auch meine Kameraden wurden nicht zu Verhören geholt. Man hat uns nicht mit Fotografien konfrontiert, die die Greueltaten der Waffen-SS zeigten, zum Beispiel Erschießungen von Bewohnern weißrussischer Dörfer. Wir bekamen auch keine Dokumente von befreiten NS-Konzentrationslagern zu Gesicht. Ich denke, das wird anders gewesen sein in

Antreten der Kriegsgefangenen verschiedener Nationalitäten am »Tag des Sieges«; im Vordergrund die österreichische und die ungarische Fahne, an Stelle der deutschen – ein rotes Banner, 9. Mai 1947

den Lagern, in denen ausschließlich Angehörige der Waffen-SS untergebracht waren. Ich hatte einfach Glück, daß ich diesen speziellen Lagern entgangen war.

In den Lagern gab es immer Duschen und eine Anlage, wo die Sachen entlaust werden konnten. Kam man in ein neues Lager, wurden die Haare geschoren, die Sachen in die Desinfektionskammern gebracht. Die Läuse stellten trotzdem immer wieder eine große Plage dar. Wir konnten uns später auch täglich rasieren. Über eine Zahnbürste verfügte ich allerdings nicht. Dennoch kann ich nicht sagen, daß unbeschreibliche Zustände in den Lagern geherrscht hätten. Im Gegenteil, die Russen waren besonders in der Körperpflege pingelig und führten oft Kontrollen durch. Sie haben immer darauf gedrungen, daß die Hygienevorschriften eingehalten wurden. Es wurde furchtbar viel gewischt, in den Lazaretten natürlich besonders.

Solche Kommissionen empfanden die Kriegsgefangenen immer als eine Last, mußte doch geschrubbt und gereinigt werden. Gleichzeitig aber waren Inspektionen Ausdruck dafür, daß die Lagerleitung nicht uneingeschränkt herrschen konnte. Auch sie wurde kontrolliert. Gegen Ende der vierziger und in den fünfziger Jahren haben die Kriegsgefangenen diesen Umstand zu nutzen gewußt, indem sie zum Beispiel streikten. Dauerte ein Hungerstreik länger als drei Tage, mußte die Lagerleitung Meldung erstatten. Zur Untersuchung des Falls kam dann eine Kommission – allein das Wissen darum konnte die Lagerleitung zum Einlenken bewegen. Auf diese Weise wurden zwar keine grundsätzlichen Probleme gelöst, sehr wohl aber konkrete, in der Macht der Lagerleitung liegende Mißstände korrigiert.

Ich erkrankte an Ruhr. Eine Wassersuppe mit ungeschroteten Körnern und ein kurzzeitiger Wassermangel waren Ursache der Epidemie. Übelkeit, Erbrechen und hohes Fieber verbannten auch mich in die Lazarettbaracke. In einem engen Raum lag ich schwach und kraftlos auf dem Strohsack, eingehüllt in den durchdringenden Gestank von den Fäkalienkübeln und in den schneidenden Geruch der Medikamente. Es war schrecklich, die bis auf die Knochen abgezehrten Körper zu sehen, die sich abzeichnenden Rippenbögen über eingefallenen Bäuchen. Ich sah mich schon auf dem Weg dorthin. Gesprochen wurde wenig. Nur selten warf man einen Blick auf die Sterbenden. Wider Erwarten war mein Krankheitsverlauf günstig, und ich konnte irgendwann wieder auf wackeligen Beinen stehen, den blauen Himmel betrachten und die frische Luft einatmen.

Wieder wurde ich untersucht, um die Arbeitstauglichkeit festzustellen. Ich gehörte zu denen, die wie Störche durch die Gegend staksten und sich permanent schlapp fühlten. Kraft und Ausdauer waren Fremdworte für uns. Die Muskeln dieser Vertreter hingen dünn und schwach am Körper, auch Fett fehlte. Mein schlaffer Hintern war der Grund für eine erneute Einweisung in ein Hospital. Ich sollte wieder aufgepäppelt werden – ein wenig kam mir das vor wie in dem Märchen von »Hänsel und Gretel«. Eine Ärztin entschied, ich solle in der Küche einen Arbeitsplatz erhalten, um mich dort ab und zu richtig satt essen zu können. So begann in einem recht modernen Krankenhaus für Kriegsgefangene in Kiev in der Ukraine die erste Karriere meines Lebens: vom Tellerwäscher zum Chefkoch.

Zunächst arbeitete ich mit einem anderen Dystrophiker als Lakai des russischen Küchenpersonals. Aus der Küche schmissen die russischen Köchinnen die Töpfe und Bleche heraus, die wir saubermachen mußten. Das Gute war, daß diese Töpfe und Pfannen immer noch Reste enthielten, und darauf stürzten wir uns mit großem Appetit. Manchmal wurden Schweinsköpfe angeliefert, die man kochte. Wir saßen dann vor der Küche und konnten uns an dem Schweinefleisch gütlich tun. Diese Arbeit hat mich kräftig gemacht, es ging mir richtig gut.

Die Gunst der Ärztin hatte uns diesen Ehrenplatz in Küchennähe verschafft. Nun erwarben wir die Zuneigung der Küchenfrauen, die in unserem Alter waren. Den Zugang zur Küche erhielten wir dadurch, daß wir dreimal täglich mit Wasserkübeln auf allen vieren durch die

Küche robben und den Boden gründlich schrubben mußten, damit die Hygiene in den »heiligen Küchenräumen« nicht beanstandet werden konnte. Für die Frauen war es immer ein Gaudi, wenn wir wie die Käfer zu ihren Füßen krabbelten. Es war jammerschade, daß wir nicht die Sprache der jungen Köchinnen sprachen, von denen wir lediglich wußten, daß sie jeden Tag aus der Stadt kamen, um in dem Krankenhaus zu kochen.

Da habe ich das erste Mal in meinem Leben einen Blick auf das weibliche Geschlecht gerichtet. Mir wurde als junger Mann bewußt, daß es Gefühlswelten gab, die von hoher Politik unberührt blieben, weil sie einfach mit der Jugendlichkeit von uns allen zu tun hatten. Das war nicht mit Aktivitäten größerer Art verbunden, aber es war ein Stück Lebensfreude.

In der Küche bereiteten die Frauen sich nebenher Getränke wie Kwaß, und der Alkohol stimmte sie fröhlich und ausgelassen. Die jungen Frauen wurden zunehmend mutiger und neckten uns. Wenn die Mädchen in den Kesseln rührten, konnten wir ihre strammen Waden betrachten. Unser Hunger schien jetzt in eine andere Richtung zu gehen. Doch zu mehr fehlte uns der Mut, obwohl wir wußten, daß es Deutsche gab, die sich so verliebt hatten, daß sie nicht mehr heimkehren wollten. Sie äußerten ihren Wunsch, dazubleiben auch offen vor der Lagerleitung, aber meistens hatten sie keinen Erfolg, und die Szenen der Trennung waren herzzerreißend.

Kriegsgefangene, die Frauen kennenlernten, bildeten eine Ausnahme. Die Lager waren reine Männergesellschaften, abgesehen von einigen wenigen Einrichtungen für kriegsgefangene Frauen, zumeist Rot-Kreuz-Schwestern und Stabshelferinnen. In sehr seltenen Fällen von gemischten Lagern waren die Frauen in Krankenstuben und Lazaretten eingesetzt. Neben den Kriegsgefangenenlagern existierten »Arbeitsbataillone«. Sie bestanden vorwiegend aus deutschen und deutschstämmigen Zivilisten, die von der Roten Armee bei Kriegsende deportiert worden waren, darunter etwa die Hälfte Frauen. Deutsche Kriegsgefangene waren zwar nicht gemeinsam mit ihnen untergebracht, konnten ihnen jedoch während der Arbeit begegnen.

Russische Frauen arbeiteten in den Lazaretten als Krankenschwestern und Ärztinnen oder als Hilfskräfte in anderen Lazarettbereichen. Selten kam es vor, daß Kriegsgefangene mit russischen Arbeiterinnen an den Arbeitsstätten zusammentrafen. In ganz wenigen Einzelfällen sollen deutsche Kriegsgefangene tatsächlich in der UdSSR geblieben sein.

Neugierig betrachten russische Frauen und Mädchen deutsche Kriegsgefangene auf dem Bahnhofsgelände von Selenodolsk, Mai 1946

Irgendwann befand man uns höherer Kochaufgaben für würdig. Die zwei bis drei Küchenfrauen und die Diätschwester leiteten mich beim Kochen an, und so stand ich zwischen den Frauen und hütete meinen Kessel. Die Späße in der Küche ließen die Tage aufregend und schön erscheinen. Das Kurioseste war jedoch, daß ich mich zum Chefkoch hocharbeitete. Doch zunächst zeigte man mir, was Kochen bedeutete. Das Rühren der Kascha war gar nicht so einfach, denn man mußte rechtzeitig das Feuer löschen oder den riesenhaften Kessel von der Kochstelle ziehen, damit das Essen nicht anbrannte. Reis, Mais, Mehl, Kartoffeln, Nudeln und Rüben wurden nach vorgegebenen Normwerten zu einer Brühe verarbeitet. Die Rezepte waren so einfach, daß man ohne fachliche Qualifikation mühelos die Zubereitung bewältigen konnte. Die Kranken waren dankbar für jede Portion, auch wenn sie winzig, dünn und wäßrig war. Wir wußten, daß es für die Schwerkranken mit Diätkost oft die Henkersmahlzeit war und ihre Träume von der Heimat damit zu Ende gingen.

Ich bereitete auch salzfreie Reisgerichte wie Reisbrei oder Reiskuchen, die individuell auf bestimmte Krankheiten abgestimmt wurden. Es schien mir, daß die Russen einen großen Wert auf qualitative Ernährung legten.

Heute vermute ich, daß ich meinen Aufstieg vom Tellerwäscher zum Koch einem Politkommissar verdankte, der mich mehrmals zu einem Gespräch geladen hatte. Er sprach ein fließendes Deutsch. Ich zitterte bei der Vorladung vor Angst, weil ich fürchtete, der Mann würde meine Zugehörigkeit zur Waffen-SS entdeckt haben und mich jetzt deshalb zur Verantwortung ziehen. Wahrscheinlich wußte er davon bereits schon länger. Er hatte etwas ganz anderes im Sinn: Er beauftragte mich, jegliche »kriminellen Handlungen«, vor allem Diebstahl von Nahrungsmitteln, durch das Küchenpersonal unverzüglich zu melden. Vielleicht hegte er bereits einen konkreten Verdacht gegenüber diesen Frauen. Es war verständlich, daß dieses Krankenhaus Begehrlichkeiten bei denen auslöste, die dort arbeiteten. Die einheimische Bevölkerung litt damals noch stark unter den Folgen des Krieges. Im Jahr 1948 waren gewiß noch viele Familien schlechter dran und hatten viel weniger zu essen als wir deutschen Kriegsgefangenen. Wir bekamen Nahrungsmittel geliefert, von denen die sowjetische Bevölkerung nur träumen konnte. Diese Tatsache bildete den Hintergrund für den Verdacht, daß Essen unterschlagen wurde. Man erzählte, daß die Diätschwester von der Lagerwache an der Pforte gefilzt worden war und man bei ihr Butter gefunden hätte. Ich habe nie etwas gesehen, was mich dazu veranlaßt hätte, Meldung zu machen. Ich war auch in mehrfacher Hinsicht naiv, denn ich ahnte nicht, daß die Bewachungs- und Kontrolltätigkeit System hatte und bereits jahrelang praktiziert wurde. Sogar im Krieg war jeder Sowjetbürger diesen Kontrollen unterworfen gewesen.

Diebstähle zu melden war ein sicherlich legitimer, im Interesse aller Häftlinge gelegener Auftrag. Darüber hinaus gehörte aber zu jedem Lager eine Operativ-Abteilung, die nicht der Kriegsgefangenenlagerverwaltung, sondern dem NKWD unterstand.

Der verantwortliche Offizier – oft wegen seiner Kleidung nur »der Blaue« genannt – war für die ideologische »Sicherheit« verantwortlich. Er warb in seinen Lagern Spitzel an; der Richtwert dafür lag bei zehn Prozent der Lagerinsassen. Diese Norm soll leicht zu erreichen gewesen sein. Allerdings war es für den »Blauen« in der Enge des Lagerlebens schwer, mit seinen Spitzeln Kontakt zu halten, ohne daß dies von anderen bemerkt wurde. Zu Verhören gerufen zu werden oder Verbindung zum »Blauen« zu haben war für die anderen Gefangenen Anlaß zum Mißtrauen.

Das habe ich damals alles nicht begriffen. Leider hatte die gute Zeit ein Ende. Es verbreitete sich die Nachricht, daß das Krankenhaus aufgelöst würde; die Leichtkranken sollten nach Hause entlassen, die Schwerkranken verlegt werden. Meine Hoffnung auf Entlassung wurde wieder enttäuscht, als mir der NKWD-Offizier des Lagers eröffnete, daß ich noch nicht nach Hause fahren könne, weil ich bei der Waffen-SS gewesen war. Nun hatte meine Angst vor einer Entdeckung ein Ende, meine Vergangenheit war bekannt.

Arbeit in der Asphaltfabrik; der heiße Asphalt wurde ohne jegliche technische Hilfsmittel auf die Lastwagen verladen; bei Ust-Kamenogorsk in der Kasachischen SSR, nach 1945

Ich wurde zum Küchenleiter des Krankentransports ernannt. Ein Waggon mit zwei großen Feldküchen war mein neuer Arbeitsplatz – mein Titel: »Chefkoch«. Das war das berühmte amerikanische Märchen unter russischen Bedingungen!

Während der Bahnfahrt von Kiev nach Odessa, der nächsten Station meiner Gefangenschaft, hatte ich für die Verpflegung der verbliebenen 140 deutschen Kriegsgefangenen zu sorgen. Ich konnte relativ selbständig in meinem Küchenwaggon arbeiten. Es war schon eine Besonderheit, daß man für den kurzen Zeitraum das Zubereiten einer warmen Mahlzeit wie Kascha und Suppe vorgesehen hatte.

So kam ich im Frühsommer 1948 nach Odessa an die Schwarzmeerküste. Das Lager dort wurde nur das Pflugscharen-Lager genannt. Hier waren Gefangene aller Nationalitäten – Franzosen, Dänen, Holländer, Norweger, Italiener. Die Spanier kochten dort für uns.

Abgesehen von den Osteuropäern, die in der Regel keine deutschen Soldaten waren und von den Sowjets auch nicht so behandelt wurden, hatte es in der Wehrmacht Angehörige weiterer Nationalitäten gegeben – von Engländern, die für ein nationalsozialistisches Großbritannien kämpften, bis zu Indern, die sich von der Wehrmacht die Befreiung Indiens von der britischen Krone erhofften. Offiziell nicht als Ausländer galten die etwa 130 000 Franzosen aus dem Elsaß und aus Lothringen, die zumeist zum Eintritt in die Wehrmacht oder in die Waffen-SS gezwungen worden waren. Hinzu kamen Luxemburger, Belgier und Niederländer – insgesamt etwa 20–30 000 Männer. Mehr als 30 000 von ihnen – exakte Zah-

Gefangene des Lagers Nr. 45 in der Dreherei; die Originalzeile lautete: »Bartl, Koerting und Fith erfüllen das Plansoll mit 160 bis 165 Prozent«

len sind nicht bekannt – sollen in sowjetischen Gewahrsam geraten sein. Sie wurden vorwiegend im Lager Tambov, etwa 400 Kilometer südöstlich von Moskau, untergebracht. Dort sind auch etwa 10 000 von ihnen beerdigt.

Ihre Repatriierung entwickelte sich zu einem Politikum hohen Grades. Den Alliierten wurde im Sommer 1945 deutlich, daß der gemeinsame Beschluß, alle DPs in ihre Heimatländer zurückzutransportieren, schwer durchführbar war. Ein erheblicher Teil der aus der UdSSR stammenden DPs war nicht gewillt, freiwillig heimzukehren. Die sowjetische Regierung beschuldigte nun die Westalliierten, sie würden die DPs gegen deren Willen zurückhalten. Gleichzeitig stellte die UdSSR Frankreich gegenüber ein Junktim zwischen der Repatriierung der sowjetischen Staatsbürger aus Frankreich und der Heimkehr der Franzosen aus der UdSSR her.

Neben den Wehrmachtangehörigen lebten in den sowjetischen Lagern auch Kriegsgefangene aus den anderen ehemaligen Feindesländern der UdSSR, aus Finnland, aus Rumänien, Ungarn, Italien und Japan, um nur die wichtigsten zu nennen. Von kleinen Nuancen abgesehen, war die Behandlung gleich. All diese Kriegsgefangenen kehrten jedoch früher als die Deutschen in ihre Heimatstaaten zurück.

Nachdem ich bis zu diesem Zeitpunkt vor allem aufgepäppelt worden war, mußte ich nun beweisen, daß ich als guter Produktionsarbeiter imstande war, die geforderten Normen zu erfüllen. Das Pflugscharenwerk hatte einen fest gegliederten Arbeitstag mit mindestens acht Stunden. Das Leben normalisierte sich zusehends, die Grenze zur Außenwelt wurde durchlässiger. Man zahlte uns Lohn, wenn wir die Norm erfüllt hatten. Gemeinsam mit den Russen arbeiteten fast alle Insassen des Lagers in dieser Pflugscharenfabrik. Die Arbeitsbedingungen waren ungewohnt schwer, ich stand acht Stunden täglich vor einem glühenden Ofen, in dem Pflugscharen zum Pressen vorbereitet wurden. Mit einer langen Zange mußten die heißen Platten zur Formung zwischen die Presse gelegt werden, die durch Handbedienung den Stahl in die gewölbte Form brachte. Hinter der Presse erfolgte dann die Abkühlung im Wasserbecken durch einen anderen Gefangenen oder Arbeiter. Der Produktionsablauf war relativ einfach, die unpünktliche Bereitstellung von Material erschwerte jedoch oft die geforderte Normerfüllung. Wir arbeiteten meistens zu dritt. Der eine Gefangene machte den Stahl heiß, der zweite preßte, und der dritte kühlte ihn ab. Diese Arbeit hat mich überfordert; ich merkte, wie körperlich schwach ich war und wie sehr ich während der Gefangenschaft abgebaut hatte.

Das Unerträglichste war die brennende Hitze an der Arbeitsstelle. Wenn man am Ofen wenige Schritte zur Seite gehen konnte, war man schon froh. Dazu kam ein heißer Sommer mit über 30 Grad Außentemperatur. Eine Schutzbekleidung hatten wir nicht. Man mußte täglich acht Stunden durchhalten. In der Mittagspause gingen wir wankend hinaus, warfen uns in den Schatten oder liefen ans Meer, um uns abzukühlen. Ich habe mir eine große Verbrennung am Oberschenkel zugezogen durch die starke Hitze, die aus dem Ofen strömte. Insgesamt arbeitete ich ein halbes Jahr dort und bin dann doch nicht daran kaputtgegangen. War die Norm geschafft, verdiente ich zum erstenmal auch Geld und konnte mir davon etwas in der Kantine kaufen – Getränke oder zusätzliches Essen.

Im Lager hatte ich mit Kees aus Holland Freundschaft geschlossen. Wir waren beide jung, gleicher Gesinnung und hatten ähnliche Interessen. Wir redeten viel an den Abenden, außerdem gab es Konzerte; man konnte auch Instrumente spielen. Ich spielte in einer Theatergruppe die Frauenrollen.

Was mich damals am meisten überrascht hatte, war die Tatsache, daß im letzten Jahr der Ausgang immer unkomplizierter gehandhabt wurde. Wenn wir auf den Markt in Odessa gehen wollten, erklärte sich meistens eine Wache bereit, mit uns einen Bummel zu machen. Dort konnten wir dann mit den verdienten Rubeln Piroggen, Teigtäschchen mit verschiedenen Füllungen, und andere Köstlichkeiten kaufen.

Eines Tages ermöglichte man uns den Besuch des prunkvollen Opernhauses, und so kam ich in den Genuß einer wunderbaren Ballettaufführung. Drei Wachen begleiteten uns. Unter der Bevölkerung sind wir nicht besonders aufgefallen. Wir trugen unsere Wattejacken, andere Kameraden besaßen Anzüge. Der Besuch im Opernhaus gehört zu den stärksten Eindrücken meiner Gefangenschaft. Wir sahen das Ballett »Schwanensee«. Wir verließen das Opernhaus nach diesem wunderbaren Abend beglückt und voller Hoffnung für die Zukunft.

In Odessa konnten wir Briefpapier kaufen und so viele Briefe schreiben, wie wir wollten. In Tula hatte keiner ein Stück Papier besessen. Die Gedichte, die ich in Tula abfaßte, hielt ich auf Schindeln fest, die ich auf dem Areal des Lagers gefunden hatte. Den ersten Briefkontakt mit meinen Eltern gab es 1948, nachdem sie drei Jahre lang nichts von mir gehört hatten. Leider brauchte eine Karte nach und aus Deutschland jeweils ein Vierteljahr. Kurz vor meiner Heimfahrt habe ich einen Brief an meine Tante geschrieben und erhielt im März gleich zwei Postkarten von ihr. Das war das erste und letzte Mal, denn bis dahin durften wir nur den Eltern schreiben. Damals schrieb ich ihr: »Ich habe durch die Karten so vieles Interessante von Euch erfahren. Ja, es wird sich viel verändert haben in der langen Zeit, und man ist ein anderer Mensch geworden, der plötzlich das Leben mit ganz anderen Augen sieht. Es ist nicht so, wie man es sich als Kind vorgestellt hat. Auch wenn Ihr Lieben mich gerne vor dieser schweren Zeit bewahrt hättet, so ist es doch eine Schule für mein zukünftiges Leben geworden.«

Schon während des Krieges hatten die Kriegsgefangenen vereinzelt nach Hause schreiben dürfen. Nicht alle Karten und Briefe wurden weitergeleitet, in einigen Fällen dienten sie der Propaganda. Briefe und die Namen der Absender wurden in Sendungen des sowjetischen Rundfunks verlesen, um den Deutschen deutlich zu machen, daß die sowjetische Kriegsgefangenschaft keineswegs so schrecklich sei, wie sie glaubten.

Andere Briefe gelangten auf dem normalen Postweg über die Türkei nach Deutschland, darunter einer des »Stalingrader« Generals Walter Heitz an seine Ehefrau. Er teilte mit, es gehe ihm gut. Er bot an, Anfragen von Familien nach dem Verbleib von Verwandten in sowjetischer Kriegsgefangenschaft zu beantworten. Die Nachricht von diesem Brief verbreitete sich in ganz Deutschland.

Für die sowjetische Propaganda war nicht von Bedeutung, ob das gegebene Versprechen vom General eingehalten werden konnte, sie rechnete mit der psychologischen Wirkung dieser Nachricht und wollte damit Gerüchten über die geringen Überlebenschancen in sowjetischer Gefangenschaft entgegentreten. Der deutsche Sicherheitsdienst (SD) reagierte schnell.

Personen, die von dem Brief erzählten, ihn weiterreichten oder andere schriftlich davon informierten, wurden vorgeladen und unter Androhung von Zwangsmaßnahmen, wie der Einlieferung in ein Konzentrationslager, zum Schweigen gebracht.

Etwa 1946 begann der reguläre Briefverkehr, die Laufzeiten waren lang, oft betrugen sie ein Vierteljahr. Anfangs durften nur Postkarten mit maximal 25 Wörtern geschrieben werden, wobei die Beschränkungen der sowjetischen Zensur zu beachten waren. Durch die Nachrichten aus der Heimat erfuhren viele Gefangene erstmals von ihren zerstörten Häusern daheim, vom Tod naher Verwandter oder auch davon, daß die eigene Frau sich von ihm trennen wollte. Solche Nachrichten, auf die zu reagieren ja nicht möglich war, konnten zu völliger Verzweiflung führen, genauso wie erfreuliche Briefe eine wichtige emotionale Stütze darstellten.

Im Dezember 1949 bin ich dann heimgekehrt, zu Weihnachten war ich wieder bei meinen Eltern. Der Abschied in Odessa spielte sich tatsächlich so ab, wie man es schon oft gehört hat. Wir mußten mit unserem Holzkoffer antreten, es gab den letzten Appell und eine Verabschiedung. In den Reden der Lagerleitung kam die Besorgnis zum Ausdruck, daß wir nach unserer Repatriierung Sowjethetze betreiben könnten. Darüber hinaus dankte man uns für unseren Beitrag beim Wiederaufbau. Dann sind wir zum Bahnhof marschiert. Ich glaube, es war sogar eine Musikkapelle dabei. Auf dem Bahnhof spielten sich dann Szenen ab, die zeigten, welche herzlichen Beziehungen sich zwischen einzelnen Gefangenen und der Zivilbevölkerung entwickelt hatten. Nicht nur Freundschaften, sondern auch Liebesbeziehungen, die nun schmerzvoll getrennt wurden. Kein ehemaliger Gefangener durfte zurückbleiben. Die Arbeiter aus unserem Werk begleiteten uns ebenfalls an den Zug, was wir als eine sehr freundliche Geste empfanden. Viel nahm ich nicht mit. In meinem Koffer befanden sich das blecherne Kochgeschirr und ein paar Gegenstände, die ich mir von dem im letzten Jahr verdienten Geld gekauft hatte. Und ich war eigentlich gesund.

In Frankfurt/Oder kamen wir in der Nacht an. Im Bahnhof erhielten wir unsere Heimkehrerausweise. Man fragte uns, wohin wir reisen wollten. Ich weiß nicht, wie das in anderen Teilen Deutschlands gewesen ist, aber bei meiner Heimkehr am Bahnhof hat sich kein Mensch um uns gekümmert. Daß ich aus Gefangenschaft heimkehrte, sah man höchstens an meinem Holzkoffer. Ich war 23 Jahre alt, kahlgeschoren und hatte eine russische Mütze auf dem Kopf. An den Füßen trug ich Filzstiefel.

Hans Laubsch bei seiner Rede am Ehrenmal für gefallene Sowjetsoldaten am 9. Mai 1950 in Niesky

Mit diesem unspektakulären Empfang teilte Hans Laubsch das Schicksal der meisten Kriegsgefangenen, die in den vierziger Jahren als Einzelreisende heimkehrten. Anders war dies bei geschlossenen Transporten, vor allem aber in den fünfziger Jahren, als es nur noch wenige in Kriegsgefangenschaft lebende Deutsche gab. Dabei handelte es sich um die Kriegsverurteilten, die im Gegensatz zur DDR in der Bundesrepublik aufwendig empfangen wurden.

Daß Hans Laubsch immerhin einen Koffer besaß, unterschied ihn von vielen anderen Heimkehrern – Hans Kampmann zum Beispiel besaß keinen. Während die meisten Gefangenen aus dem westlichen Gewahrsam mit einem gefüllten Rucksack zu Hause eintrafen, besaßen diejenigen, die aus der UdSSR heimkehrten, bis etwa 1948/49 nichts anderes als ihre Kleidung. Erst als die Kriegsgefangenen in der UdSSR »reicher« wurden, ergab sich ein Bedarf an Aufbewahrungsbehältnissen. Da Leder unerschwinglich, Holz jedoch in ausreichendem Maße vorhanden war, fertigten die Gefangenen Holzkoffer an, die dann den Heimreisenden als Rückkehrer aus sowjetischer Gefangenschaft auswiesen. Viele Kriegsgefangene haben diesen Koffer samt seinem Inhalt bis zu ihrem Lebensende aufbewahrt.

Mit der Heimkehr von Hans Laubsch zum Jahresende 1949 war die Repatriierung der deutschen Kriegsgefangenen aus der UdSSR offiziell abgeschlossen. Zurück aber blieben diejenigen, die wegen Kriegsverbrechen verurteilt worden waren und aus sowjetischer Sicht als Strafgefangene galten. Ihre Situation »beruhigte« sich nun insofern, als allen bewußt war, daß sie sich dauerhaft in der Gefangenschaft einrichten mußten. Gleichzeitig wurden sie immer mehr zu »normalen« Arbeitskräften mit wesentlich mehr Bewegungsfreiheit als früher.

Ab 1949 konnten Paketsendungen aus der Bundesrepublik in die Gefangenenlager geschickt werden. Mit diesen westlichen Konsumgütern wurden die deutschen Kriegsgefangenenlager in den fünfziger Jahren in den Augen der sowjetischen Bevölkerung mitunter zu »reichen Dörfern«.

Am Bahnhof Niesky hat mich niemand erwartet. Ich hatte meine Rückkehr nicht angekündigt, aber dennoch standen sie alle vor dem Haus, als ich kam. Wir waren alle zu Tränen gerührt. Meine Schwester war zwölf Jahre alt gewesen, als ich sie verlassen hatte und nun siebzehn – welch ein Unterschied! Meine Eltern waren sichtlich älter geworden.

Ich genoß das normale Essen, und ich konnte wieder in meinem eigenen Bett schlafen. Das war das größte Geschenk: ein weiches Bett und die Tatsache, daß ich wieder an einem gedeckten Tisch Platz nehmen konnte. Nun erhielt das Wort Freiheit eine völlig neue Bedeutung. Mich beflügelte ein ungeheurer Optimismus, als könne ich nun unmittelbar dazu beitragen, die Welt friedlicher, gerechter und freundlicher zu machen.

Die Freude über meine Heimkehr ließ das Weihnachtsfest 1949 zu einem besonderen Fest werden. Für mich war es wie ein Rausch von Glückseligkeit. Hurra, ich lebe noch, Tränen der Freude, Harmonie und Herrlichkeit, Geschichten aus der Vergangenheit, Pläne für die Zukunft und Versäumtes, Entbehrtes nachholen – das Essen, das Trinken und das Schlafen – lebenstüchtig werden.

Ich bin am Tag nach der Heimkehr auf das Kreisratsamt gegangen. Der Schulrat hat sich mit mir unterhalten, und nach kurzer Zeit wurde ich als Neulehrer in Kosel, einem Dorf bei Niesky, verpflichtet. Am Siegestag, am 9. Mai 1950, trat ich dann mit einer Rede vor dem sowjetischen Ehrenmal in Niesky auf. Wahrscheinlich war meine Gefangenschaft in der Sowjetunion ein Anlaß, mich als Redner auszuwählen. Ich konnte deutlich machen, daß ich mich befreit fühlte. Unausgesprochen spürte ich aber auch eine wachsende Fremdheit in der Familie. Spätestens seit meinem Auftreten am sowjetischen Ehrenmal in Niesky, der Dankesrede über die humane Behandlung durch die Sieger im Gefangenenlager, wurde der ohnehin schon vorhandene Riß zwischen Vater und Sohn wieder deutlich. Ich kam nicht mit Widersprüchen im politischen Denken in die Heimat zurück, mein Vater aber stand dem neuen politischen System negativ gegenüber.

Ein Gefühl der Zusammengehörigkeit, das sich zwischen Heimkehrern im Westen bildete, wurde in der DDR nicht angestrebt. Ich kenne die Gründe dafür nicht. Nach 1989 wurde versucht, den Heimkehrerverband in den neuen Ländern zu etablieren. Ich bekam die Zeitung »Der Heimkehrer« in die Hand, es bildeten sich auch Heimkehrervereine in einzelnen Orten. Das habe ich mit Interesse verfolgt. Auch in Niesky kamen ehemalige Kriegsgefangene zusammen. Ich bin dort zweimal hingegangen, aber sie diskutierten nur über das Geld, das sie aufgrund der Teilung Deutschlands nicht erhalten hatten, da verlor ich das Interesse.

In der Bundesrepublik war nach langen und heftigen Diskussionen am 30. Januar 1954 das Kriegsgefangenenentschädigungsgesetz verabschiedet worden. Es sah vor, daß jeder, der nach dem 31. Dezember 1946 heimgekehrt war, eine Entschädigung für den nach diesem Datum liegenden Zeitraum erhielt. Das traf auf etwa 2,5 der etwa elf Millionen Kriegsgefangenen zu, die keineswegs nur in der Bundesrepublik, sondern auch in Österreich und der DDR wohnten. Die Entschädigungssumme lag so niedrig, daß nur die sehr spät Heimkehrenden nennenswerte Summen erhielten.

Insgesamt waren Krieg und Gefangenschaft für mich eine schmerzvolle Lebenskrise. Ich haßte den Krieg. In der Wiederkehr der Bilder und Gefühle liegt heute noch etwas Unerträgliches. Ich war umgeben von Brutalität, Zerstörung, Blut, Asche und namenlosem Elend, innerlich leer und ohne Hoffnung. Das Kriegsende erlöste mich von der Todesfurcht. Daß ich überlebt hatte, war das Unglaubliche. Danach hatte ich Angst vor der Rache. Anstelle von Vergeltung sprach man aber von Wiedergutmachung. In Gefangenschaft versuchte ich zu verstehen. Ich sah mit den Augen des Täters und des Opfers das Land und die Menschen des ehemaligen Gegners. Die westliche Überheblichkeit gegenüber den östlichen Völkern und deren Lebensweise begann mich zu stören. Meine Werte wandelten sich. Ich siegte über Vorurteile, das Fremde wurde mir vertraut. Das Ertragen von Entbehrungen und Entsagungen, wie Unfreiheit, Hunger, Besitzlosigkeit und Liebe, machte mich lernfähiger und stärker.

In der Nachkriegszeit war die Anpassung an die Siegermacht und deren Ideologie keine Seltenheit. Ich bin ihr, nach neuer Orientierung suchend, nicht ausgewichen und habe sie denkend angenommen. Zwischen Anpassungsdruck und eigener Überzeugung hat mich der Zweifel lebenslang begleitet. In den Lebenserfahrungen dieser Zeit sehe ich auch heute noch einen Sinn.

»Da verließ ich den Verein und machte mich selbständig«

Marsch in die Kriegsgefangenschaft auf der Autobahn bei Gießen, März 1945

»Da verließ ich den Verein und machte mich selbständig«

Meinhard Glanz: Kampf in Afrika, Kapitulation in Kärnten, Flucht am Rhein

1924 als Sohn einer deutsch-national eingestellten Arztfamilie geboren, bewarb er sich noch während seiner Schulzeit als Kriegsfreiwilliger. Er stammt ebenso wie Heinz Fiedler aus Gotha in Thüringen. Nach dem Abitur, mit siebzehn Jahren, wurde er im März 1942 eingezogen. In Gefangenschaft geriet er im Mai 1945 in Süd-Österreich, aber schon nach einem Vierteljahr gelang ihm die Flucht aus einem französischen Rheinwiesenlager. Zu Weihnachten 1945 kehrte er heim. Zum Medizinstudium siedelte er in den Westen über. Infolge der Korea-Krise trat er in die Bundeswehr ein, aus der er als Inspekteur des Heeres ausschied.

Meinhard Glanz 1942 und als Vorsitzender des Verbandes Deutsches Afrika-Korps auf einer Gedenkfeier in El Alamein, Oktober 1992

Bereits mit sechzehn Jahren, 1941, bewarb ich mich als Kriegsfreiwilliger und wurde zunächst als Marine-Reservesanitätsoffiziersanwärter angenommen. Die Ausbildung sollte erst später beginnen. Ich hatte aber Angst, bis dahin könnte der Krieg zu Ende sein. Also versuchte ich es bei der Panzertruppe und wurde nach meinem regulären Abitur im März 1942 mit siebzehn Jahren eingezogen. Freiwillig meldete ich mich zum Afrika-Korps, wurde dort aber schwer verwundet und war dann nicht mehr infanterietauglich. Als ein Englisch sprechender tropentauglicher Kradfahrer gesucht wurde, ging ich zum Sonderverband 287. Zuerst war ich in Griechenland eingesetzt, bei Kriegsende kämpften wir im Raum Österreich-Jugoslawien gegen die Rote Armee. Die Angehörigen des Sonderverbandes trugen wegen seines speziellen Auftrags die Uniform des Afrika-Korps. Das Gefühl, Freiwillige mit besonderen Qualifikationen zu sein – wir sprachen fast alle Englisch –, verlieh uns das Bewußtsein einer Elite. Wir hielten zusammen. Das galt nicht nur unter uns Mannschaftsdienstgraden (ich bin erst vierzehn Tage vor Kriegsende zum Fahnenjunker-Unteroffizier befördert worden), sondern auch im Verhältnis zu unseren Vorgesetzten. Einige Tage vor der Kapitulation der Wehrmacht, am 6. Mai 1945, wurde entschieden, daß die Truppen, die im Raum Steiermark/Kärnten/Jugoslawien standen, für den Fall der Kapitulation den geschlossenen Marsch nach Westen vorbereiten sollten. Mit

Kriegsende in Afrika; 252 000 deutsche Soldaten geraten in Kriegsgefangenschaft, Mai 1943

Bekanntwerden der Kapitulation traten wir auf ein Stichwort aus dem Raum Marburg/Maribor den geschlossenen Marsch an – von der Front gegen die 3. ukrainische Front der Sowjetunion in Richtung Westen, den Alliierten entgegen. Anders als in vielen anderen Fällen an der Ostfront war das keine Flucht, es handelte sich vielmehr um einen Kriegsmarsch unter Gefechtsbedingungen – auch unter Gefechten gegenüber Partisanenverbänden, die uns aufhalten wollten. Es kam für uns darauf an, geschlossen die englische Front zu erreichen – mit der Absicht, dort auch zusammenzubleiben.

Bis zum Schluß haben wir gekämpft, wir wollten den Krieg noch am letzten Tag gewinnen. Dann brach für uns eine Welt zusammen. Wir waren erschüttert, daß wir Deutschen wieder einen Krieg verloren hatten. Wir hatten doch diesen Krieg auch gewinnen wollen, weil es unseren Vätern im Ersten Weltkrieg nicht geglückt war. Mir fällt kein Zeitpunkt vor der Kapitulation ein, an dem wir daran gedacht hatten, wir könnten den Krieg verlieren, das kam erst mit der Kapitulation. Die militärische Lage war zwar immer schwieriger geworden, aber die Nachrichten und Meldungen über Wunderwaffen, Vergeltungswaffen und dergleichen hatten uns in dem Glauben bestärkt, den Endsieg doch zu erringen. Wir junge Kerls haben aus unserer Mannschafts-Frosch-Perspektive nicht übersehen, daß der Krieg schon lange vorher verloren war.

Am 13. Mai 1945 trafen wir beim V. Britischen Korps im Raum Klagenfurt/Kärnten ein. Von unserer Gewahrsamsmacht war nicht viel zu sehen. Meine Einheit wurde, wie die anderen auch, in einen Sammelraum in der Nähe von St. Veit an der Glan eingewiesen, wo wir ein Feldbiwak aufschlugen – mit Waschständen, Feldlatrinen und Zelten, wie wir es gewohnt waren. Die militärischen Befehlsverhältnisse blieben bestehen, die Engländer tauchten nur gelegentlich als Verbindungskommandos auf. Wir wurden nicht gefilzt und nicht bewacht und konnten uns frei bewegen. Wir behielten unsere Waffen und Fahrzeuge und verpflegten uns aus den noch vorhandenen Wehrmachtbeständen. Ab Anfang Juni erhielten wir dann britische Armeerationen – mit Ausnahme von Alkohol und Zigaretten –, was uns nicht allzu sehr berührte, denn davon hatten wir selber noch genug.

Es sei daran erinnert, daß Hans Laubsch nur 170 Kilometer weiter nördlich in Gefangenschaft geriet. Er war wesentlich härteren Bedingungen ausgesetzt, obwohl seine Einheit zu derselben Heeresgruppe gehörte wie die von Meinhard Glanz.

Die Briten als Gewahrsamsmacht ließen die militärische Infrastruktur der Deutschen intakt. Sie wiesen den deutschen Verbänden lediglich Verfügungsräume zu, da sie sich personell nicht in der Lage sahen, binnen kurzem derart große Menschenmengen zu kontrollieren, zu entwaffnen, zu bewachen und zu versorgen. Derartige »Internierungslager« gab es auch in Italien. Im Jahr 1945 waren etwa 150 000 deutsche Kriegsgefangene am Strand von Rimini unter Führung des »deutschen Hauptquartiers Bellaria« ähnlich untergebracht wie die Einheit von Meinhard Glanz. In Norddeutschland schufen die Briten vier vergleichbare Verfügungsräume. Den Waffen-SS-Einheiten wurde allerdings mit der Halbinsel Nordstrand eine gesonderte, besser kontrollierbare Zone zugewiesen.

Mit den wenigen Vorräten der Briten und noch vorhandenen Wehrmachtbeständen wurden die Soldaten versorgt. Die Aufrechterhaltung der militärischen Strukturen gewährleistete, daß es nicht zu dem für die anonymen Lager typischen Kampf »Jeder gegen jeden« kam. Die Verpflegung wurde gleichmäßig verteilt und die Kranken- und Verwundetenversorgung garantiert. Das großzügige Verhalten der Briten bestärkte die Deutschen allerdings in der weitverbreiteten Illusion, bald zusammen mit den Westalliierten gegen die UdSSR anzutreten.

Unser Verband trug noch die Tropenuniform; die Engländer, die uns gegenüberstanden, hatten in Nordafrika gekämpft, und der ge-

Deutsche Soldaten und Rot-Kreuz-Helferinnen werden am Westufer der Elbe den Amerikanern überstellt, Mai 1945

genseitige Respekt der Kriegsgegner an der nordafrikanischen Front blieb spürbar. Dieses Verhältnis hat sich auch während der gesamten Zeit in britischem Gewahrsam nicht geändert. Wir hatten beim Engländer das morgendliche Antreten und die abendliche Befehlsausgabe. Ansonsten besaß jede Kompanie einen Dienstplan, der uns viel Freizeit, viel Ruhe gestattete, aber auch nicht ins Gammeln geraten ließ. Kulturelle Aktivitäten und Sportwettkämpfe fanden statt, aber spontan und nicht organisiert.

Jetzt hatten wir Zeit, über unsere Zukunft nachzudenken. Angst, den Russen überstellt zu werden, wie es anderen passiert ist, hatten wir eigentlich nicht. Wir haben uns nicht in Gefangenschaft gefühlt. Unsere Gedanken über die Zukunft waren sehr einfach. Der Krieg war zu Ende, die Soldaten hatten auf deutscher Seite ihre Daseinsberechtigung verloren. Mit uns konnte keiner mehr etwas anfangen, so glaubten wir. Und da wir ja nicht gefangengenommen worden waren, sondern uns gestellt hatten, zweifelten wir nicht daran, bei erster Gelegenheit nach Hause transportiert und dort entlassen zu werden – wohl wissend, daß im kriegszerstörten Deutschland dringend Kräfte zum Wiederaufbau gebraucht wurden. Wir wollten an das Leben zu Hause dort wieder anknüpfen, wo wir aufgehört hatten. Diese Zuversicht hatte auch damit zu tun, daß wir eine sehr geschlossene Gruppe waren. Wir hatten auch keine Probleme mit den Österreichern unter uns, sie waren noch während des Marsches zu den Engländern offiziell aus der Wehrmacht entlassen worden. Dazu lag auch ein Befehl der Heeresgruppe vor. Große Unterschiede in der politischen Einstellung zwischen Nazis und Nicht-Nazis waren bei uns nicht vorhanden. Bis auf wenige Ausnahmen kamen wir alle aus der Hitlerjugend, wir hatten keine Erfahrung mit demokratischen Verhältnissen. Es gab Meinungsverschiedenheiten über Mittel und Wege, so in dem Sinne, man hätte damals das oder jenes tun sollen, aber es gab keine ideologischen Differenzen. Die Schreckensbilder aus den KZs, die haben wir in der Gefangenschaft niemals zu sehen bekommen. Das alles haben wir erst später, nach der Entlassung erfahren. Wir waren in einer beinahe »splendid isolation«.

Zu den anderen Einheiten im Internierungsraum hielten wir kaum Kontakt, der Umgang war kameradschaftlich, ohne Spannungen – die entstanden auch nicht wegen der Lebensmittelversorgung. Überall herrschte tiefe Enttäuschung über den verlorenen Krieg. Kontakte zur Außenwelt besaßen wir in dieser Zeit nicht; der Briefverkehr war abgerissen, und Inspektionen des Roten Kreuzes, Lieferungen von Hilfsorganisationen oder geistliche Betreuung gab es nicht.

Die Briten stellten keine Erwartungen an uns, wir wurden auch nicht zu Hilfsdiensten herangezogen. Allerdings kursierte das Gerücht, man würde uns zusammen mit den Briten gegen die Tito-Partisanen einsetzen – genährt von Aktionen britischer Spähtrupps, bei denen Englisch sprechende Gefangene als Dolmetscher mitgenommen wurden. Ich mußte mich zweimal in einem Spähpanzer in Tropenuniform und mit dem Ärmelband »Afrika« in die Luke stellen und den Stahlhelm aufsetzen – mit der Weisung, grimmig dreinzuschauen und kein Wort zu sagen. Bei diesen Spähtruppunternehmungen erfuhren wir, daß die Engländer die Tito-Verbände suchten, die entgegen der Absprachen den südlichen Teil Kärntens besetzt hatten. Sie verhandelten und machten deutlich, daß sich die Verbände innerhalb einer bestimmten Frist über die alte österreichische Grenze hinweg zurückgezogen haben müßten, andernfalls würde Gewalt angewendet werden. Da wir die Stärke der Engländer (eine schwache Division) und die der Tito-Verbände kannten (die 4. Operationsfront), war uns klar, daß die Anwendung von Gewalt ohne deutsche Soldaten nicht möglich sein würde.

Auch in anderen Regionen – dazu äußert sich auch Johann Lampert – wurden deutsche Verbände als »Hilfstruppen« der Briten eingesetzt – allerdings nur gegen Partisanen oder Banden von Displaced Persons (DPs). Solche Gruppen hatten sich in der rechtlosen Zeit kurz vor oder nach der Kapitulation gebildet, sei es, um sich selbst zu versorgen, sich an der deutschen Bevölkerung zu rächen oder um sich zu bereichern. In den Besitz von Waffen zu gelangen war in dieser Zeit einfach und die Hemmschwelle, sie einzusetzen, niedrig.

Der britische Premierminister Winston Churchill galt zwar als ein erklärter Kommunistenfeind, es fanden auch inoffizielle Gespräche zwischen deutschen und britischen Offizieren statt, aber um eine wirklich realistische Option der britischen Politik handelte es sich nicht. Die Sowjetunion unterstellte den Briten immer wieder, sie hätten die Absicht, die deutschen »internierten« Verbände gegen die UdSSR einzusetzen. In dieser Position kamen aber weniger sachlich begründete Befürchtungen zum Ausdruck als vielmehr die ersten Anzeichen des Kalten Krieges – gegenseitiges Mißtrauen und überzogene Befürchtungen. Später entstand in den USA auch das Gerücht von der Paulus-Armee, die angeblich in der UdSSR zum Einsatz gegen den Westen bereitstand.

Heute klingt das unglaubwürdig, für uns aber schien das damals schlüssig, waren wir doch am 9. Mai 1945 offiziell von unserer Einheit aus der Wehrmacht entlassen und einen Tag später, am 10. Mai, wieder eingestellt worden. Wir sahen darin den Beweis, noch gebraucht zu werden. Nachträglich vermute ich, daß einer meiner Vorgesetzten den Entlassungsbefehl rückgängig gemacht hatte, damit wir den Status von Soldaten beibehielten und in Gefangenschaft unter dem Schutz der Genfer Kriegsgefangenenkonvention stehen würden.

Am 18. Juni teilte man uns mit, daß die Verkehrsverbindungen nach Deutschland wiederhergestellt seien. Wir würden nunmehr in die Heimat zurücktransportiert werden, nachdem auch Kärnten von den Tito-Verbänden geräumt worden sei. Man bedankte sich in höflicher, auch schriftlicher Form bei uns für unsere Anwesenheit – ich habe den Befehl selbst gesehen und übersetzt. Man teilte uns mit, man werde uns als Dank in Süddeutschland entlassen. Wir könnten dort in Arbeitsgruppen zusammenbleiben, um beim Wiederaufbau des zerstörten Fernmeldenetzes zu helfen. Es brauche also niemand Sorge um eine ungewisse Zukunft zu haben. Dies gelte vor allem für diejenigen, die in den verlorenen Ostgebieten zu Hause seien. Das war also eine fast väterliche Verabschiedung.

Nachdem wir die Waffen und die Fahrzeuge abgegeben und dabei unbrauchbar gemacht hatten, verluden die Briten uns ohne Filzung auf Fahrzeuge, brachten uns zum Bahnhof, und wir fuhren los ohne einen englischen Soldaten – ein rein deutscher Transport mit österreichischem Bahnpersonal. In München stieg ein amerikanisches Kommando zu, das uns nach Göppingen in die amerikanische Zone brachte. Einige von uns sind unterwegs »ausgestiegen«. Wir hatten in unserer Einheit fünf Prozent Österreicher, etwa zehn Prozent Bayern, dann einen großen Anteil – etwa 30 Prozent – Süddeutsche, und

Deutsche Soldaten überqueren bei ihrem Marsch in die Kriegsgefangenschaft eine provisorische Brücke, 1945

die übrigen waren hauptsächlich Preußen, wenige Sachsen und Thüringer. Die Bayern setzten sich ab. Was aus ihnen geworden ist, weiß ich nicht. Ich habe nie wieder von ihnen gehört. Aber die große Masse blieb dabei, wir glaubten ja, eine Zukunft vor uns zu haben. Wir sahen auch gar keinen Grund, uns zu »verziehen«, weil wir bisher einwandfrei behandelt worden waren. Die tatsächliche Lage in Deutschland konnten wir nicht abschätzen, wir hatten keinen Kontakt zu unseren Angehörigen mehr.

Am 20. Juni 1945 erreichten wir Göppingen und wurden nach Wasseralfingen weitertransportiert – noch immer als geschlossener militärischer Verband. Wir wurden sehr freundlich von amerikanischem Personal empfangen, allerdings sahen wir dort zum erstenmal die Stöcke der MP (Militärpolizei). Sie benutzten sie nicht, sondern trugen sie nur lässig in der Hand; das imponierte uns. Am nächsten Tag kamen wir in ein Auffanglager in Unterrombach bei Aalen/Württemberg, und man teilte uns mit: »Die Entlassung wird vorbereitet, bitte Ruhe bewahren, keine Angst, alles geht in Ordnung.« Das Auffanglager hatte eine Torwache, aber ich kann mich nicht erinnern, Wachtürme oder Wachpersonal gesehen zu haben. Wenn man hinauswollte, mußte man am Tor lediglich mitteilen, daß man in die Stadt geht und bestimmt wieder zurückkommt – das war's.

Die Menschen in der Stadt erzählten uns vom Bombenkrieg und von den Tieffliegern. Das beeindruckte uns am meisten. Ich selbst war zwar das letzte Mal im Frühjahr 1944 zu Hause gewesen, aber in meiner Heimat in Thüringen waren noch keine Bomben gefallen. Man hatte aber davon gehört. Ja, aus der Bevölkerung brach das geradezu heraus, was sie erlebt hatten. Und sie haben uns um Rat gefragt, wie es denn weitergehen soll. Das war für uns nicht sehr ersprießlich, deswegen haben wir auch gar keinen weiteren Kontakt gesucht. Wir blieben im Lager, das innere Gefüge der Kompanien blieb unerschüttert. Wir lebten immer noch in dem Glauben, wir würden hier entlassen bzw. wir würden in eine Wiederaufbaueinheit eingegliedert. Wir erhielten auch Entlassungsfragebögen und Bewerbungsformulare.

Auf die Überprüfung der Kriegsgefangenen legten die Amerikaner großen Wert. Angehörige der Waffen-SS, die aufgrund ihrer Blutgruppen-Tätowierung identifiziert wurden, verbrachte man grundsätzlich in spezielle Lager. Darüber hinaus mußte jeder Soldat aber auch detaillierte Fragebögen, sogenannte CROWCASS-Bögen, ausfüllen, die über seinen bisherigen Lebensweg und seine Verbindung zu nationalsozialistischen Organisationen Auskunft geben sollten. Vermeintlich oder tatsächlich als »Nazis« identifizierte Kriegsgefangene wurden dann in den »Automatical Arrest« – und damit in zivile Internierungslager überführt.

Die Amerikaner als Gewahrsamsmacht haben uns aus Wehrmachtbeständen gut versorgt und in Ruhe gelassen. Nach etwa vier Tagen kamen wir nach Reichenbach bei Aalen, dabei wurden die Offiziere von uns getrennt. Das gab uns noch nicht zu denken, weil immer wieder beteuert wurde: »Ihr werdet entlassen oder bleibt freiwillige Arbeitskräfte. Wir brauchen euch, ihr seid Spezialisten.« Wir haben auch in diesem Lager nie mit anderen Kontakt gehabt. Wir waren ein geschlossener, sehr selbstbewußter Verein. Am 3. Juli 1945 wurden wir dann aus diesem Lager wieder abtransportiert. Da kamen uns zum erstenmal Zweifel, denn jetzt wurden auch die Portepée-Unteroffiziere von uns getrennt. In der Zeit davor hatte man uns ständig – so muß ich das heute werten – hingehalten: Wir mußten Entlassungsanträge, Formulare, Anträge auf Arbeitsgenehmigung und dergleichen ausfüllen. Wir glaubten bis zuletzt, in eine klare Zukunft zu blicken. Erst als wir unsere älteren Unteroffiziere verloren und – zum erstenmal unter Waffenandrohung, aber immer noch ohne Filzung – auf die großen Sattelschlepper getrieben wurden und sich die Lkws in Bewegung setzten, da wurde uns mulmig. Wir fuhren nach Norden – tagsüber, nachtsüber, ohne Pause. Am 4. Juli 1945 kamen wir um vier Uhr morgens im Lager Siershahn im Westerwald an. Die Amerikaner ließen uns absitzen, wir hörten französische Rufe und Laute. Die Franzosen empfingen uns mit deutsch sprechendem Personal. Wir waren etwa 600 Mann, sie ließen uns antreten und Hundertschaften bilden, wobei wir selbstverständlich kompanieweise zusammenblieben und auch schummelten, wenn es notwendig war.

Das Lager Siershahn gehörte zu den provisorischen Lagern, die gegen Kriegsende von den Amerikanern eingerichtet worden waren und unter dem Namen »Rheinwiesenlager« bekannt wurden. Anders als die Briten, die den deutschen Einheiten Verfügungsräume zuwiesen, legten die Amerikaner fast zwanzig provisorische Lager an – von Heilbronn und Ludwigshafen im Süden bis Büderich und Rheinberg am Niederrhein im Norden. Sie waren im allgemeinen für etwa 100 000 Gefangene geplant und in Unterabteilungen, »Cages«, zu je 5000 Mann gegliedert. Sie bestanden in aller Regel aus einem offenen, mit Stacheldraht umzäunten Feld am Rand von Ortschaften in der Nähe einer Bahnstrecke. Bauernhöfe oder Fabrikgebäude dienten als Verwaltungsgebäude, Lager und Lazarett.

Ende Juni/Anfang Juli – im Fall von Siershahn am 9. Juli 1945 – wurden die Lager an die jeweiligen Besatzungsmächte übergeben, in deren Zonen sie sich befanden – im Gebiet des späteren Bundeslandes Rheinland-Pfalz an die Franzosen und im späteren Nordrhein-Westfalen an die Briten.

Wir erreichten ein Areal, das von der Gesamtanlage ein wenig abgesetzt war. Wir hatten den Eindruck, es sei neu eingezäunt worden. Das waren unberührte Flächen. Da kam in uns eine Stimmung auf, die hieß: »Uns kriegen sie nicht klein!« Wir sind einmarschiert und haben bis zuletzt – verrückt, wie wir waren – die militärische Ordnung bewahrt. Wir sind wie gewohnt angetreten und in Kolonne marschiert – zur Verwunderung der armen Kerls, die schon länger in dem Lager waren. Wir haben also Haltung und Zusammenhalt, Ordnung und Disziplin gewahrt wie in einer aktiven Kompanie.

Vor dem Transport in eines der Sammellager wird das Gepäck der deutschen Soldaten von Amerikanern inspiziert, Frankreich 1944

Wir hatten unser Gepäck dabei, zweimal Wäsche, Zeltbahnen, Wolldecken und dergleichen; wir sind niemals gefilzt worden. Wir haben allerdings sehr schnell an andere Kameraden aus den benachbarten Bereichen Sachen abgegeben, weil diese oft nicht mehr besaßen, als sie am Leibe trugen. Unsere Hundertschaftsführer – Unteroffiziere, nicht gewählt, sondern der jeweils Älteste – sorgten dafür, daß auch geordnet geteilt wurde. Mit den verbliebenen Zeltbahnen bauten wir unsere Feldzelte.

Ordnung herrschte auch beim Wasserholen und bei der Verpflegungsausgabe. Es gab amerikanische Rationen, aber ein Tagessatz mußte bei uns drei bis vier Tage reichen. Da allerdings jeder noch in seinem Seesack Verpflegungsbestände mit sich führte, konnten wir uns damit helfen. Wir haben also bis zu dem Tag, an dem ich das Lager verließ, zwar schmale Kost gegessen, aber nicht wirklich gehungert.

Mit den anderen Kriegsgefangenen hatten wir wenig Kontakt. Man suchte vielleicht nach Landsleuten und wollte Neuigkeiten hören, doch generell zogen wir uns zurück in die Geborgenheit des Kompaniegefüges. Das sage ich jetzt nachträglich. Damals war das keine Sache der Überlegung, man ging einfach zurück in die Gruppe.

Die Beibehaltung militärischer Regeln erwies sich unter den angetroffenen Umständen für die Gruppe von Meinhard Glanz als eine gut funktionierende und das Überleben garantierende Verhaltensstrategie. Sie vermittelte das Gefühl von Sicherheit und verhinderte den Kampf »jeder gegen jeden«, der ansonsten üblicherweise in den Lagern vorherrschte. Die von den Entbehrungen Geschwächten und Erkrankten hatten in einem solchen Kampf keine Chance.

Was wir von den anderen Kriegsgefangenen hörten, machte uns nachdenklich. Uns erreichten jetzt ausführlichere Nachrichten vom Kriegsgeschehen. Wir hatten ja nur den Balkan und den Abschnitt in Österreich gekannt. Das war für uns der Mittelpunkt der Welt gewesen. Zeitungen hatte es nicht gegeben, wir hatten keine Rundfunkempfänger besessen.

Gelegentlich hatten wir bei der Bevölkerung mithören können, aber uns erreichten keine regelmäßigen und zuverlässigen Informationen. Fassungsloses Erstaunen überkam uns im Lager Siershahn, als wir in den Gesprächen mit anderen erfuhren, was in Deutschland geschehen war. Uns trieb die Sorge: »Wie sieht es zu Hause aus?«. Und wir waren auch im nachhinein noch froh, daß wir niemals auf deutschem Boden hatten kämpfen müssen. Bis zum letzten Tag hatten wir außerhalb der Reichsgrenzen gekämpft. Bei den anderen Gefangenen in Siershahn erlebten wir ein ähnlich fassungsloses Erstaunen über unsere Berichte. Viele von ihnen betrachteten wir als Defätisten, als Gestalten, die sich allem Anschein nach selbst aufgegeben und schon lange nicht mehr an den Endsieg geglaubt hatten. Was die anderen Kriegsgefangenen wiederum von uns dachten, das weiß ich nicht. Das zu erfahren war uns auch nicht wichtig.

Das System der Lagerverwaltung fanden wir in Ordnung, es funktionierte nachvollziehbar und auch zuverlässig. Wir waren zwar nicht zufrieden, aber wir nahmen die bestehenden Verhältnisse klaglos hin. Wir fügten uns in das System ein, wir waren Teil des Systems. Von den Franzosen sahen wir nur die Posten auf den Türmen und die

Im amerikanischen Kriegsgefangenenlager Dietersheim bei Bingen; die Gefangenen hausen in Erdlöchern und unter Zeltbahnen, Juni 1945

Streifen an den Zäunen. Das waren Kolonialtruppen. Eine Lagerpolizei haben wir nicht erlebt; wir hielten unsere eigene Ordnung. Irgendwelche Befragungen oder Verhöre gab es nicht. Zur Zivilbevölkerung hatten wir keinen Kontakt, unser Camp grenzte nicht an einen Außenzaun. So unglaublich das klingt, mit der deutschen Lagerverwaltung, die ja existierte, haben wir nichts zu tun gehabt. Wir hatten keine Kranken, irgendwelche Veranstaltungen wurden nicht angeboten. Wir erlebten die deutsche Lagerverwaltung nur bei der Verpflegungsausgabe, Mißbrauch haben wir dabei nicht bemerkt.

So problemlos wie Meinhard Glanz haben andere die provisorischen Lager bei Kriegsende nicht erlebt. In dem Bericht von Johann Lampert (siehe Seite 186f.) wird zum Beispiel deutlich, wie sehr der einzelne Gefangene der Rücksichtslosigkeit einzelner Gruppen ausgeliefert war. Neben der in jeder Hinsicht unzureichenden Versorgung durch die Gewahrsamsmacht – Amerikaner, Franzosen oder Briten – wird vor allem immer wieder beklagt, daß die deutsche Lagerleitung von dem wenigen, was vorhanden war, gut lebte, während die Kameraden um so mehr hungerten.

Ohnehin hatten wir uns selbst eine tägliche Ordnung gegeben: Feste Zeiten für die Benutzung der Wasserstellen zum Waschen und für die Zubereitung der Mahlzeiten, die wir in Form von Päckchen erhielten und die zum Teil mit Wasser angerührt werden mußten. Das lief also nicht so ab, daß nach der Verpflegungsausgabe gefuttert wurde, sondern wenn um 10.00 Uhr das Essen ausgegeben wurde, dann war um 13.00 Uhr Essenszeit. So strukturierten wir den Tag. Dazu bedurfte es keiner Befehle von Vorgesetzten, die verbliebenen Unteroffiziere waren ja ungefähr in demselben Alter wie die Mannschaften. Freiwillig wurde ein Lagerleben nach den Regeln eines HJ-Zeltlagers eingehalten. Das kannten wir alle. Im Rückblick kann ich sagen, das war für manchen ein Segen, fast die Rettung, daß er in einer fest gefügten Gruppe verbleiben konnte. Ich erinnere mich an einen Kameraden, der in Verzweiflung versank, als er erfuhr, daß seine Heimatstadt stark zerstört worden war, und nicht wußte, wie es seiner Familie ergangen war. Wir haben ihn in unsere Mitte genommen und versucht, ihn wieder aufzubauen. Wir haben uns mit ihm unterhalten, ihn reden lassen und dann erfundene Schicksale erzählt: »Dem Kumpel dahinten, dem ging's ähnlich. Ein anderer kam dann und sagte: ›dein Haus ist stehengeblieben.‹« – und solche Geschichtchen. Sie waren primitiv, aber wohlgemeint kameradschaftlich. Es hat kein Gezänk, keinen Krach, keinen Streit gegeben, ich kann mich zumindest nicht daran erinnern. Und weil uns schien, wir würden eine Sonderbehandlung genießen (man hatte uns geschlossen zusammengelassen und uns einen eigenen »Cage« zugewiesen), glaubten wir

Eines der sogenannten Rheinwiesenlager, Sinzig am Rhein im Frühjahr 1945

immer noch, es ginge zum Wiederaufbaueinsatz nach Deutschland. Daß wir zu den unglücklichen Kriegsgefangenen gehörten, die die amerikanische Armee der französischen Regierung für Wiederaufbauleistungen in Frankreich versprochen hatte, wußten wir damals noch nicht.

Der Übergabe von deutschen Kriegsgefangenen in anglo-amerikanischem Gewahrsam an die Franzosen lagen Entscheidungen zugrunde, die bis in den Dezember 1944 zurückreichten. Damals hatten die USA und Frankreich vereinbart, den Franzosen deutsche Kriegsgefangene zum Wiederaufbau zu überlassen. Auf der Konferenz von Jalta Anfang Februar 1945 wurde dann beschlossen, Deutsche als Zwangsarbeiter generell für Reparationsarbeiten einzusetzen. Diese Entscheidung war aus juristischer Sicht zweifelhaft, denn die Genfer Kriegsgefangenenkonvention enthielt keine Bestimmung, die den Transfer von Kriegsgefangenen von einer Gewahrsamsmacht zu einer anderen erlaubte, allerdings auch keine, die dies verbot. Auch sah das Kriegsgefangenenrecht zwar den Einsatz von Kriegsgefangenen für Arbeitszwecke vor, allen Konventionen lag jedoch die Vorstellung zugrunde, daß Kriegsgefangene Soldaten seien, die lediglich für die Dauer der Kampfhandlungen aus dem Kriegsgeschehen zu entfernen seien. Nach Beendigung der Feindseligkeiten sollten sie baldmöglichst – spätestens aber nach Friedensschluß – nach Hause entlassen werden. Die deutschen Kriegsgefangenen unter Hinweis auf den noch nicht erfolgten Friedensvertrag als Reparationsarbeiter zurückzuhalten, widersprach somit zwar nicht den Buchstaben, sehr wohl aber dem Geist der Kriegsgefangenenkonventionen. Die Deutschen waren allerdings moralisch nicht berechtigt, sich zu beklagen, hatten sie doch selbst vorher nicht anders gehandelt.

Das Internationale Rote Kreuz protestierte zwar, jedoch ohne Erfolg. Das westalliierte Hauptquartier SHAEF bot nicht nur den Franzosen, sondern auch den anderen westeuropäischen Regierungen an, deutsche Kriegsgefangene zur Zwangsarbeit einzusetzen. Man hatte zuvor schon versucht, DPs, also Angehörige anderer Nationen, die aus den Lagern des Deutschen Reiches befreit worden waren und noch nicht in ihre Länder zurückkehren konnten bzw. wollten, zur Arbeit anzuwerben – jedoch ohne großen Erfolg. Deshalb wurden fast 100 000 deutsche Kriegsgefangene von der UdSSR an die ČSR und Polen überstellt. Im Westen erhielten Belgien, Luxemburg und die Niederlande insgesamt etwa 80 000 Kriegsgefangene, Frankreich fast 700 000.

Aus diesen Entscheidungen erklärt sich auch die für Meinhard Glanz zunächst unverständliche Trennung der Mannschaften und der Unteroffiziere ohne Portepee von den Offizieren und den Portepee-Unteroffizieren. An diesen, oft älteren Soldaten, die kriegsvölkerrechtlich ohnehin nicht zur Arbeit verpflichtet waren, hatten die Franzosen kein Interesse. Es gab sogar Fälle, daß die Offiziere »gesperrter« Einheiten, d. h. Kriegsverbrechen verdächtiger Verbände, binnen kurzem zu Hause waren, die Mannschaftsdienstgrade jedoch jahrelang Zwangsarbeit in Frankreich leisten mußten. So sind auch viele der Kameraden von Meinhard Glanz erst 1948 heimgekehrt.

Als wir erfuhren, daß Thüringen, Sachsen und Mecklenburg von den Westalliierten an die Sowjets übergeben worden waren, diskutierten wir natürlich, was zu machen sei. Wir waren uns einig, daß wir nach Hause gehen würden, wenn der Wiederaufbaueinsatz vorbei sei. Ich kann mich nicht erinnern, Kameraden gehabt zu haben, die aus den Vertreibungsgebieten stammten und nun nicht wußten wohin. Diejenigen, die wie ich in der sowjetischen Zone beheimatet waren, hatten keine Angst vor den Sowjets. Wir sagten uns, der Krieg ist zu Ende. Wir haben uns nichts zuschulden kommen lassen. Jetzt haben sie ja keinen Grund mehr, etwas gegen uns zu unternehmen.

Über die politische Zukunft Deutschlands gab es keine Kontroversen. Wir waren sicher: So wie zu Kaisers Zeiten wird's nicht wieder, so, wie zu Weimarer Zeiten, das war wohl auch nicht das Rechte, und wie Hitler das gemacht hat, das war wohl auch der falsche Weg. Wir müssen neue Wege suchen. Und wir müssen mitbestimmen können, es kann nicht mehr nur Befehl und Gehorsam gelten. Der Führerstaat hatte seine Untauglichkeit bewiesen, so weit kamen wir. Trotzdem, wir waren junge Kerls. Wenn ich mich nicht irre, war der Älteste von uns 24 oder 25 Jahre alt. Wir kamen aus der Hitlerjugend, für uns gab es die Volksgemeinschaft, die unantastbar war. Das waren feste Begriffe, so daß wir uns gar nicht vorstellen konnten, daß das auseinanderbrechen konnte. Was an die Stelle des alten Systems zu treten hatte oder hätte, wußten wir eigentlich nicht.

Es hat sich aber auch keiner darum bemüht, uns irgendeine Richtung aufzuzeigen. Reeducation, eine Lagerzeitung oder dergleichen gab es nicht, auch keine Vorträge oder ähnliches. Aber wir erzählten viel, vor allen Dingen Erlebnisse aus der Schulzeit. Wir hatten einen sehr hohen Abiturientenanteil, weil ja die englische Sprache Auswahlkriterium gewesen war. Die wenigen Handwerker unter uns berichteten über ihren Beruf, Unteroffiziere erzählten von ihren Erlebnissen während ihrer fernmeldetechnischen Lehrgänge – und man erzählte sich Geschichten, die man noch so kannte. Ich erinnere mich, daß ich von Odysseus berichtete, seinen Kämpfen und seiner Heimkehr. Wieder andere erzählten Sagen aus ihrer Heimat. Wer ein Gedicht konnte, trug es vor. Wir anderen lernten es, und ich könnte heute noch – auch um Mitternacht aus dem Tiefschlaf geschreckt – fünf, sechs Gedichte rezitieren, die ich damals gelernt habe.

Es bildeten sich aber keine festen Zirkel, man fand sich abends einfach zusammen. Wir brauchten etwas, um uns geistig zu beschäftigen. Das war sehr trostvoll für viele von uns. Wir hatten ja auch keine Möglichkeit, nach Hause zu schreiben, es gab keine Besuche vom Roten Kreuz oder von Pfarrern. Wir waren von allem abgetrennt. Das förderte bei uns immer wieder den Eindruck, mit uns hätte man noch etwas vor, etwas Positives.

Solche Ansätze, sich geistig zu beschäftigen, werden von vielen Kriegsgefangenen aus den verschiedensten Lagern berichtet. Nur dort, wo nicht einmal die grundlegenden Existenzbedingungen vorhanden waren, hatten die Gefangenen hierfür weder die Kraft noch die Möglichkeit. Kulturelle Aktivitäten zeugen deshalb von einigermaßen erträglichen Lebensbedingungen. Oft bildeten sich Zirkel für alle Bereiche, aus denen es Fachleute unter den Gefangenen gab. Fast jedes Thema fand Interessenten, denn wer zuhörte, der war zugleich von der sinnlosen Leere des Lageralltags und den trüben Gedanken über die Zukunft abgelenkt.

Als Abiturient besaß ich ja keine Ausbildung. Für mich war ganz selbstverständlich: Nach der Gefangenschaft gehe ich nach Hause und studiere wie geplant Medizin. Für mich gab es an diesem Punkt keinen Zweifel, auch kein Suchen nach anderen Möglichkeiten. Da wir nicht wußten, wie es zu Hause aussah, glaubten wir, es sei noch so, wie wir es verlassen hatten. Damals hätte ich mir nicht vorstellen können, jemals wieder Soldat zu werden. Ich hatte ja auch vorher niemals Berufssoldat sein wollen. Ich hatte mich nur freiwillig für die Kriegsdauer zur Marine und dann zur Panzertruppe gemeldet. Ich wollte meine Pflicht tun, aber dann in das Zivilleben zurückkehren und Arzt werden. Der Gedanke, wieder Soldat zu werden, kam erst unter dem Schock des Korea-Krieges.

Am 19. August 1945 erfolgte dann erstmals ein Aufruf zu einem Arbeitseinsatz außerhalb des Lagers. Ausgebildete Landwirte sollten sich zu einem Ernteeinsatz melden. Ich nahm mein Soldbuch, in dem

Kriegsgefangener im Lager Heidesheim bei Bingen, Juni 1945

als Berufsangabe »Schüler« stand, und schrieb davor »Ldw.«, also »Landwirtschaftlicher Schüler«. Ich wurde auch genommen. Am nächsten Morgen um 7.00 Uhr hatten wir vor dem Lagertor mit Gepäck anzutreten. Ich nahm nur ganz wenig Gepäck mit. Ich hatte nicht die Absicht zu fliehen. Ich habe lediglich gehofft, daß wir drei bis vier Tage draußen bleiben würden.

Am Tor wurden wir noch einmal flüchtig abgetastet, ob wir eine Waffe dabeihätten. Unser Gepäck wurde nicht kontrolliert. Ich bin also durch die gesamte Gefangenschaft ohne eine einzige Filzung gekommen. Wir waren so etwa 200 Kriegsgefangene, die im Fußmarsch unter französischer Bewachung durch die Lande getrieben wurden. Einige haben versucht abzuhauen, aber ohne Erfolg. Ich schätze, auf zehn deutsche Gefangene kam ein Bewacher, aber wir bildeten eine Kolonne, die sich immerhin drei bis vier Kilometer hinzog – ein Bild des Jammers. Zum einen waren wir als motorisierte

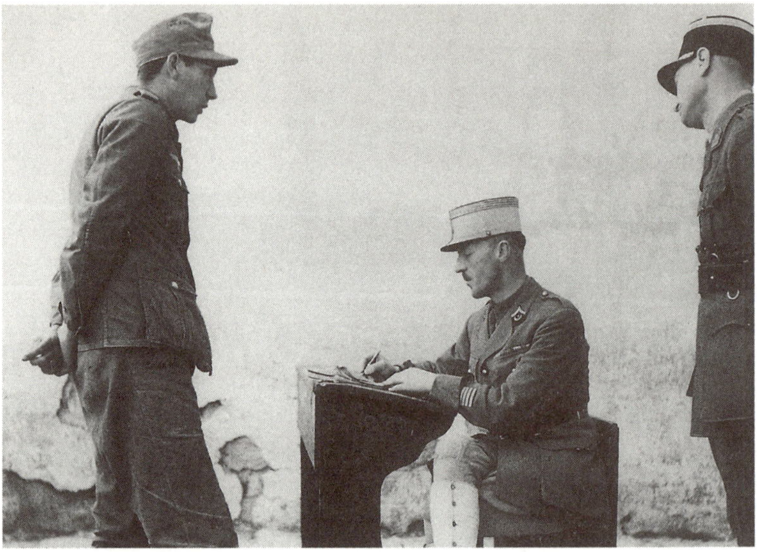

Ein deutscher Kriegsgefangener wird von einem Angehörigen der freifranzösischen Streitkräfte verhört, 1945

Truppe das Marschieren nicht gewöhnt, zum anderen waren diejenigen, die aus dem Gesamtlager kamen, einfach zu schwach.

Wir hatten auch das Gefühl, daß unsere französischen Führer den Weg nicht kannten und wir Schleifen liefen. Unser Marschziel war Engers, etwa 17 Kilometer Luftlinie von Siershahn entfernt, aber wir werden vielleicht 30 Kilometer gelaufen sein. Wir waren im Dunkeln aufgebrochen, sind den ganzen Tag durchmarschiert und kamen erst wieder bei Dunkelheit in Engers bei Neuwied am Rhein an. Dort sollten wir den örtlichen Militärbehörden der Franzosen übergeben werden.

Aber das verlief genauso planlos wie auch schon der Marsch vorher. Niemand ließ uns sammeln und antreten; wer ankam, der ließ sich auf dem Marktplatz fallen. Die Franzosen quirlten durcheinander und redeten aufgeregt. Offenbar war die Ortskommandantur, die uns übernehmen sollte, nicht besetzt. Die Hilfskräfte wußten nicht, was sie mit uns machen sollten, schienen wütend zu sein und wollten uns wieder aus der Stadt heraustreiben. Das war ein solches Durcheinander, daß ich sagte: »Das mache ich nicht mehr mit!« Und da verließ ich den Verein und machte mich selbständig.

Vorher hatte ich nie die Absicht gehabt zu fliehen. Bis dahin hatte ich nur Ordnung gekannt, auch in der Gefangenschaft, auch im Lager, auch auf dem Marsch. Aber als ich dort ankam auf dem Marktplatz bei Dunkelheit, stellte ich fest: Hier ist ja keine Ordnung. Und dieser Eindruck der Unordnung und der Planlosigkeit brachte mich dazu zu sagen: »Dann sorge ich für mich selber.«

Zunächst aber lagerten wir auf dem Marktplatz. Die Zivilbevölkerung wollte uns helfen und schlug vor, uns in ihre Häuser aufzunehmen mit dem Versprechen, uns am nächsten Morgen wieder auf dem Marktplatz abzuliefern. Ich hatte das Glück, bei einem Fleischermeister und seiner Familie zu übernachten. Ich sagte ihnen, daß ich nicht bleiben würde. Sie bräuchten keine Angst zu haben, denn wir seien nicht gezählt worden. Die französische Kommandantur konnte also am nächsten Morgen nicht wissen, ob alle wieder eingetroffen seien. Ich wollte zu irgendeinem Bauern – zuerst einmal unterkommen und dort gegen Brot und Bett arbeiten. Sie gaben mir einen Zettel an einen ihnen bekannten Bauern mit. Am nächsten Morgen machte ich mich noch in der Dunkelheit auf – und damit war meine Soldatenzeit in der Wehrmacht beendet.

Der Bauer nahm mich auf, später wechselte ich auf einen Hof, der weit außerhalb lag, so daß meine Anwesenheit weniger auffiel. Zunächst behielt ich meine Uniform noch an. Von vorbeikommenden Deutschen wurde ich für einen Zwangsarbeiter gehalten und getröstet.

Bei Kriegsende war etwa ein Drittel der Arbeitskräfte in Deutschland Ausländer. In fast jedem Ort lebten Zwangsarbeiter, in der Mehrzahl Russen, Franzosen oder Polen, viele von ihnen Kriegsgefangene. Waren sie auf Bauernhöfen oder bei Handwerkern eingesetzt, lebten sie wie das Gesinde im jeweiligen Haushalt. Viele blieben auch nach Kriegsende bei ihren Arbeitgebern, bevor sie entweder in die Heimat repatriiert wurden oder sich mitunter auch zur Auswanderung entschlossen.

Zwangsarbeiter, die in der Industrie eingesetzt waren, lebten bis Kriegsende zumeist in Lagern. Unterernährt, unter menschenunwürdigen Bedingungen vegetierten sie dahin – ihrer sozialen Orientierung beraubt. Nach Kriegsende schlossen sich einige dieser Displaced Persons (DPs) zu Banden zusammen, die ein erhebliches Sicherheitsrisiko für die deutsche Bevölkerung und somit auch ein Problem für die Besatzungsmächte darstellten.

Bei dem Bauern bin ich etwa zwölf Wochen geblieben. Die Zeit habe ich genutzt, um Postverbindung mit meiner Familie aufzunehmen – um zu melden, daß ich lebe, um mitzuteilen, wo ich erreicht werden kann, und um zu fragen, ob ich kommen könne. Man hatte doch schon Schreckensgeschichten von beschlagnahmten Häusern gehört, von kinderreichen Familien, die in einem Kartoffelkeller leben mußten, und und und …

Ich hatte dann auch bald Kontakt. Die wichtigste Nachricht war, daß außer meiner ältesten Schwester alle lebten. Sie war durch einen Tieffliegerangriff umgekommen. Das Haus stand und war nicht be-

Bei einem ersten Verhör durch US-Soldaten, Winter 1944/45

schlagnahmt. Die Stadt Gotha war nicht zerstört, und das Leben hätte sich normalisiert. Mehr konnte ich nicht in Erfahrung bringen, denn der Postverkehr funktionierte damals noch nicht mit Briefen, sondern nur mit offenen Karten. Ich erinnere mich heute nicht mehr daran, was ich mir an Lösungen ausgedacht hatte, falls ich nicht nach Hause zurückgekonnt hätte. Das lag zu fern, und ich wollte nur eins – heim ins Nest. Das war ein ganz primitiver Zug.

Dabei hatte ich ein angenehmes Leben bei dem Bauern. Ich hätte da noch länger bleiben können und bin auch dazu aufgefordert worden. Aber ich wollte nach Hause. Außerdem sah ich in der Landwirtschaft nicht meine Zukunft. Mein Problem war, daß ich keinen Entlassungsschein aus der Kriegsgefangenschaft und auch keine Personalpapiere besaß. Meinen Wehrpaß durfte ich auf keinen Fall vorzeigen, weil darin keine Entlassung eingetragen war. Ich hatte davon gehört, daß andere ohne Entlassungspapiere verhaftet und wieder in die Gefangenschaft nach Frankreich oder in die Sowjetunion abtransportiert worden waren.

Auf der Suche nach gesunden, arbeitsfähigen Männern, die als Reparationsarbeiter nach Frankreich verschickt werden konnten, wurden in der unmittelbaren Nachkriegszeit viele in die französische Zone heimkehrende Soldaten verhaftet und nach Frankreich deportiert – nicht nur Männer ohne Entlassungspapiere, sondern auch bereits korrekt aus der Kriegsgefangenschaft Entlassene. Im Fall des »Pilsen-Transports« wurden zweihundert deutsche Kriegsgefangene mit vollständigen Ent-

Deutsche Soldaten auf dem Weg in ein Gefangenenlager, Heidelberg, April 1945

lassungspapieren bei ihrem Eintreffen im damals französisch besetzten Stuttgart am 23. Mai 1945 von den Franzosen verhaftet und nach Frankreich geschickt.

Ich mußte also alle Kontrollen vermeiden. Das erste Mal bin ich bei Sonnenschein nach Hause aufgebrochen, weil ich dachte, das sei das richtige Wanderwetter. Ich kam aber nicht durch. Mehrfach geriet ich in ein sehr dichtes Kontrollnetz und mußte kehrtmachen. Das nächste Mal bin ich dann im November bei miserablem Wetter in Richtung Heimat losmarschiert, als niemand auf der Straße war.

Ich fuhr dann quer durch Deutschland – mit dem Lkw, mit der Bahn. An der amerikanisch-russischen Zonengrenze mußte ich eine Kontrolle passieren. Ich saß mit zehn bis fünfzehn weiteren Personen auf einem landwirtschaftlichen Trecker. Ein »Neger« – so nahe war ich zuvor noch keinem begegnet – ließ sich die Papiere zeigen. Er sah sich die Papiere jedes einzelnen genau an und gab sie dann zurück. Ohne aufzuschauen, ließ er sich dann vom nächsten die Dokumente aushändigen. Die Lösung war einfach. Ich ließ mir von einem Mädchen, das bereits kontrolliert worden war, den Ausweis geben. Der »Neger« beguckte ihn, gab ihn mir zurück – o.k., wir waren drüben. In dem Moment habe ich nur gedacht: »Glück gehabt!« Tricksen und Organisieren gehörten damals zum Leben, das war so selbstverständlich wie Luft holen.

Ich hatte also die amerikanische Zone verlassen. Um nicht von den Russen bei der Einreise in die sowjetische Zone kontrolliert zu werden, nahm ich Schleichwege. Ich hatte mir eine Beschreibung besorgt und kannte mich aus. Obwohl meine Familie nach wie vor in Gotha lebte, bin ich nicht gleich dorthin gefahren, sondern zuerst nach Winterstein im Thüringer Wald, wo meine Eltern ein Sommerhaus besaßen. Erstens lag das Wochenendhaus auf dem Weg zwischen Zonengrenze und meinem Zuhause, zweitens war da die Unsicherheit, weil ich keinen Entlassungsschein vorweisen konnte. Und den – das hatte ich inzwischen gelernt – mußte man als junger Mann besitzen. Und drittens wußte ich ja nicht, wie es in der Stadt aussah. Die wenigen Notizen und Nachrichten auf einer Postkarte reichten nicht aus, um sich ein Bild zu machen. Ich mußte mich also erst einmal in Wartestellung begeben und beobachten. Und das konnte ich von dort in großer Ruhe und Gemächlichkeit tun, denn ich konnte ja im eigenen Haus wohnen.

Ich habe mich dann in Winterstein beim Bürgermeister angemeldet. Der hat mir Papiere ausgestellt, und damit war ich wieder Zivilist, vollgültiger Bürger. Die Zeit war vorbei, als sich in der russischen Zone die ehemaligen Soldaten erneut zur Registrierung melden mußten. Es gab Schulkameraden von mir, die kurz vorher nach Hause gekommen und von den Eltern aufgefordert worden waren, zur Kommandantur zu gehen, um sich registrieren zu lassen – manche dieser Eltern haben ihren Sohn nie wiedergesehen.

Das größte Problem aller illegal Heimkehrenden bestand darin, daß sie keine Papiere besaßen. Ohne Entlassungsschein konnte man sich auf dem Einwohnermeldeamt nicht anmelden, erhielt keine Lebensmittelkarte und mußte damit rechnen, verhaftet und in die Kriegsgefangenschaft zurückgeschickt zu werden. Noch im Jahr 1946 wurden in der sowjetischen Besatzungszone korrekt von den Westmächten entlassene Offiziere in die UdSSR deportiert. Deshalb war es für Meinhard Glanz ganz entscheidend, mit Hilfe des Bürgermeisters wieder Zivilist zu werden. Ein dauerhafter Aufenthalt in seiner Heimatstadt Gotha wäre ohne Papiere kaum möglich gewesen.

In Thüringen gab es relativ wenig Kriegsschäden; Winterstein lag etwa eine Stunde Fußweg von der Bahnstation in Tabarz entfernt. Sobald ich wieder Papiere besaß, fuhr ich mit der Bahn und der Straßenbahn nach Gotha. Das war im Dezember 1945. Insgesamt habe ich einen halben Monat für die Reise vom Bauern bei Engers bis nach Hause gebraucht.

Ich ging zu meiner Mutter und sagte: »Hier bin ich, wie sieht's aus?« Gemeinsam mit Bekannten beratschlagten wir, was zu tun sei. Sie haben mir geholfen, ins zivile Leben zurückzukehren.

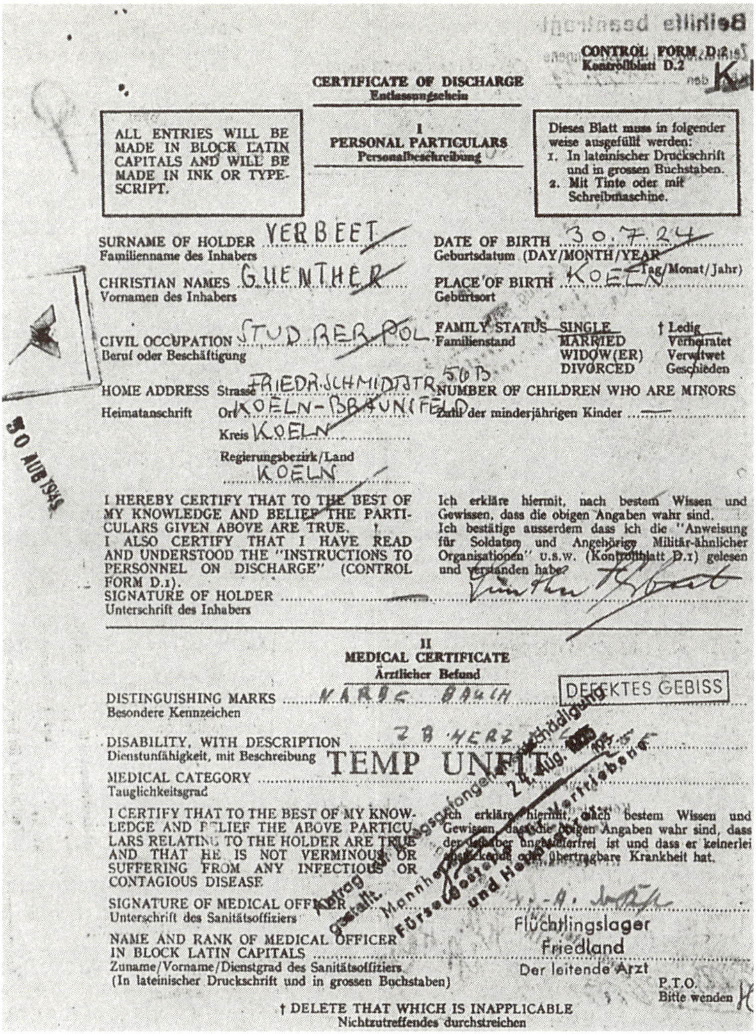

CONTROL FORM D.2
Kontrollblatt D.2

CERTIFICATE OF DISCHARGE
Entlassungschein

ALL ENTRIES WILL BE MADE IN BLOCK LATIN CAPITALS AND WILL BE MADE IN INK OR TYPESCRIPT.

I
PERSONAL PARTICULARS
Personalbeschreibung

Dieses Blatt muss in folgender weise ausgefüllt werden:
1. In lateinischer Druckschrift und in grossen Buchstaben.
2. Mit Tinte oder mit Schreibmaschine.

SURNAME OF HOLDER VERBEET
Familienname des Inhabers

DATE OF BIRTH 30.7.24
Geburtsdatum (DAY/MONTH/YEAR Tag/Monat/Jahr)

CHRISTIAN NAMES GUENTHER
Vornamen des Inhabers

PLACE OF BIRTH KOELN
Geburtsort

CIVIL OCCUPATION STUD RER POL
Beruf oder Beschäftigung

FAMILY STATUS SINGLE † Ledig
Familienstand MARRIED Verheiratet
WIDOW(ER) Verwitwet
DIVORCED Geschieden

HOME ADDRESS Strasse FRIEDR.SCHMIDTSTR. 56B
Heimatanschrift Ort KOELN-BRAUNSFELD
Kreis KOELN
Regierungsbezirk/Land KOELN

NUMBER OF CHILDREN WHO ARE MINORS
Zahl der minderjährigen Kinder —

I HEREBY CERTIFY THAT TO THE BEST OF MY KNOWLEDGE AND BELIEF THE PARTICULARS GIVEN ABOVE ARE TRUE. †
I ALSO CERTIFY THAT I HAVE READ AND UNDERSTOOD THE "INSTRUCTIONS TO PERSONNEL ON DISCHARGE" (CONTROL FORM D.1).
SIGNATURE OF HOLDER
Unterschrift des Inhabers

Ich erkläre hiermit, nach bestem Wissen und Gewissen, dass die obigen Angaben wahr sind.
Ich bestätige ausserdem dass ich die "Anweisung für Soldaten und Angehörige Militär-ähnlicher Organisationen" u.s.w. (Kontrollblatt D.1) gelesen und verstanden habe.

II
MEDICAL CERTIFICATE
Ärztlicher Befund

DISTINGUISHING MARKS NARBE BAUCH
Besondere Kennzeichen

DEFEKTES GEBISS

DISABILITY, WITH DESCRIPTION ZB HERZ
Dienstunfähigkeit, mit Beschreibung

TEMP UNFIT

MEDICAL CATEGORY
Tauglichkeitsgrad

I CERTIFY THAT TO THE BEST OF MY KNOWLEDGE AND BELIEF THE ABOVE PARTICULARS RELATING TO THE HOLDER ARE TRUE AND THAT HE IS NOT VERMINOUS OR SUFFERING FROM ANY INFECTIOUS OR CONTAGIOUS DISEASE

Ich erkläre hiermit, nach bestem Wissen und Gewissen, dass die obigen Angaben wahr sind, dass der Inhaber ungezieferfrei ist und dass er keinerlei ansteckende oder übertragbare Krankheit hat.

SIGNATURE OF MEDICAL OFFICER
Unterschrift des Sanitätsoffiziers

NAME AND RANK OF MEDICAL OFFICER IN BLOCK LATIN CAPITALS
Zuname/Vorname/Dienstgrad des Sanitätsoffiziers
(In lateinischer Druckschrift und in grossen Buchstaben)

Flüchtlingslager
Friedland
Der leitende Arzt

P.T.O.
Bitte wenden

† DELETE THAT WHICH IS INAPPLICABLE
Nichtzutreffendes durchstreichen

30 AUG 1945

Entlassungsschein eines deutschen Kriegsgefangenen, ausgestellt im Lager Friedland, August 1945.
Ein solcher Entlassungsschein war die Voraussetzung für die Rückkehr ins zivile Leben

Während der gesamten Kriegszeit hatte ich über die Zustände in den Konzentrationslagern nichts erfahren. Auch in Siershahn drangen keine Aufnahmen oder Berichte darüber zu uns vor. Wir waren wirklich ahnungslose Buben, bis wir nach Hause kamen. Zum erstenmal sah ich Fotos von den Konzentrationslagern in der Ausgabestelle für Lebensmittelkarten, die man persönlich abholen mußte. Die Wände waren dicht behängt mit Aufnahmen, zum Beispiel aus Buchenwald. Die Zeitungen, die es schon gab, die »Tägliche Rundschau« vor allem, waren voll mit Berichten. Und ich hörte von den Schicksalen der Juden in der Stadt, von den Kommunisten, die wir zum Teil gekannt hatten. Ein Nachbar erzählte aus eigenem Erleben von Buchenwald. Ich erinnerte mich an meine Grundausbildung in Weimar am Etters-

Die erste Wiedersehensfeier der Afrikakämpfer, die sich im Verband der ehemaligen Angehörigen des Afrika-Korps zusammengeschlossen hatten, Iserlohn im September 1951

berg, am Fuße des Berges, auf dem das Lager liegt. Wir hatten die Häftlinge gesehen. Sie arbeiteten unter Bewachung – Bewachung mit Hunden – auf unseren Schießständen. Man sagte uns, das wären Arbeitsscheue und Asoziale, die hier anständig arbeiten lernen würden. Damit hatten wir uns zufriedengegeben.

In diesen Wochen und Monaten nach Kriegsende wurde viel über das Geschehene geredet. Eine Phase der Desillusionierung setzte ein: Reden, reden, reden ... Monologe, Dialoge. Nicht nur in der Familie, überall, wohin man kam, auch zwischen Wildfremden. Ich erinnere mich an Fahrten mit der Bahn, da redete man viel und auch sehr offen. Alle suchten nach Erklärungen und nach einem Ausweg. Allein konnte man damit nicht fertig werden. Ich habe nie wieder eine Zeit erlebt, in der man so viel miteinander sprach. Für mich konnte die Antwort auf all die vielen offenen Fragen, die sich aus dem Vergangenen ergaben, nur lauten: So nicht wieder, keine Wiederholung! Dadurch bin ich ein sehr überzeugter Demokrat geworden.

Ich wollte jetzt mit dem Medizinstudium beginnen, nicht ahnend, daß mir als Akademikersohn (mein Vater war Arzt gewesen; er fiel 1942) in der sowjetischen Zone das Studium nicht erlaubt werden würde. Ich habe zwei, drei Anläufe genommen – ohne Erfolg: »Sie – studieren? Als Akademikersohn?« hieß es. Dann gab man mir den Rat, ein Praktikum als medizinisch-technischer Assistent anzufangen. Im Sommer 1946 bewarb ich mich erneut um die Zulassung zum Wintersemester 1946, wurde jedoch wieder abgewiesen. Zu diesem Zeitpunkt gab es die ersten Zwangsverpflichtungen in den Uranbergbau Aue. Ich verließ daraufhin 1947 die sowjetische Zone und ging in die amerikanische Zone nach Frankfurt, um dort das Studium aufzunehmen. Als medizinisch-technischer Assistent hatte ich genug Geld verdient, außerdem erhielt ich Zuschüsse von zu Hause. Die Juristen hatten damals große Schwierigkeiten, auch die Volkswirtschaftler ... Mediziner und Theologen jedoch nicht. Meine Probleme mit dem Studium in der Ostzone waren für meine Familie und mich die ersten Anzeichen des gesellschaftlichen Wandels, ansonsten war das bürgerliche Gefüge in der Kleinstadt Gotha 1946 noch nicht erschüttert. Noch vor der Währungsreform habe ich dann die Familie nachgeholt.

Nach meiner Pensionierung bin ich der Traditionsgemeinschaft Deutsches Afrika-Korps beigetreten. Dazu zählen nicht nur die Soldaten des Heeres an der Nordafrikafront, auch die Soldaten der Luftwaffe und der Kriegsmarine, die Männer der Handelsschiffahrt und das Rot-Kreuz-Personal, die Krankenschwestern, die in oder für Nordafrika Dienst geleistet haben.

Schon vor wie auch nach dem Ersten Weltkrieg hatten Veteranenvereine in Deutschland einen festen Platz in der bürgerlichen Gesellschaft eingenommen. Nach dem Zweiten Weltkrieg erlaubten die Besatzungsmächte zunächst die Bildung solcher Vereinigungen nicht. Die Traditionsgemeinschaft Deutsches Afrika-Korps entstand in den Jahren 1950/51 als einer der ersten Veteranenverbände. Sie war auch die erste deutsche Veteranenorganisation, die unter dem Aspekt der Völkerverständigung Verbindung zu den ehemaligen Kriegsgegnern und den damaligen Verbündeten in Großbritannien, Neuseeland, Australien und Italien aufnahm. Von den etwa 300 000, die zumindest für eine kurze Zeit im Afrika-Korps gedient hatten, schlossen sich etwa 30 000 dem Verband an.

Meine Arbeit im Traditionsverband ist eine Erinnerung an eine entscheidende Lebensphase. Es gibt auch ein Gefühl der Pflicht gegenüber den Toten, sie nicht im Stich zu lassen, sie nicht in die Vergessenheit absinken zu lassen – das Gefühl ist nicht sehr ausgeprägt, aber es ist da. Wichtig ist mir die Gemeinschaft mit gleichaltrigen Schicksalsgenossen.

In der Rückschau ist für mich die Zeit der Kriegsgefangenschaft mit 97 Tagen nur eine Durchgangszeit, die mich nicht maßgeblich geprägt hat. Ich habe mich auch eigentlich nicht tatsächlich als Kriegsgefangenen betrachtet. Bewußt wurde mir allerdings dadurch die Bedeutung von Kameradschaft bei der Bewältigung schwieriger Situationen.

Nach den Kämpfen ums Ruhrgebiet im April 1945 geraten 325 000 deutsche Soldaten in Kriegsgefangenschaft; sie wurden auf eingezäunten Flächen zusammengeführt und kampierten unter freiem Himmel

»In der ersten Nacht saß ich auf dem blanken Ackerboden«

»In der ersten Nacht saß ich auf dem blanken Ackerboden«

Johann Lampert: Interniert in Norwegen, überstellt nach Frankreich zur Zwangsarbeit

1918 wurde er in Bamberg geboren. Er erlernte den Friseurberuf. Im Juli 1938 wurde er zum Reichsarbeitsdienst und anschließend direkt in das Infanterieregiment 55 eingezogen. Nach sieben Jahren im Reichsarbeitsdienst und in der Wehrmacht geriet er 1945 mit der Kapitulation in Norwegen in Gefangenschaft. Ähnlich wie Meinhard Glanz wurde er an die Franzosen überstellt. Von einem Minenräumkommando in Lothringen aus gelang ihm die Flucht. Am 17. Dezember 1945 kam er zurück nach Hause.

Johann Lampert 1939 und 1998

Nach Einsätzen in Frankreich, Belgien, Holland und nach dem Sommerfeldzug gegen die Sowjetunion wurde ich, nun ein Angehöriger der 7. Gebirgsdivision, im Mai 1942 nach Finnland verschifft. Nach der Kapitulation Finnlands am 2. September 1944 mußten wir dann nach Norwegen zurück. So erlebten wir das Kriegsende in Norwegen, in Feindesland. Wie es die Kapitulationsbestimmungen vorschrieben, hatten sich alle deutschen Truppen in Norwegen selbständig in sogenannte Reservations zurückzuziehen, in unserem Fall die Reservation 45 – Lager Rohrbrunn. Sie waren zumeist in früheren norwegischen Militäreinrichtungen untergebracht. Unsere Division behielt ihre bisherige Befehls- und Versorgungsstruktur bei, unsere Waffen, die Fahrzeuge und sämtliche Ausrüstungsgegenstände verblieben bei uns. Das einzige, was sich änderte, war die Abschaffung des Hitlergrußes und die Wiedereinführung des militärischen Grußes. Wir galten nicht als Kriegsgefangene, sondern besaßen den Status von »Internierten«. Wir wurden weder eingeschlossen noch bewacht; eine Lagerpolizei bestimmten wir aus unseren eigenen Reihen. Im Umkreis von fünfzehn Kilometern konnten wir uns frei bewegen.

Der Begriff »Internierter« beschreibt hier den Umstand, daß Johann Lampert seiner Freiheit nicht völlig beraubt war. Seinen tatsächlichen rechtlichen Status konnte Johann Lampert

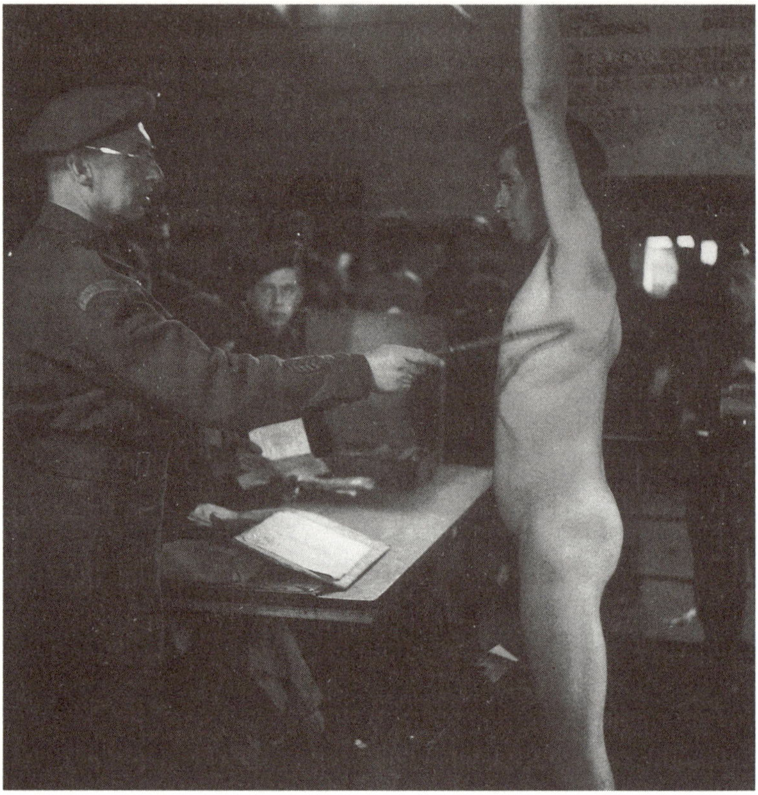

Ein britischer Offizier kontrolliert den linken Arm eines deutschen Kriegsgefangenen nach der Blutgruppen-Tätowierung, die Angehörige der Waffen-SS kennzeichnete

nicht kennen: Ohne dies öffentlich zu machen, hatten die Westalliierten beschlossen, den mit der Kapitulation in Gefangenschaft geratenen deutschen Soldaten nicht den Status von Kriegsgefangenen zuzubilligen. Ähnlich wie die Deutschen vorher auch schon argumentierten sie, daß es keinen deutschen Staat mehr gäbe – und damit auch keine deutschen Soldaten. Deshalb wurden die Gefangenen von den USA zu »Disarmed Enemy Forces« erklärt, die korrespondierende britische Bezeichnung lautete »Surrendered Enemy Personnel«, also »entwaffnete Feindkräfte«.

Ursprünglich sollte dieser Status nur für diejenigen deutschen Soldaten gelten, die infolge der Kapitulation in Gefangenschaft gerieten. Bis Ende August 1945 wurde er in mehreren Schritten auf immer neue Personengruppen ausgedehnt, bis schließlich alle Soldaten einschließlich der Waffen-SS-Angehörigen als DEF/SEP galten. Ausgenommen davon waren jene, die sich außerhalb von Europa befanden, also insbesondere die deutschen Kriegsgefangenen in den USA. Wurde ein deutscher Gefangener an einen anderen Aufenthaltsort verbracht – also etwa von den USA nach Europa –, dann wechselte er automatisch den Status vom Kriegsgefangenen zum DEF/SEP und umgekehrt. Im März 1946 wurde dann allen Gefangenen wieder der Kriegsgefangenenstatus zuerkannt.

Diese zunächst unverständlich erscheinende Verfahrensweise erklärt sich aus der Tatsache, daß schon im Jahr 1944 die Alliierten das Problem der Nahrungsmittelknappheit in Europa angesichts der Kriegszerstörungen und der Millionen von Kriegsgefangenen, Displaced Persons, Flüchtlingen und Vertriebenen auf sich zukommen sahen. Sie suchten deshalb eine Möglichkeit, sich der kriegsvölkerrechtlichen Verpflichtung zu entziehen, die Kriegsgefangenen genau so zu ernähren wie die eigenen Ersatztruppenteile. Die Kategorie »DEF/SEP« zu schaffen bot darüber hinaus auch den Vorteil, weitere vom Kriegsvölkerrecht nicht gedeckte Maßnahmen, wie den Transfer der Kriegsgefangenen von einer Gewahrsamsmacht zur anderen und den kriegsvölkerrechtlich unzulässigen Einsatz für das Minenräumen, besser rechtfertigen zu können.

Die Tatsache, daß zwischen DEF/SEP und Kriegsgefangenen unterschieden wurde, legt zwar die Vermutung nahe, daß sich auch ihre Lebensverhältnisse unterschieden, dies war jedoch in der Regel nicht der Fall.

In der nahegelegenen Stadt Bergen feierte die Bevölkerung den Sieg über Deutschland; die Soldaten der »Heimwehr«, die die Gebirge verlassen hatten, wurden als Helden begrüßt. Abgesehen von den nächtlichen Kontaktflügen der Briten hatte ich persönlich so gut wie nichts von diesen Widerstandstruppen bemerkt, jedoch viel von ihren Aktionen gehört. In den Jubel mischten sich auch Schmähungen und Beschimpfungen an die Adresse der deutschen Soldaten, zu gewalttätigen Ausschreitungen kam es jedoch nicht. Zudem hatten wir durch unsere Freigebigkeit einige Sympathien unter der Bevölkerung erworben. In Norwegen und Finnland lagerten große Wehrmachtvorräte, in manchen Fällen hatte man die Lager angezündet, um dem nachrückenden Feind nichts zurückzulassen. Wir aber hatten Glück, denn kurz vor und auch nach der Kapitulation ließen umsichtige Zahlmeister unserer Division die riesigen Verpflegungslager öffnen, und wir konnten uns mit allem versorgen, was das Herz begehrte. Wir verteilten diese Lebensmittel häufig auch an die Norweger. Dazu kam, daß viele unserer Kameraden zur Lösung eines ernsthaften Sicherheitsproblems beitrugen: Die befreiten russischen Kriegsgefangenen, die lange Zeit in den schrecklichen Kriegsgefangenenlagern oder deutschen Konzentrationslagern verbracht hatten, schlugen in ihrem Freudentaumel über ihre wiedergewonnene Freiheit gewaltig über die Stränge. Von uns Deutschen wurden einige herangezogen, um die norwegische Polizei und die wenigen englischen Truppen dabei zu unterstützen, Ruhe und Ordnung wiederherzustellen.

Sowjetische Staatsbürger, vor allem solche, die als Zwangsarbeiter oder als »Hilfswillige« bei der Wehrmacht eingesetzt waren, lebten bei Kriegsende in jedem von den Deutschen besetzten Staat. Auf der Konferenz von Jalta war beschlossen worden, daß sie in ihren jeweiligen Heimatstaat zurückzutransportieren seien. Doch in bezug auf die UdSSR entstanden große Probleme. Menschen, die in Ostpolen gewohnt hatten, das bis zum Krieg polnisch und seitdem russisch war, betrachteten sich nicht als Sowjetbürger. Gleiches galt für die Bürger der bis zum Krieg unabhängigen baltischen Staaten. Zudem gab es viele Russen, die bereits früher die UdSSR verlassen hatten. Sie alle gehörten eigentlich nicht zum Kreis der Personen, die in die Sowjetunion zurückkehren mußten, viele aber verfügten nicht über Dokumente, die das bewiesen. Auch gab es sowjetische Staatsbürger, die sich falsche Papiere zulegten, um nicht repatriiert zu werden. Da die sowjetischen Behörden jedoch auf die Repatriierung der größtmöglichen Menge von Displaced Persons drängten, lag es in den Händen der einzelnen Staaten bzw. der Besatzungsmächte, in diesem Konflikt zu vermitteln. Sie entschieden damit über die Zukunft dieser Menschen: So bedeutete die Überstellung der Kosaken durch die Briten an die Sowjets in Österreich 1945 an der Drau den sicheren Tod für viele von ihnen. Andere wieder konnten ausreisen, etwa nach Kanada oder Australien.

Es kursierten ernst zu nehmende Gerüchte, daß wir an der Seite der Westalliierten gegen die Sowjetunion zum Einsatz kämen, wenn die Rote Armee an der norwegischen Grenze nicht stehenbleiben, sondern weiter in Richtung Westen marschieren würde. Unser Aufenthalt im Lager Rohrbrunn ging jedoch zu Ende, ohne daß sich etwas ereignete, und wir mußten enttäuscht in das etwas entferntere Truppenlager Heistadmoen bei Kongsberg, ein Riesenlager mit festen Gebäuden und Baracken, umziehen. Als am 23. Mai 1945 die letzten Einheiten unserer Division in dieses Lager einzogen, nahm der Divisionskommandeur, Generalleutnant Krackau, unter den Klängen des Musikkorps den Vorbeimarsch ab. In parademäßiger Ordnung defilierte Kompanie für Kompanie in voller kriegsmäßiger Ausrüstung an ihrem Kommandeur vorüber.

Bei Ankunft im Gefangenenlager Fort Jeanne d'Arc in Metz erwidert der deutsche Offizier den militärischen Gruß des Amerikaners mit dem Hitlergruß, Dezember 1944. Der Hitlergruß war für die Wehrmacht verbindlich

Das von der Niederlage des Deutschen Reiches scheinbar völlig unbeeinflußte militärische Zeremoniell der 7. Gebirgsdivision zeigte deutlich, daß sich die deutschen Besatzungstruppen in Norwegen nicht besiegt fühlten. Den Gegensatz hierzu bildeten »zusammengewürfelte Haufen« wie etwa die Heeresgruppe B im Ruhrkessel oder die 12. Armee an der Ostfront, die infolge der aussichtslosen Kämpfe und der Strapazen schon vor der Gefangennahme völlig demoralisiert waren.

Wir blieben auch in diesem Lager als Einheiten zusammen und konnten uns im Umkreis frei bewegen. Noch hatten wir genug Verpflegung. Das Lager teilten wir uns mit einem Vorkommando von amerikanischen und britischen Truppen – ein Lagerleben mit gewissermaßen internationalem Flair. Wir waren alle zwischen 21 und 28 Jahre alt, der Krieg war aus, und wir hatten ähnliche Träume: Nach Hause kommen, die Familie, ein Mädchen finden, usw. Es entwickelte sich ein umfangreicher Freizeitbetrieb mit viel Sport, Sprachkursen, Lagerkino, politischen Zirkeln und Musikveranstaltungen. Zusammen mit den Amerikanern scherzten und lachten wir, bestaunten die Waffen des anderen und unternahmen Spritztouren mit den Fahrzeugen des anderen. Alle Feindschaft schien vergessen in jenen Mai- und Junitagen des Jahres 1945. Vor allem die Amerikaner staunten. Sie hatten unmittelbar nach Kriegsende in Deutschland zumeist ausgebrannten und vollkommen erschöpften deutschen Truppenverbänden gegenübergestanden, und nun trafen sie auf eine gut genährte, selbstbewußte und intakte Truppe, die rege tätig war und auch schon politische Zirkel und Gruppen im Lager für den Neuaufbau Deutschlands gebildet hatte. Wir waren alle Frontsoldaten, die den Schrecken und den Ernst des Krieges kannten. Alle waren froh, nun keinen Krieg mehr führen zu müssen. Aus unserer Sicht stand einem friedlichen Zusammenleben nichts im Wege.

Der Tauschhandel blühte – tagtäglich kamen Norweger, Zivilisten und Militärpersonen, in unser Lager. Man handelte mit allem, auch mit Waffen. Viele deutsche Soldaten wurden von ihren norwegischen Freundinnen besucht. Oft blieben die Mädchen tagelang im Lager, ohne daß jemand etwas bemerkt hätte. Sie kamen meist aus Straflagern, wo man sie wegen Kollaboration überprüft hatte. Dort hatte man ihnen die Haare abgeschnitten. Einzelne trugen dies sogar mit einem gewissen Stolz. In Norwegen entstanden damals viele feste Bindungen bis hin zu Eheschließungen zwischen deutschen Landsern und norwegischen Mädchen. Einige Deutsche blieben für immer in Norwegen oder holten später ihre norwegische Ehefrau in die Bundesrepublik nach.

Trotz der Verluste innerhalb der norwegischen Widerstandsbewegung gegen die deutsche Besatzung, bei der etwa 2000 Norweger ums Leben gekommen waren, war das Verhältnis zwischen den deutschen Soldaten und der norwegischen Bevölkerung im allgemeinen gut. Grund dafür mag die Tatsache gewesen sein, daß es nicht zu Willkürakten und Übergriffen gekommen war, mit Ausnahme der Zerstörungen in Nordnorwegen im Zusammenhang mit dem deutschen Rückzug Ende 1944.

Nach der Rückkehr der norwegischen Regierung aus dem Londoner Exil wurden jene bestraft, die mit den Deutschen kollaboriert hatten. Insgesamt mehr als 90 000 Untersuchungsfälle wurden mit der Bestrafung von fast 50 000 Personen abgeschlossen – bei einer Gesamtbevölkerung von etwa drei Millionen Menschen ein ziemlich hoher Anteil. 30 Menschen wurden sogar zum Tode verurteilt und 25 von ihnen hingerichtet.

Ich besuchte politische Vorträge über die Zukunft der Deutschen nach dem Krieg und über den Wiederaufbau. Zwei Freunde luden mich in den Zirkel der Kommunisten ein, die nach jeder Versammlung stets die »Internationale« anstimmten. Meine Freunde schrieben mir den Text auf, damit ich ihn mitsingen konnte. Ich habe ihn immer in meiner Brieftasche getragen. Dieses Blättchen hat alles überstanden und ist für mich auch heute noch eine Erinnerung an diese Zeit. Die Kommunisten waren nicht die einzige politische Gruppe, aber sie schienen mir die aktivste zu sein. Außerdem wagten sie es, Forderungen an die Gewahrsamsmacht zu stellen. Hier hörte ich auch das erste Mal von der Genfer Konvention. Man bestärkte uns in der Ansicht, als Internierte gemäß den Bestimmungen bei Ende der Kriegshandlungen sofort entlassen und in die Heimat zurückgeführt werden zu müssen. Wir erhielten zwar unsere Entlassungspapiere, aber es kam ganz anders als erwartet.

Daß Johann Lampert aus der Wehrmachtzeit keine Erinnerung an eine Unterrichtung über das Kriegsvölkerrecht hat, ist auf die Sonderstellung der deutschen Truppen in Norwegen zurückzuführen. Sie waren Besatzungskräfte ohne Feindberührung. Prinzipiell gehörte die Vermittlung derartiger Kenntnisse zum regulären Ausbildungsprogramm der Wehrmacht.

Die Vorstellung, nicht in Kriegsgefangenschaft zu geraten, sondern direkt nach Hause entlassen zu werden, entstammt einer alten militärischen Tradition. Danach war es üblich, daß die Besatzung einer belagerten Stadt im Gegenzug zur Kapitulation freies Geleit erhielt. Solche Zusagen sind auch im Zweiten Weltkrieg vereinzelt noch gemacht worden, nicht jedoch im Fall der deutschen Truppen in Norwegen. Johann Lampert und seine Kameraden waren – juristisch gesehen – trotz ihrer großen persönlichen Freiheit Kriegsgefangene. Als »Internierte« werden hingegen kämpfende Soldaten bezeichnet, die sich auf den Boden eines dritten, neutralen Staates begeben – so etwa die deutschen Soldaten, die in die Schweiz oder nach Schweden flüchteten.

In den Versammlungen traten vorzügliche Redner auf, die von außerhalb in das Lager kamen. Doch bald hatte ich das Gefühl, als ob ich das alles schon einmal gehört hätte. Ich wandte mich von der Gruppe ab und nahm regelmäßig an den Übungsstunden des Musikkorps teil, das sein Repertoire von Marschmusik auf Operettenmusik umgestellt hatte. Einige ehemalige Opernsänger verschönerten uns nun die Abende. Was mich seltsam berührte, war die Tatsache, daß sich einige Kameraden von uns Deutschen abzusetzen versuchten. Die »Ostmärker« bezeichneten sich auf einmal wieder als Österreicher, nähten sich Armbinden mit den Nationalfarben Österreichs und taten so, als ob sie nie etwas mit uns zu tun gehabt hätten. Offenbar tut der Mensch alles, um sich kleine Vorteile zu sichern. Sie wurden später von uns getrennt und in eigenem Lager untergebracht. Ich kann ihr Verhalten bis heute nicht verstehen.

Von den über siebzehn Millionen Soldaten, die im Zweiten Weltkrieg in der Wehrmacht dienten, stammten etwa 1,3 Millionen aus Österreich. Die »Ostmark«, wie Österreich genannt wurde, unterlag als Teil des »Großdeutschen Reiches« der Wehrpflicht in derselben Weise wie das »Altreich«. Österreicher waren in jeder Hinsicht in derselben Weise eingesetzt wie die Deutschen. Im Gegensatz zu manchen Gruppen von Volksdeutschen, wie etwa denen aus Polen, galten sie in keiner Weise als weniger patriotisch. Anzeichen eines österreichischen Separatismus waren in der Wehrmacht bis Kriegsende nicht festzustellen. In den Kriegsgefangenenlagern, ganz gleich in welchem Gewahrsam, bildeten sich jedoch sehr schnell nationale Gruppierungen, nicht nur von Österreichern, sondern auch von Bayern oder Rheinländern. Zu einem großen Teil spiegelten sie mit ihrem Verhalten die alliierten Nachkriegsplanungen wider – bereits auf der Moskauer Außenministerkonferenz im Oktober 1943 war den Österreichern für die Nachkriegszeit ein eigener Staat versprochen worden, darüber hinaus gab es Planungen für die Teilung Deutschlands in unterschiedliche Teilstaaten.

Anfangs wurden wir also fair behandelt – von den Norwegern wie von den Amerikanern, in deren Gewahrsam wir standen. Doch nachdem die sowjetische Regierung die Vereinbarungen mit den Westalliierten eingehalten und ihre Armee an der norwegischen Grenze gestoppt hatte, wendete sich unser Schicksal. Den Deutschen wurden schwere Verbrechen vorgeworfen, von denen wir bis dahin nichts wußten und die wir zunächst nicht glauben konnten: die massenhafte Vergasung von Juden und andere Greueltaten. Entsetzt ließ jeder für sich die letzten Jahre Revue passieren und suchte in dem, was er selbst erlebt hatte, nach Spuren dieser Verbrechen. Hatten sich nicht einige Ungeheuerlichkeiten angedeutet, denen wir im Getümmel der militärischen Operationen keine Beachtung geschenkt hatten? Ich erinnerte mich, daß ich während der ersten Kriegstage auf sowjetischem Territorium auch mit einem Befehl konfrontiert worden war, der mir ungeheuerlich schien. Als meine Einheit einen Politoffizier der Roten Armee gefangengenommen hatte, hatte unser Kompaniechef die sofortige Exekution des Politoffiziers angeordnet. Mein Glück war damals gewesen, daß sich genug Freiwillige zum Erschießungskommando bereit gefunden hatten, denn sonst wäre ich wohl aufgrund

Von Schweden aus wurden internierte deutsche Soldaten in die Sowjetunion deportiert. Einige von ihnen wehren sich, als die schwedische Polizei sie auf die Schiffe bringen will

einer schon seit 1940 in meiner Personalakte verzeichneten Vorstrafe zum Erschießungskommando eingeteilt worden.

Ich erinnerte mich auch noch an eine Szene, die sich in Shitomir abgespielt hatte. Wir übernachteten gegen Ende September 1941 in einer Strumpffabrik. Wir bekamen plötzlich Besuch von SS-Angehörigen oder Landesschützen. Sie riefen: »Wir haben einen Haufen Partisanen hier in der Stadt, da könnt ihr mitmachen beim Erschießen und uns ein bißchen helfen.« »Nein«, hatte ich damals gesagt, »mir langt die Schießerei, die ich bis jetzt mitgemacht habe.« Von unserer Kompanie hat keiner Interesse gehabt, zu der Kiesgrube zu fahren. Partisanen sollen es gewesen sein – ich fragte mich jetzt, ob es nicht vielleicht Juden gewesen waren.

Mit dem Überfall auf die Sowjetunion am 22. Juni 1941 traten der »Kommissarbefehl«, der »Kriegsgerichtsbarkeitserlaß« und die Regelungen über die Behandlungen der Kriegsgefangenen in Kraft. Danach waren gefangengenommene politische Offiziere umstandslos zu erschießen und Verbrechen gegen sowjetische Staatsbürger nur dann zu ahnden, wenn sie sich negativ auf die deutsche Truppe – vor allem auf deren Disziplin – auswirkten. Wie bereits erwähnt, stellten sich Hitler und die Wehrmachtführung auf den Standpunkt, es gäbe keine verbindlichen kriegsvölkerrechtlichen Regeln.

Das Wort »Partisan« stellt einen Schlüsselbegriff für das Verständnis der Kriegführung im Osten dar. Die Haager Landkriegsordnung sah vor, daß neben den regulären Soldaten unter bestimmten Umständen auch anderen Personengruppen der Schutz des Kriegsgefangenenstatus zustand. Hierzu gehörten Milizen und vergleichbare Verbände, wenn sie einem Führer unterstanden, ihre Waffen offen trugen, bereits aus der Ferne erkennbar waren und die Regeln des Krieges beachteten. Auch der Zivilbevölkerung stand in der Phase der Eroberung ihres Lebensbereiches das Recht zum bewaffneten Widerstand zu, wenn sie die Waffen offen führte.

Kämpfer, die diese Regeln nicht beachteten, umstandslos zu töten war gemäß Haager Landkriegsordnung rechtlich – jedoch keinesfalls moralisch – nicht zu beanstanden; es entsprach damaligem Kriegsgebrauch.

Sowjetische Staatsbürger, die sich nach der Besetzung aufgrund deutscher Verbrechen – z. B. der Erschießung von Juden – den Partisanen anschlossen, entflohene Kriegsgefangene, die zu den Partisanen überliefen, und vergleichbare Personengruppen standen damit nur unter dem Schutz des Kriegsvölkerrechts, wenn sie die Rechtsvorschriften für Milizen beachteten. Wo dies nicht der Fall war, stand der standrechtlichen Tötung nichts entgegen.

Hinzu kam ein zweiter Aspekt. In Befehlen wie in der Propaganda suchte das nationalsozialistische Regime – unterstützt von der Wehrmachtführung – den Soldaten deutlich zu machen, daß alle die Begriffe wie »Partisan«, »Jude« und »Kommunist« letztlich immer dasselbe meinten. Unter dem Deckmantel dieser Gleichsetzung wurden Verbrechen verübt, die vom Kriegsvölkerrecht in keiner Weise gedeckt waren.

Diese und andere Begebenheiten fielen mir ein. Ich dachte aber auch: Krieg ist Krieg und kein Freundschaftsspiel, unsere Gegner waren auch nicht zimperlich mit uns umgegangen. Ich dachte an die Bombardierungen, an brennende Phosphorkanister, die auf deutsche Städte herabgeregnet waren. Wir kamen in diesen Tagen alle ins Grübeln: darüber, ob man Böses mit Bösem aufrechnen kann. Viele von uns waren innerlich zerrissen.

Das Ende der optimistischen Grundstimmung ging einher mit einer radikalen Wende in der Behandlung von uns Deutschen. Die amerikanische Leitung versprach uns zwar unsere baldige Entlassung und Repatriierung nach Deutschland. Es stellte sich aber später heraus, daß dieses Versprechen wohlfeil war. Nun setzte eine totale Abgrenzung gegenüber uns ein. Es wurde ein hoher Zaun zu unserem Lagerteil gezogen. Keinem Norweger oder Amerikaner war es von nun an gestattet, mit uns zu sprechen. Wir mußten unsere Waffen, Munition, Ausrüstungsgegenstände und Fahrzeuge abgeben und durften uns nur noch innerhalb einer Sperrzone aufhalten. Ohne Genehmigung konnte kein Lagerfremder mehr das Gelände betreten. Es war uns lediglich erlaubt, die Lagerpolizei zu stellen. Mit einem ihrer Vertreter hatte ich einen unangenehmen Zusammenstoß. Ich hatte mit einem Freund eine Flasche Kognak getrunken, die mir noch von meinem früheren Reichtum geblieben war. Als ich um 23.00 Uhr kurz nach dem Zapfenstreich allein zu meiner Baracke ging, sang ich aller Depression zum Trotze das Lied vom schönen Westerwald. Mein ehemaliger Rekrutenausbilder kam mir entgegen und putzte mich wie anno 1938 auf dem Kasernenhof herunter, weil ich gesungen, den Zapfenstreich überschritten und die Ruhe im Lager gestört hätte. Er war also tatsächlich zum Lagerpolizisten avanciert und stand mit seiner Streife vor mir! Er hatte inzwischen stellvertretend für die Tapferkeit seines ganzen Zuges das »Deutsche Kreuz in Gold« bekommen. Er trug es aber stets so, als ob es ihm persönlich verliehen worden wäre, dabei war er wirklich kein Held gewesen. Ich war baff: »Ja, Karle, bist du denn noch hier? Das Singen haben doch bloß die Amis verboten, und die paar Minuten vom Zapfenstreich – das kann doch so schlimm nicht sein.« Es kam dann zu einem nicht ganz stubenreinen Wortwechsel, und irgendwann platzte mir der Kragen: »Weißt du, Karle«, sagte ich, »du kannst mich mal, und das Deutsche Kreuz kannst du zu Hause deinen Kühen zwischen die Hörner hängen!« Am nächsten Tag hatte er Meldung gemacht wegen Überschreitens des Zapfenstreichs, Verächtlichmachung von deutschen Ehrenzeichen, Beleidigung und Trunkenheit. Mein Spieß riet mir, mich zu entschuldigen. Schließlich wurde sie nicht weitergegeben.

Symptomatisch an diesem Vorfall ist zweierlei. Zum einen setzten jene Gewahrsamsmächte, die darauf verzichteten, die Gefangenen so streng zu überwachen wie die Franzosen und Sowjets, gerne Kriegsgefangene als Lagerpolizei ein. Sie wurden gut ernährt und erwiesen sich in der Regel als weitaus unbarmherziger, als es die Soldaten der Gewahrsamsmacht gewesen wären. Zum anderen galten in den unter alliierter Oberaufsicht intakt gebliebenen deutschen Verbänden die Regeln der militärischen Disziplin weiter. So kam es vor, daß so-

Sammelstelle der 1. US-Armee für Kriegsgefangene im Ruhrgebiet, April 1945

gar nach der Kapitulation noch Todesurteile an deutschen Soldaten vollstreckt wurden, die vor dem Hintergrund des nationalsozialistischen Endsiegwillens gefällt worden waren.

Eines Tages wurden wir im Morgengrauen von den Amerikanern unsanft geweckt. Es hagelte Kolbenhiebe, wenn wir nicht schnell genug waren. Alle 6000–8000 Mann mußten auf dem großen Sportplatz des Lagers antreten. Während man unsere Unterkünfte gründlich durchsuchte und uns bei dieser Gelegenheit alles stahl, was nicht niet- und nagelfest war, inspizierten uns amerikanische und norwegische Militärpersonen. Dabei wurden norwegische Kollaborateure, Quisling-Anhänger, sowie SS-, SD- und Gestapomitglieder ausgesondert, die in unserem Lager untergetaucht waren. Am 8. Juli 1945 wurden wir in das Lager Rohrbrunn zurückverlegt, Ende Juli erlosch auch die deutsche Befehls- und Kommandostruktur im Lager. Mein letzter Wehrsold wurde mir ausbezahlt, die letzte Eintragung in meinem Soldbuch stammt vom 22. Juli 1945. Wir durften das Lager nun nicht mehr verlassen und wurden von amerikanischen Posten streng bewacht.

Vor der Einschiffung nach Deutschland mußten wir schriftlich achtzehn Fragen beantworten. Angeblich dienten die Angaben der Entlassung. Einige Tage nachdem wir die Kontrollkarten ausgefüllt hatten, mußte jeder einzelne unserer Kompanie ein gleichsam bühnenreifes Verfahren zur Überprüfung der Persönlichkeit über sich ergehen lassen. Die Kompanie mußte in einem Nebenraum einer Veranstaltungshalle antreten. Dieser Raum war gleichzeitig der Ausgang auf eine große Bühne. Wir wurden alphabetisch aufgerufen, mußten unsere Schuhe und die Hemden ablegen und einzeln auf die Bühne treten. Jeder wurde hell angestrahlt. Barfuß und halbnackt stand ich nun vor einer Kommission, die ich aufgrund des Scheinwerferlichtes nicht sehen konnte. Aus einem Lautsprecher dröhnte eine Kommandostimme: »Treten Sie vor bis auf den Rand!« Ich trat langsam vor und mußte meinen Lebenslauf schildern. Dann kamen die Gegenfragen aus der Dunkelheit: »Haben Sie sowjetische Politkommissare oder sowjetische Kriegsgefangene erschossen?« »Nein, habe ich nicht.« »Waren Ihre Eltern bei der Partei?« »Nein«, habe ich gesagt, »mein Vater war beim Reichsbanner.« »Was war Reichsbanner?« »Das war die Eiserne Front mit den drei Pfeilen«, habe ich gesagt. »Warum haben Sie verschwiegen, daß Sie bei der Hitlerjugend gewesen sind?« Mein Gott, das hatte ich tatsächlich nicht angegeben, ich hatte es schlichtweg vergessen. Ich war nur ganze drei Monate aktiv dabeigewesen, in der achten Klasse, bevor ich meine Lehre als Damen- und Herrenfriseur antrat. Nun versuchten die Verhörenden, Fangfragen zu stellen: »Was für ein Kampfabzeichen hatte das Reichsbanner?« »Drei Pfeile, das waren Zeichen für die sozialistische Einheitsfront gegen die NSDAP.

US-Auffanglager bei Hornbach/Zweibrücken, März 1945

Gefangennahme eines deutschen Offiziers durch Franzosen bei Chartres

Ich habe diese Abzeichen bis zur Machtübernahme getragen.« Ich merkte, daß sie kurzzeitig etwas höflicher wurden. Dann folgten rasche Fragen wie bei einem Kreuzverhör, die ich nur mit »Ja« oder »Nein« beantworten mußte: »Sie waren Führer bei der Hitlerjugend?« »Nein!« »Sie hassen Juden?« »Nein!« »Sie waren bei der Judenerschießung von Shitomir dabei?« »Nein!« Mir zitterten die Knie. Der hatte Shitomir genannt, wo uns SS-Leute aufgefordert hatten, uns an einer Erschießung, angeblich von Partisanen, zu beteiligen!!! Woher wußte er das? »Sie haben Politkommissare erschossen?« »Nein!«

Sieben oder acht Offiziere hatten uns von den Zuschauerreihen aus verhört; der leitende amerikanische Verhöroffizier, so erzählte man sich, sei ein deutscher Jude gewesen. Ich pries im stillen meinen Stiefvater, den ich zwar nie sehr gemocht hatte, der aber mit seiner Mitgliedschaft im Reichsbanner Eindruck bei den verhörenden Amerikanern hinterlassen hatte.

Am Schluß mußte ich meine Hose herunterlassen und stand nun nackt da. Das Scheinwerferlicht wurde noch greller. Mir schien das Vorgehen der Amerikaner schikanös. Später habe ich von meinem Kompaniechef erfahren, daß man so am besten den Ernährungszustand der Kriegsgefangenen feststellen konnte: Mit einem Blick auf den Hintern! Dann kamen zwei Männer in weißen Mänteln zu mir auf die Bühne herauf und untersuchten mich überall, ob ich tätowiert war oder eine Narbe hatte. Ich wurde entlassen: »Der nächste!« Es wurden einige herausgeholt, deren Tätowierung bislang unerkannt geblieben war oder die als Kriegsverbrecher auf einer Fahndungsliste gestanden hatten.

Offenbar gelangte die amerikanische Kommission zu dem Schluß, daß sich die deutsche Norwegen-Armee in ihrem Gewahrsam in einem einwandfreien körperlichen Zustand befand. Diese Einschätzung gereichte uns nicht zu unserem Besten. Einige Tage nach der Überprüfung, am 14. August 1945, erhielten wir unsere Entlassungspapiere vom Hauptquartier der Alliierten Streitkräfte Norwegens. Die meisten Kameraden brachen in eine ungeheure Euphorie aus und feierten, als ob sie schon entlassen wären. Ich gehörte zu der eher skeptischen Minderheit. In mich gekehrt, zog ich Bilanz: Mein Wehrdienst hatte vom 17. Juli 1938 bis zum 25. August 1939 gedauert, mein Kriegsdienst vom 26. August 1939 bis zum 8. Mai 1945. Nun sollte auch die Zeit meiner Internierung enden, und ich fragte mich, was wohl auf mich zukam? Den anderen gelang es, meine Furcht zu zerstreuen. Wir hatten alles schwarz auf weiß: den Entlassungsschein und die Fahrkarte für die Überfahrt nach Bremerhaven – nichts fehlte. Unsere großen Gebirgsjägerrucksäcke waren mit unserer letzten Habe schwer und prall gefüllt.

Während der Bahnfahrt in Güterwaggons zum Hafen von Oslo löste eine »Latrinenparole« die andere ab: »Wir werden zonenmäßig entlassen.« Oder: »Landwirte, Handwerker, Arbeiter und Kraftfahrer werden zuerst entlassen!« Wie viele andere hatte auch ich mein Soldbuch verändert und den Beruf »Friseur« gelöscht. Ich war nun von Beruf gelernter Kraftfahrer. Für die Möglichkeit, früher entlassen zu werden, war ich zu einigem bereit. Am frühen Morgen des 15. August 1945 wurden wir eingeschifft. Die Stimmung war gut – es ging nach Hause! In den Abendstunden legten wir in Bremerhaven an. Da wir bei der Verladung in Oslo alle durcheinandergewürfelt worden waren, gab es nun keine Kompanien oder Gruppen mehr, wir waren eine anonyme Masse von Kriegsgefangenen. Überrascht registrierten wir, daß man uns am Hafenkai angeblich nach Waffen durchsuchte und dabei unsere Uhren und Eheringe abnahm. Wir fragten uns, warum die Amis das machten. Sie kamen doch aus dem Land der unbegrenzten Möglichkeiten und konnten gar nicht so arm sein, daß sie auf das Plündern angewiesen waren! Auffallend viele deutschsprachige amerikanische Soldaten waren unter den Posten, die Beleidigungen wie »Krauts«, »Hunnen«, »Killer«, »Menschenfresser« und amerikanische Kraftausdrücke für uns auf Lager hatten. Beim geringsten Anlaß gab es Fußtritte und Kolbenhiebe. Das waren wir von den Amerikanern in Norwegen nicht gewohnt. Hing es damit zusammen, daß wir zu dem Zeitpunkt noch eine bewaffnete und geordnete militärische Einheit und nicht eine unübersehbare Masse von Wehrlosen gewesen waren? Es schien uns, daß der Haß der Deutsch sprechenden Amerikaner auf uns grenzenlos war. Vielleicht waren die anderen GIs durch die amerikanische Kriegspropaganda zum Deutschenhaß erzogen worden und konnten erst nach längerer Erfahrung im Umgang mit den Deutschen ihre Ansichten ändern? Oder standen wir Soldaten gegenüber, die während ihres Vormarschs in das Herz des »Deutschen Reiches« Konzentrationslager befreit und von den Deutschen begangene Greueltaten mit eigenen Augen gesehen hatten?

Die Verpflegung wurde ab jetzt immer dürftiger. Nun erhielten wir nur noch deutsches Knäckebrot, so daß wir erstmals die Gürtel enger schnallen mußten.

Durch die Überstellung der Kriegsgefangenen nach Deutschland unterstanden sie nicht mehr dem Verfügungsbereich eines alliierten Oberkommandos, sondern befanden sich in Gewahrsam eines einzelnen Staates, in diesem Fall der USA. Während die Briten sich im Umgang mit den Gefangenen grundsätzlich korrekt verhielten, machten sich die amerikanischen Soldaten einen »Sport« daraus, den Gefangenen Uhren, Orden und andere »Andenken« abzunehmen.

Empörend schien mir das Verhalten der deutschen Frauen und Mädchen. Ich beobachtete, wie sie mit schwarzen amerikanischen Soldaten eng umschlungen als Liebespärchen durch die Straßen von Bremerhaven flanierten. Die nationalsozialistische Erziehung hatte uns gelehrt, daß das Rassenschande sei, ein Verstoß gegen die Natur. Meine Moralvorstellung sagte mir, daß solche Beziehungen nicht zu tolerieren waren. Wie meine Kameraden wußte ich nicht mehr, was ich denken sollte. War ich dafür in den Krieg gezogen und hatte für mein Vaterland sechs Jahre gekämpft, hatte die ungeheuren Strapazen, die Angst und das Grauen auf mich genommen und mein Leben eingesetzt? Wir wußten nicht, ob wir uns schämen sollten, ob wir darüber lachen oder ob wir weinen sollten. Die ersten Eindrücke, die wir in Deutschland nach der langen Zeit der Abwesenheit sammelten, schienen also nicht sehr verheißungsvoll.

Wir waren einer unerwartet schlechten Behandlung ausgesetzt: In den frühen Morgenstunden des 16. August 1945 pferchten uns schwarze, amerikanische Soldaten rücksichtslos in die Waggons eines Güterwagens. Wieder flammte unsere Empörung auf. Wir sahen es damals noch als unter unserer Würde an, von »Negern« Befehle entgegenzunehmen und gehorchen zu müssen. Sie waren für uns damals noch Menschen zweiter Klasse. Jede kleine Widersetzlichkeit wurde mit einem Kolbenhieb ins Kreuz oder einem Fußtritt geahndet. Erst mit der Zeit stellten wir fest, daß uns gerade die farbigen Amerikaner sehr verständnisvoll und solidarisch begegneten. Die fairsten und humansten amerikanischen Soldaten, die ich in der Zeit kennenlernte, waren die von uns anfangs so geschmähten schwarzen. Am späten Abend des 18. August erreichten wir die Stadt Bebra, wo wir einen längeren Aufenthalt hatten. Unter strenger Bewachung durften wir uns an den Hydranten waschen und erfrischen, deutsche Rot-Kreuz-Schwestern versorgten uns mit Malzkaffee und Margarineschnitten. Danach wurden die Waggons nicht mehr verschlossen. Als das amerikanische Begleitpersonal verkündete, daß wir in der Nähe von Frankfurt am Main in einem Durchgangslager endgültig entlassen werden, brach großer Jubel aus. Nach längeren Aufenthalten, bei denen die ersten von uns aus dem Zug flüchteten, weil sie in der Nähe zu Hause waren, erreichten wir am 19./20. August gegen Mitternacht den Güterbahnhof in Frankfurt-Höchst. Nun »verabschiedeten» sich einige Frankfurter. Ich zögerte, weil ich meinen großen Gebirgsjägerrucksack mit Kleidungsstücken, die ich zu Hause noch gut hätte gebrauchen können, prall gefüllt dabeihatte. Davon abgesehen, glaubte ich an die Versprechungen der Amerikaner, freigelassen zu werden. Heute ist mir vollkommen unverständlich, warum ich wegen der paar Sachen nicht die Chance zur Freiheit genutzt habe. Ordnungsliebend und gläubig, wie wir deutschen Landser damals waren, blieben die meisten von uns im Zug, um rechtmäßig entlassen zu werden.

Am frühen Morgen des 20. August setzte sich der Güterzug in Bewegung. Fassungslos schauten wir auf die Ruinen, die einmal Frankfurt gewesen waren. Bei offenen Waggontüren und wunderbarem Sommerwetter ging die Fahrt an den grünen Rheinauen vorbei. Nach den zerbombten Städten war dieser Anblick eine Erholung für unsere Seelen. Es hätte nicht viel gefehlt, und wir hätten trotz des Verbotes gesungen; wir waren plötzlich sehr bewegt, und viele von uns wischten sich verstohlen an den Augen und den Wangen.

Nachdem wir Bingen passiert hatten, stoppte unser Zug auf freier Strecke mit einem plötzlichen Ruck. Direkt an unserem Waggon hörten wir Schußsalven, Gebrüll – und schon hatte eines der Geschosse unser Waggondach und eine Wand durchschlagen. Als die Schüsse nachgelassen hatten, riskierte ich einen Blick hinaus und sah entlang unserer Zuges eine Menge erdbrauner Uniformierter mit braunen, französischen Stahlhelmen. Da erscholl auch schon ein Befehl in klarem Deutsch: »Alles aussteigen!« Als diesem Befehl nicht schnell genug Folge geleistet wurde, setzte wieder eine wüste Schießerei ein. Alle versuchten, ihre Panik zu unterdrücken und stiegen so schnell wie möglich aus. »Mein Gott, was wäre das für ein sinnloser Tod«, schoß es mir durch den Kopf, »getroffen von einer blindlings abgeschossenen Kugel auf freier Strecke mitten in Deutschland!«

In einem Kriegsgefangenenlager bei Compiègne waren 7000 junge deutsche Kriegsgefangene untergebracht, September 1945

Wir standen nun französischen Kolonialtruppen gegenüber, Kolbenhiebe und Fußtritte begleiteten uns entlang des Güterzuges in Richtung einer Ponton-Brücke über den Rhein, die wir, getrieben von einem lauten »Allez, allez!« im Laufschritt überquerten. Einige Kameraden, die krank waren und nicht schnell genug liefen, wurden angeschossen oder in den Rhein gestoßen. Auf der anderen Seite des Rheins stellten wir uns in Blöcken zu je hundert Mann auf, von Gewehrkolben und Stiefeltritten angetrieben. Die meisten von uns, darunter auch ich, hatten ihren Rucksack im Waggon zurückgelassen, um schneller zu sein.

Mit dem Wort »Kolonialtruppen« verband ein Soldat im Zweiten Weltkrieg noch immer die Gedankenwelt aus der Zeit der Haager Landkriegsordnung, nach der nur Angehörige eines »Kulturvolkes« – also Europäer – als reguläre Kämpfer galten. Nur ihnen stand der Schutz des Kriegsvölkerrechts zu. Zu Beginn des Jahrhunderts hatten Europäer in den Kolonialkriegen gegen Nordafrikaner, »Schwarze« und Asiaten gekämpft – Aufrührer, die vom Kriegsvölkerrecht nicht geschützt waren. Als dann im Ersten Weltkrieg Briten und Franzosen Kolonialsoldaten auf dem europäischen Kriegsschauplatz einsetzten, diente dieser Umstand der deutschen Propaganda als Beweis dafür, daß Deutschland »eingekreist« sei und sich gegen »eine Welt von Feinden« verteidigen müsse.

Im Zweiten Weltkrieg wurden daher Kolonialsoldaten anders gesehen als »reguläre« Soldaten. Sie wurden zwar nicht auf offizieller Ebene, aber sehr wohl in der Realität schlechter behandelt als »weiße« Kriegsgefangene. Auch hatten die Kolonialsoldaten den Ruf, brutaler als ihre europäischen Kameraden vorzugehen. Welche der beiden Verhaltensweisen Ursache und welche Folge war oder ob sie sich gegenseitig bedingten, ist eine bisher nicht geklärte Frage.

Nachdem wir stundenlang scharf bewacht in der Hitze gestanden hatten, ohne daß wir trinken oder uns setzen durften, marschierten wir abends durch die Innenstadt von Bad Kreuznach. Mir fiel die Passivität der Passanten auf. Niemand gab uns ein Stück Brot oder einen Schluck Wasser. Selbst in Feindesland hatte uns die Bevölkerung bei starker Hitze etwas zum Trinken gereicht. Hier schlichen die Einwohner mit gesenktem Kopf und gebeugtem Rücken an uns vorbei. Später fanden wir eine Erklärung für das Verhalten der Bad Kreuznacher: Einen Tag nach der Kapitulation war ein amerikanischer oder französischer Befehl herausgegeben worden, der es bei Todesstrafe verbot, deutschen Kriegsgefangenen mit Nahrungsmitteln oder Wasser zu helfen. Auf der Landstraße marschierten wir in das Lager Bretzenheim, das unter rein französischer Verwaltung stand.

Dieses Lager war eines der berüchtigsten unter den »Rheinwiesenlagern«. Es war kurz vor Kriegsende entstanden, als die Westalliierten nach der Überschreitung des Rheins nicht mehr in der Lage waren, die vielen deutschen Kriegsgefangenen abzutransportieren. So schuf man auf freien Feldern, den Rheinwiesen, provisorische Lager – einige davon befanden sich im Raum Remagen-Sinzig-Andernach. Wie auch die anderen Rheinwiesenlager in ihrer Besatzungszone hatten die Franzosen das Lager Bretzenheim Anfang Juli 1945 übernommen.

Als wir im Lager Bretzenheim eintrafen, wurde uns schlagartig klar, daß aus unserer Entlassung nichts geworden war. Unsere Enttäuschung war grenzenlos. Wir fühlten uns unendlich betrogen. Bretzenheim war der Hauptumschlagplatz für deutsche Kriegsgefangene. Die Arbeitsfähigen wurden hier zusammengezogen, um an verschiedene Orte in Frankreich zur Zwangsarbeit verschickt zu werden. Wir aus Norwegen waren wohlgenährt, vorzüglich mit Kleidung ausgestattet und in einem tadellosen körperlichen Zustand. Unsere gesamte 7. Gebirgsjägerdivision wurde den Franzosen gewissermaßen als Arbeitssklaven zur Verfügung gestellt. Erst im Jahre 1948 kehrten die letzten unserer Division aus französischer Kriegsgefangenschaft heim!

Ursprünglich hatten die Franzosen die Überstellung von etwa 1,7 Millionen deutschen Kriegsgefangenen für den Arbeitseinsatz in Frankreich gefordert, die sie entsprechend dem Bedarf aussuchen und unter Berücksichtigung der schwierigen Situation in Frankreich in kleinen Gruppen übernehmen wollten. Nach Ende des Krieges in Europa waren die Amerikaner jedoch daran interessiert, sich möglichst schnell der deutschen Kriegsgefangenen zu entledigen. Daher drängten sie die Franzosen, alle deutschen Kriegsgefangenen in den westalliierten Lagern in Frankreich und in der französischen Besatzungszone in Deutschland zu übernehmen. Bei den Gefangenen handelte es sich zu einem hohen Anteil um das »letzte Aufgebot« des Deutschen Reiches; außerdem lebten viele von ihnen schon seit etwa einem Vierteljahr unter völlig unzureichenden Bedingungen. Ihr körperlicher Zustand war zum Teil so schlecht, daß sie kaum zur Arbeit eingesetzt werden konnten. Den Franzosen wurde deshalb die Überstellung eines Teils der deutschen Heimkehrer aus Norwegen und aus den USA zugesagt. Das wichtigste Durchgangslager hierfür war Bretzenheim bei Bad Kreuznach. Johann Lampert zählte zu den etwa 100 000 deutschen Soldaten aus Norwegen, die nach Frankreich geschickt werden sollten.

Uns wurde unsere Situation erst klar, als wir das Lager betraten. Die anderen Insassen starrten uns an, als seien wir von einem anderen Stern, so auffallend gut genährt und gekleidet schienen wir den schwachen, abgemagerten Gestalten, die uns mit Fragen überhäuften. Sie konnten nicht glauben, daß wir uns noch wochenlang nach der Kapitulation in Norwegen frei bewegt, unsere eigene Befehls- und Versorgungsstruktur beibehalten und noch fast bis zur Einschiffung in Oslo unsere Waffen bei uns hatten. Wie eine Herde Vieh wurden wir von den französischen Wachmannschaften in einen bereits vollen Pferch unter freiem Himmel getrieben. Wir wurden nicht registriert. In

Zeichnung aus dem Kriegsgefangenenlager bei Heilbronn, September 1945

der ersten Nacht saß ich auf dem blanken Ackerboden, zum Hinlegen war nicht genug Raum. Meine Freunde hatte ich aus den Augen verloren, ich war allein unter fremden Mitgefangenen. Nun gab es keine gegenseitige Hilfe und Rücksichtnahme mehr. Der einzelne war hilflos und verloren. Die, die sich bereits kannten, bildeten Gruppen, um sich besser durchsetzen zu können. Als ich die bis zum Skelett abgemagerten Gestalten meiner Kameraden sah, die sich schon länger in dem Lager aufhielten, schwor ich mir, daß es für mich nur noch eins gäbe – die Flucht.

Ich besaß kein Kochgeschirr mehr, um die zwei Löffel Dörrgemüse – das Frühstück – aufzubewahren, deshalb ging ich bei der Essenverteilung leer aus. Ich mußte mir also irgendwo eine leere Konservenbüchse organisieren. Beim Verteilen der Lebensmittelportionen gab es denselben Streit wie anderswo auch, darüber könnte ich ein Buch schreiben. Ich mußte mich als einzelner einer Zehnergruppe anschließen, um zu einer Portion Suppe oder Brei zu kommen. Als Neuer wurde man stets benachteiligt – man bekam als letzter die kleinste Portion. Das Essen war so knapp und von so schlechter Qualität, daß nach vier Wochen bei jedem von uns die ersten Schwächesymptome sichtbar wurden. Es gab 800 Kalorien pro Tag; der sichere Weg, langsam zu verhungern. Man war ständig bestrebt, sich noch etwas Zusätzliches zu organisieren. Aufgrund meiner guten körperlichen Verfassung in den ersten Tagen, konnte ich mich zum Arbeitsdienst im Lager melden. Ohne die Zusatzverpflegung, die ich dafür bekam, wäre ich auch arbeitsunfähig geworden. Krank durfte man in diesem Lager nicht werden. Ich sah die Ruhrkranken, wie sie bis aufs Skelett abgemagert durch das Lager wankten. Es sollen einige vor Schwäche von der Latrine in die Jauchegrube gefallen und in den Exkrementen ertrunken sein. Mit eigenen Augen habe ich Nahrungsmittel vor den Toren des Lagers Bretzenheim gesehen, die aber nicht an uns ausgegeben wurden. Niemand wurde in das Lager hereingelassen, nicht einmal das Deutsche Rote Kreuz.

Viele der Kriegsgefangenen in den Rheinwiesenlagern berichteten, keine Hilfe von außen erhalten zu haben. Andere wiederum – Gefangene, Bürgermeister, Pfarrer und Leute aus der Bevölkerung – bezeugten, daß es sehr wohl Hilfsmaßnahmen gegeben hat: Von Lebensmitteln, die über den Zaun geworfen wurden, bis zu groß angelegten Sammelaktionen, von denen aber der einzelne Gefangene nichts wußte, da die Spenden zentral in der Lagerverwaltung abgegeben wurden. Eine entscheidende Rolle spielte das Verhalten des Wachpersonals: Der eine half, Lebensmittel über den Zaun ins Lager zu schaffen, der andere schoß, wenn sich Zivilisten näherten.

Die Lebensmittelversorgung war bei Kriegsende in Europa äußerst schlecht und Hunger weit verbreitet. In den meisten Städten lagen die Lebensmittelrationen zwischen 1000 und 1500 Kilokalorien pro Tag. Während des Krieges hatte die deutsche Bevölkerung aufgrund rücksichtsloser Ausbeutung in den besetzten Gebieten nicht hungern müssen. Nun, nach Kriegsende, erwartete sie, insbesondere angesichts der schier unbegrenzten amerikanischen Ressourcen, daß es aufwärts ginge. Statt dessen setzte nun der Hunger ein.

Die Gefangenen hatten gemäß Haager Landkriegsordnung und Genfer Konvention den gleichen Rechtsanspruch auf Ernährung wie die Ersatztruppenteile der Gewahrsamsmacht. Dem versuchten sich die Westalliierten zu entziehen, indem sie den Status der »Disarmed Enemy Forces« schufen. Schließlich mußte die amerikanische Armee zu diesem Zeitpunkt etwa zwanzig Millionen Menschen versorgen – neben der eigenen Truppe etwa sechs Millionen DPs sowie die hungernde Bevölkerung in den befreiten Gebieten. Hinzu kamen noch die Millionen deutscher Kriegsgefangener in den Lagern sowie – gemäß der Haager Landkriegsordnung – auch die deutsche Zivilbevölkerung, soweit sie sich nicht selber versorgen konnte.

Die deutschen Kriegsgefangenen in dieser Situation kriegsvölkerrechtsgemäß zu ernähren wäre den Westalliierten nur zu

Lasten der DPs und der befreiten Gebiete möglich gewesen. Dies aber wäre moralisch nicht vertretbar und auch politisch nicht durchsetzbar gewesen.

Als ich feststellte, daß es in dem Lager offenbar eine Hierarchie gab, war ich schockiert. Während viele Kameraden elend den Hungertod starben, spazierten die deutsche Lagerverwaltung und die Lagerpolizei wohlgenährt und mit gepflegtem Äußeren an ihnen vorbei, ohne Anstalten zu machen, ihnen zu helfen. Im Gegenteil: Bei den geringsten Verstößen gegen die Lagerordnung griffen sie mit einer für mich unbegreiflichen Brutalität ein. Selten mußten diese Peiniger ihre Schuld sühnen. Sie lebten abgesondert von uns in Zelten und selbst errichteten Hütten, während wir unter freiem Himmel hausten oder uns primitive Erdhöhlen gruben, in die wir uns in der Nacht legten. Bei starkem Regen rieselten ganze Bäche durch das Lager, das ganze Feld mit unseren Schlaflöchern stand unter Wasser und verwandelte sich in eine einzige Schlammasse. Nach ungefähr vierzehn Tagen legten die Franzosen die Karten auf den Tisch: Wir sollten mindestens drei Jahre für den Wiederaufbau arbeiten. Es gab drei Möglichkeiten des Arbeitseinsatzes: die Arbeit im Bergwerk, in der Landwirtschaft oder im Minenräumkommando. Später warben sie zusätzlich für ihre Fremdenlegion. Die Arbeitsfähigen wurden Anfang September wiederum in einen Güterwagen gesetzt, in Bretzenheim verblieben nur die, die nichts mehr leisten konnten. Wie viele davon gestorben sind, entzieht sich meiner Kenntnis.

Kurz nach der Kapitulation hatten die Amerikaner die meisten der gefangengenommenen Jugendlichen und alten Volkssturmmänner entlassen. Bald darauf auch Bauern, Bergleute, Eisenbahner und andere für das Funktionieren des Wirtschaftssystems unentbehrliche Arbeiter. Nach der Übernahme der Lager durch die Franzosen bzw. die Briten konnten die Kranken und Verwundeten nach Hause gehen, da sie als Arbeitskräfte unbrauchbar waren, ebenfalls jene, die aus der Besatzungszone stammten, in der sich ihr Lager befand. Aufgrund dieser Auswahlkriterien verblieben in den Lagern für den Transfer nach Frankreich relativ viele Gefangene aus der sowjetisch besetzten Zone.

Auf dem Bahnhof von Bad Kreuznach wurden wir verladen; wir fuhren den ganzen Tag, ohne einmal herausgelassen zu werden. Verpflegung hatten wir keine bekommen; der Durst war das Schlimmste. Am Abend fuhren wir in ein kleines Städtchen ein. Es hieß St. Avold und lag nicht weit von Metz an der Hauptstrecke nach Paris. Wir befanden uns also gar nicht weit von der deutschen Grenze entfernt – und das war vorerst das wichtigste für mich. Eine alte Kavalleriekaserne diente als Lager. Es war völlig überfüllt. Trotzdem bedeutete diese Unterbringung für uns eine spürbare Erleichterung. Wir lebten nun nicht mehr auf einem offenen, morastigen Feld, sondern in festen Bauten. Übergriffe und Schikanen der Bewachungsmannschaften waren wir nicht mehr so sehr wie bisher ausgesetzt. Ich lagerte in einem großen Pferdestall auf dem mit etwas Stroh bestreuten Betonboden und hatte ein Dach über dem Kopf. Ich hatte mir sogar ein Stück Kartonpappe als Unterlage zum Schlafen beschafft. Alles konnte für einen anderen Zweck umfunktioniert werden, und wenn es auch nur ein Fetzen Papier oder ein Büschel Stroh war. Was man selbst nicht brauchen konnte, wurde gegen etwas anderes eingetauscht. Alles wurde nur »organisiert«, das war in solchen Lagern sogar lebenswichtig. Wer das nicht konnte, ging zugrunde. Mein Schlafnachbar, bedeutend älter als ich, hätte mein Vater sein können – ein Studienrat aus einem Ort bei Mülheim an der Ruhr. Er war krank und hustete dauernd. Trotz der vielen Überprüfungen hatte er viele persönliche Sachen behalten und mit ins Lager bringen können. Aber seine Freude darüber war nur von kurzer Dauer – in einem unbewachten Moment war alles verschwunden. Die Franzosen hatten vielleicht Mitleid mit ihm gehabt, die eigenen Kameraden nicht.

Oft konnte er nachts nicht schlafen und weinte dann manchmal vor sich hin. Ich tröstete ihn und half ihm, wo ich nur konnte. Mit der Zeit entwickelte sich ein Vater-Sohn-Verhältnis zwischen uns beiden. Während ich mich bei der Lagerverwaltung zum Arbeiten meldete, wodurch immer etwas zusätzliche Kost abfiel, oder zum Organisieren unterwegs war, bewachte er unsere Schlafstätte und meine Habseligkeiten. Er wurde mein Ratgeber in vielen Fragen.

In den Lagern war Diebstahl weitverbreitet, vor allem in der Zeit des größten Hungers. Alle ehemaligen Kriegsgefangenen berichten davon, unabhängig, unter welcher Gewahrsamsmacht sie interniert waren. Not macht nicht nur erfinderisch, sie senkt auch die moralische Hemmschwelle. Um sich davor zu schützen, taten sich häufig mehrere Gefangene zusammen. Wenn der eine den Platz verließ, paßte der andere auf die Habseligkeiten beider auf und schützte so das wenige, was man besaß. Dieses Verfahren hatte noch einen weiteren Effekt: Es bot eine sinnvolle Aufgabe – und das war fürs Überleben ebenfalls äußerst wichtig. Erfahrungen in anderen Zusammenhängen, etwa bei Zivilinternierten, haben immer wieder gezeigt, daß Mütter, Krankenschwestern und Ärzte in Gefangenschaft eine überdurchschnittliche Überlebensrate aufwiesen – sie hatten eine Aufgabe, die sie von ihren eigenen Problemen ablenkte und zum Durchhalten zwang.

Ich traf in dem Lager einen Kompaniekameraden wieder, mit dem ich zusammen den Frankreich- und den Rußlandfeldzug erlebt hatte. Er war Unteroffizier geworden und jetzt bei der deutschen Lagerpolizei. Die Wiedersehensfreude war auf beiden Seiten groß, dennoch hatte ich Vorbehalte. Warum war er nun bei der Lagerpolizei? Er verhalf mir zu Arbeitskommandos, über die jeder im Lager froh gewesen wäre. Ich überlegte, ob er mir bei meiner geplanten Flucht von Nutzen sein könnte. Mein Lagerstatt-Nachbar warnte mich eindringlich: »Wer bei der Lagerpolizei ist, verrät Dich!« Was für eine verrückte Welt, dachte ich: »In Rußland haben wir Seite an Seite gekämpft und gefeiert, wenn wir wieder einmal überlebt hatten, und waren fast wie Brüder zueinander, und nun entwickelte ich in der Gefangenschaft ein solches Mißtrauen ihm gegenüber!«

Die Lagerprominenz und der Umgang mit ihr gehört zu den sensibelsten Themen der Kriegsgefangenschaft. Einerseits war es mit vielen Vorteilen verbunden, in der Lagerverwaltung tätig zu sein, andererseits begab man sich damit in die totale Abhängigkeit von der Gewahrsamsmacht. Jederzeit konnte man ohne Angabe von Gründen abgelöst, durch einen anderen Gefangenen ersetzt und selbst wieder in das namenlose Heer der »Normalgefangenen« zurückgestoßen werden. Die Angst davor zwang einen Angehörigen der Lagerprominenz, sich immer wieder aufs neue des Wohlwollens der Gewahrsamsmacht zu versichern – und sei es durch den Verrat von Kameraden. Diese kritischen Bemerkungen sollen aber nicht verdecken, daß es auch deutsche Lagerleitungen gab, die für das Wohl ihrer Kameraden arbeiteten.

Die Bewachungsmannschaft bestand mit wenigen Ausnahmen aus deutschsprachigen Franzosen aus dem Elsaß. Jeden Morgen um sieben Uhr mußten wir zum Zählappell auf dem Kasernenhof Aufstellung nehmen. Bei einem dieser Zählappelle fiel plötzlich ein Schuß. Es sprach sich wie ein Lauffeuer herum, daß ein Marinemaat auf seinem Lager von einem französischen Korporal erschossen worden sei. Der Maat war krank und hatte nicht auf dem Kasernenhof zum Appell antreten können. Der Korporal war als Deutschenhasser bekannt und früher bei der französischen Fremdenlegion gewesen. Im

Improvisierte Arrestzellen für deutsche Offiziere in einem Kriegsgefangenenlager in Frankreich, Sommer 1945

Lager nahm er einen hohen Posten ein. Wir alle waren empört und aufgeregt. Die Franzosen verstärkten daraufhin ihre Wachen, sie fürchteten eine Meuterei und ließen uns in die Unterkünfte marschieren. Einige weitere Schüsse fielen zwar noch, aber es dürfte sich dabei eher um Warnschüsse gehandelt haben. Letztlich blieb es im Lager ruhig. Die Angelegenheit wurde von der deutschen Lagerleitung in Form eines Gesuches gemeldet, und angeblich sei daraufhin eine Kommission aus Genf gekommen, aber ich habe sie weder gehört noch gesehen. Dem Korporal ist nichts geschehen. Er schikanierte weiter die Leute und verbreitete, daß er nach den Gesetzen der Fremdenlegion keinen Fehler gemacht habe.

Bereits seit ihrer Gründung hatte die französische Kriegsgefangenenverwaltung mit großen Problemen zu kämpfen. Eines davon war der Mangel an geeignetem Personal. Während des Krieges hatten gute Soldaten in den kämpfenden Einheiten gedient, und nach seinem Ende war es schwierig, Männer für diese Bewachungsaufgaben zu gewinnen. Übergriffe des Wachpersonals wurden – wenn sie bekannt wurden – streng geahndet, wobei die Gefangenen davon in der Regel wohl nichts erfuhren.

Mein Freiheitsdrang und der Wunsch, nach Hause zu kommen, wurde immer größer. Ich suchte überall im Lager nach Fluchtmöglichkeiten. Heilfroh war ich, als ich einen Job in der Küche bekam, der mich aus dem Lager hinausführte. Wir mußten mit dem Koch in den Schlachthof von St. Avold fahren, um Fleisch und Knochen abzuholen. Es war keine gute Ware, und trotz meines ständigen Heißhungers verging mir der Appetit auf Fleisch. Unsere mit Gewehren bewaffneten Wachen ließen uns keine Sekunde aus den Augen. Trotzdem bewegte mich der Gedanke an Flucht unablässig.

Im Herbst 1945 zeigte sich, daß die Franzosen nicht in der Lage waren, die so schnell in so großer Anzahl übernommenen Gefangenen zu verpflegen und unterzubringen. Die katastrophalen Zustände in den Lagern erregten Aufsehen in der französischen Öffentlichkeit. Es kam zu Diskussionen, in denen die einen der Auffassung waren, daß Frankreich sich dadurch genauso schuldig mache wie das Deutsche Reich mit seinen Konzentrationslagern. Andere vertraten die Ansicht, daß das Leid der deutschen Kriegsgefangenen eine gerechte Folge des von den Deutschen begonnenen Krieges sei. Im August 1945, und nochmals im November, protestierte das Internationale Rote Kreuz bei den Amerikanern. Es wurde darauf hingewiesen, daß im Winter 1945/46 zweifellos Hunderttausende Kriegsgefangene sterben würden, wenn sich nichts Entscheidendes ändere. Daraufhin nahmen die Amerikaner die schwächsten Lagerinsassen – die juristisch gesehen nur »ausgeliehen« waren – zurück in ihren Gewahrsam und entließen sie oder brachten sie in Lazarette. Weitere Hilfsmaßnahmen sowohl von amerikanischer als auch französischer Seite verhinderten dann eine größere Katastrophe, von einer einigermaßen normalen Versorgungssituation in den Lagern konnte jedoch erst ab Herbst 1946 die Rede sein.

Anders sah die Situation zumeist für die vielen Gefangenen aus, die bei den Familien der französischen Bauern und Handwerker untergebracht waren. Sobald persönliche Kontakte zustande kamen, ergaben sich ähnliche Fraternisierungseffekte wie auch schon in Deutschland den französischen Kriegsgefangenen gegenüber. Und auch in Frankreich waren es wie in Deutschland die Öffentlichkeit und die Behörden, die sich restriktiv verhielten.

Am Anschlagbrett wurde neben Bildern von deutschen Konzentrationslagern und Lagern für sowjetische Kriegsgefangene in Deutschland außerdem Werbung für die Meldung zur Fremdenlegion ausgehängt. Das war für mich ein Hoffnungsschimmer und schien mir als Ausgangspunkt für eine Flucht günstiger zu sein als das Lager.

Ohne mich lange zu besinnen, ließ ich mich als Bewerber für einen Dienst in der Fremdenlegion registrieren. Von da an wirkten meine Bewacher wie ausgewechselt, das erste Mal wurde ich von der Verwaltung höflich und sehr freundlich empfangen. Sie siezten mich und gaben mir völlig unerwartet ein schönes neues Khakihemd. Man sagte mir, ich solle morgen den Eintritt in die Fremdenlegion schriftlich bestätigen.

Die Meldung zur Fremdenlegion, für die in französischen Kriegsgefangenenlagern tatsächlich geworben wurde, war vor allem für solche Personen attraktiv, die aufgrund ihres Verhaltens während des Krieges mit Nachteilen oder gerichtlicher Verfolgung zu rechnen hatten. Hierzu gehörten insbesondere die Soldaten der Waffen-SS. Die Fremdenlegion hat allerdings in der Vergangenheit nie Angaben darüber gemacht, wieviel sich tatsächlich gemeldet hatten. Ihre Zahl ist wahrscheinlich überschätzt worden. Vermutlich waren es bis 1946 insgesamt 5000 Deutsche, die diesen Ausweg wählten.

Mein väterlicher Freund hielt mich aber von meinem Vorhaben ab. Ich erschien nicht zum anberaumten Termin und unterschrieb nichts. Es dauerte nicht lange, und ich wurde von zwei bewaffneten französischen Soldaten abgeholt und einem Colonel und seinen Beisitzern vorgeführt. Man kann nicht sagen, daß sie zimperlich mit mir umgingen. Als ich bei meiner Weigerung blieb, wurde ich mit Gewehrkolbenhieben und Fußtritten zurück in meine Unterkunft geprügelt. Durch meine unüberlegte Meldung zur Legion hatte ich meinen Arbeitsdienst bei der Lagerküche verloren und unterlag nun einer Sonderbewachung. Ich war der einzige, der sich zwar zur Fremdenlegion gemeldet, aber einen Rückzieher gemacht hatte. Seitdem wurde ich von meinen Kameraden »Legionär« genannt und nahm so etwas wie eine Anführerposition ein, was meinen Fluchtplänen nicht gerade zuträglich war. Als kurz darauf fünfzig Mann zu einem Minensuchkommando abkommandiert wurden, war ich dabei – ich wurde praktisch strafversetzt. Ich wunderte mich, daß ich das Khakihemd behalten durfte. Der Abschied von meinem väterlichen Freund war furchtbar und für uns beide sehr schmerzlich. So landete ich mit weiteren hundert Kameraden in einem kleinen Kriegsgefangenenlager an der Maginotlinie.

Gemäß den Bestimmungen der Genfer Kriegsgefangenen war es eindeutig verboten, Kriegsgefangene zum Minenräumen einzusetzen. Dennoch stimmten auf der Konferenz von San

Francisco im Frühjahr 1945 die Anglo-Amerikaner auf Verlangen der Franzosen – wenn auch widerstrebend – der Verwendung überstellter deutscher Kriegsgefangener für diese Zwecke zu. Der Rückgriff auf Kriegsgefangene zum Minenräumen in Frankreich war allerdings kein Einzelfall. Abgesehen von Großbritannien, das nach den deutschen Bombardierungen 1940 einen eigenen staatlichen Räumdienst aufgebaut hatte und nur in geringem Umfang auf ausgebildete deutsche Spezialisten zurückgriff, wurden auch in den Benelux-Staaten, in Dänemark und in der Nord- und Ostsee deutsche Soldaten für diese Zwecke eingesetzt. Dabei handelte es sich allerdings um geschlossene, unter deutscher Leitung stehende Einheiten, die vorwiegend aus freiwilligen Fachleuten bestanden, gut versorgt waren und ihre Arbeit im Auftrag der britischen Gewahrsamsmacht erledigten.

Während der Fahrt in dem leeren, offenen Kohlewaggon der französischen Eisenbahn wurde es uns nicht langweilig. Wir wurden von nicht gerade freundlich gesonnenen Franzosen von den Brücken herunter mit Steinen und Unrat beworfen.

In Frankreich war es sowohl im Ersten Weltkrieg als auch unmittelbar nach dem Zweiten Weltkrieg durchaus an der Tagesordnung, gegenüber deutschen Gefangenen eine aggressive Haltung einzunehmen. Die französischen Wachmannschaften hatten die Anweisung, derartige Ausschreitungen zu verhindern und die deutschen Gefangenen zu schützen. Oft waren sie aber dazu nicht in der Lage.

In einem größeren Steinbau, wahrscheinlich das frühere Wirtschaftsgebäude eines Gutshofes, wurden wir im Obergeschoß in einem der Säle untergebracht. Wir lagerten glücklicherweise auf einem dürftig mit Stroh ausgelegten Holzfußboden. Der Raum war für die hundert Mann sehr eng bemessen, aber daran hatten wir uns schon gewöhnt. Das Erdgeschoß hatten die französische Lagerleitung und die Bewachungsmannschaft belegt, während sich im Keller eine Feldküche, Magazine und sonstige Wirtschaftsräume befanden.

Unsere Bewachungsmannschaft rekrutierte sich zum großen Teil aus deutschsprachigen Franzosen. Seltsamerweise kam ich auch hier besser mit den Französisch sprechenden Bewachern aus. Sie schienen mir freundlicher und ehrlicher im Umgang mit uns. Bei Tauschgeschäften über den Lagerzaun waren es vor allem deutsch-französische Zivilisten und Militärs, die sich unsere Habseligkeiten hinüberwerfen ließen und dann einfach abhauten, ohne daß wir das verabredete Tauschobjekt bekamen.

»Zaunarbeit« nannte man das – es gab sie überall, wo Kriegsgefangene an einem für die Öffentlichkeit zugänglichen Platz in einem Lager lebten. Die Zivilbevölkerung ging in solchen Fällen am Außenzaun des Lagers entlang und bot Artikel an, die für die Gefangenen nützlich sein konnten, zum Beispiel Lebensmittel oder Tabak. Die Gegenleistung der Kriegsgefangenen bestand in Andenken, wie Orden und Ehrenzeichen, oder in Wertgegenständen, wie Uhren und Eheringen.

Ich plante nun verstärkt meine Flucht, 90 Prozent der Insassen hatte dieselben Gedanken. Jedoch schien es mir, daß die wenigsten ein volles Risiko eingehen würden. Ich wollte Weihnachten zu Hause bei meiner Familie sein und war zu allem bereit. Ich hatte während des Krieges eine zauberhafte, junge Frau kennengelernt. Wir hatten im August 1940 während eines Fronturlaubs geheiratet. Meine Frau hatte während des Krieges immer zu mir gehalten. Sie war mir in alle Garnisonsunterkünfte und Truppenübungsplätze in Deutschland nachgereist. In Bamberg brachte sie immer in Erfahrung, wenn ich während einer Bahnfahrt dort Aufenthalte hatte. So konnten wir uns einige Minuten sehen, bevor mich der Truppentransport wieder an einen anderen Ort brachte. Meine Sehnsucht nach meiner Familie und meiner Heimatstadt wuchs von Tag zu Tag. Mein siebter Sinn warnte mich, nicht noch länger in diesem Lager zu bleiben. Wir waren in dieses Lager zum Minenräumen gekommen. Das Risiko, dabei sein Leben zu verlieren, war genauso groß wie das Risiko, das ich bei einer Flucht einging. Auf was sollte ich also noch warten?

Die Zeit für eine Flucht wurde knapp, denn es kündigten sich Frost und Schnee an. Im Schnee hätte man die Spur von flüchtenden Menschen ohne weiteres aufnehmen können. Wir waren eine Gruppe von sieben Mann, die sich unter dem Motto »Weihnachten zu Hause« zusammengeschlossen hatten.

Im Januar 1946 sollte der Minenräumkurs beginnen. Bei irgendeiner Gelegenheit kam ich mit einem Ausbilder ins Gespräch, wobei ich ihm erklärte: »Ich habe bei der Wehrmacht keine Minen geräumt und werde auch hier keine räumen!« Er antwortete: »Wir haben unsere Mittel und Wege!« »Ich bin dazu nicht ausgebildet!« »Ihr werdet schon ausgebildet werden, keine Bange«, lautete die Antwort. Mich ritt der Teufel: »Ihr kriegt mich nicht rein!« Er versicherte mir lächelnd, daß sie noch jeden in das Minenfeld bekommen hätten. Kameraden, die schon Minen geräumt hatten, erzählten mir, daß fast alle Ausbil-

Deutsche Kriegsgefangene beim Minenräumen am Strand von Deauville, September 1944

der rigorose Kerle seien, die rücksichtslos vorgingen und vor nichts zurückschreckten. Den Kriegsgefangenen würde so lange vor die Füße geschossen, bis sie vor Angst in das Feld gingen. Manchen würde in die Füße geschossen, einige wären erschossen worden. Die offizielle Todesursache lautete immer: »Auf der Flucht verletzt« oder »Auf der Flucht erschossen«. Meine Trotzreaktion bereute ich hinterher bitter, denn nun wurde ich mindestens dreimal pro Nacht in unregelmäßigen Zeiten kontrolliert. Die Franzosen hielten mich für einen Wortführer innerhalb meiner Unterkunft und richteten deshalb ein besonderes Augenmerk auf mich.

Ursprünglich hatten die Franzosen erklärt, sie würden lediglich deutsches Fachpersonal für die Räumung der von den Deutschen gelegten Minen, mit denen diese sich ja am besten auskannten, beschäftigen. Sie konnten auch darauf verweisen, daß die Deutschen 1940 nach der Niederlage der Franzosen die Minen der Maginotlinie von französischen Kriegsgefangenen hatten räumen lassen.

Tatsächlich wurden nun aber keineswegs nur freiwillige Fachleute, sondern Soldaten wie Johann Lampert eingesetzt – ohne Ausbildung und angemessene Ausrüstung. Außerdem mußten die deutschen Gefangenen auch alliierte Blindgänger beseitigen – eine äußerst gefährliche Tätigkeit, für die kein Deutscher ausgebildet war.

Exakte Zahlen sind bis heute nicht bekannt, aber von insgesamt etwa 40 000 beim Minenräumen eingesetzten Deutschen sollen anfangs 40 Prozent ums Leben gekommen sein. Proteste des Internationalen Roten Kreuzes bewirkten dann eine Verbesserung der Schulung, Versorgung und Ausrüstung. Ab 1946 sank die Todesquote drastisch, soll allerdings vier Prozent auch gegen Ende nicht unterschritten haben.

Eine Flucht zur Nachtzeit wäre nun viel zu gefährlich gewesen. Inzwischen hatte ich schon heimlich mit einer Kombizange einen Durchschlupf im Stacheldrahtverhau vorbereitet und ausgekundschaftet, daß ein schmales, unvergittertes Kellerfenster des Wirtschaftsgebäudes als Durchgang zu der nicht so hell beleuchteten Hinterfront des Lagers dienen konnte. Dank der dürftigen Ernährung im Lager hatte ich inzwischen gewissermaßen eine Idealfigur für diesen Fluchtweg. Alles war vorbereitet, ich wartete nur noch auf den richtigen Zeitpunkt. Wir sieben hatten den 12. Dezember als Fluchttag festgelegt, aus verschiedenen Gründen waren die anderen aber an diesem Tag nicht bereit loszugehen. Ich stand enttäuscht und traurig am Fenster unseres Schlafsaals, als mich Karl Fürst, der Marinemaat, fragte: »Was ist?« Ich erwiderte: »Machst du mit? Nur wir zwei?« »Klar!« lautete die Antwort. Ich packte unauffällig meine Sachen zusammen. Den Proviant, eine kleine Büchse Corned beef und etwas Brot, steckte ich in die Taschen. Endlich war es soweit. Wir hatten uns zum Essenholen einteilen lassen. Es war üblich, daß die Zurückbleibenden die Essenholer foppten, einer rief uns hinterher: »Kommt aber wieder!« Das legte sich auf unser Gemüt und weckte Schuldgefühle in uns. Ob sie Bescheid wußten? Klar war, daß die Gruppe heute ohne Abendessen auskommen und wahrscheinlich einiges über sich ergehen lassen mußte. Sie würden für uns büßen müssen.

Nach den Regeln der Genfer Kriegsgefangenenkonvention konnten Soldaten, die anderen zur Flucht verholfen hatten, dafür bestraft werden, nicht jedoch Unbeteiligte. Nicht nur bei den Franzosen galt es als eines der probatesten Mittel, nach einem Fluchtversuch die gesamte Gruppe zu bestrafen, der der Flüchtling angehört hatte. Das Wissen um die nachfolgende Bestrafung der anderen hinderte manche an der Flucht, wie auch mancher Fluchtplan von Kameraden verraten wurde, um einer späteren kollektiven Bestrafung vorzubeugen.

»Stacheldrahtseminar« für katholische deutsche Kriegsgefangene in Le Coudray/Chartres, Frankreich, April 1947. In diesem Lager wurden sie zu Priestern ausgebildet

Wir hatten den Zeitpunkt 18.00 Uhr gewählt, weil sich um diese Zeit alle Wachmannschaften in der Küche drängelten, um von der Suppe das Fleisch und die fette Brühe abzuschöpfen. Ich zwängte mich durch das Fenster im Keller des Gebäudes, dann überquerten wir den Hinterhof. Wie Schlangen robbten wir am Stacheldraht entlang. Dann kletterten wir durch die Lücke im Zaun, die ich geschnitten hatte. Als wir endlich draußen waren, sind wir gerannt, so schnell wir nur konnten. Sobald im Lager bekannt würde, daß wir geflüchtet waren, würde eine Großfahndung mit allen Mitteln, mit Autos, Hunden und Motorrädern beginnen. Glücklich über den bisherigen guten Verlauf, sagte ich fast pathetisch zu meinem Begleiter: »Auf nach Osten, der Heimat zu! Matrose, jetzt bist Du mit Deinem Kompaß dran!« Er besaß nämlich einen Kompaß. Wir mußten vorsichtig sein, denn es gab überall Minenfelder. Nach zwei Stunden sahen wir am Horizont Scheinwerfer aufblitzen. Es dauerte keine zehn Minuten, als auf den Wegen und Straßen vor uns ein reger Verkehr einsetzte. Nun waren sogar Suchkommandos mit Hunden zu hören. Sie hatten uns eingekreist und das Gelände, besonders zur deutschen Grenze hin, verstärkt abgeriegelt. Ich hatte es so erwartet. Wir wichen nach Norden aus, wodurch wir uns langsam, aber sicher von unseren Verfolgern entfernten. Die erste Nacht verbrachten wir in einem alten Unterstand. Sorgsam verwischte ich die Spuren. Wir tarnten den Eingang und konnten so ungestört von vier Uhr nachts bis 17.00 Uhr am an-

Deutsche Gefangene im französischen Lager Mulsanne sur Sarthe, mit Nissenhütten; rechts eine Küchenbaracke, davor ein Haufen Kohlblätter, Sommer 1946

deren Tag schlafen. Gegen 17.30 Uhr marschierten wir los, beide hatten wir uns vorgenommen, Weihnachten zu Hause zu sein.

Wenn hier nach der erfolgreichen Flucht von Meinhard Glanz noch von einem weiteren Fluchtversuch berichtet wird, könnte der falsche Eindruck entstehen, viele oder die meisten deutschen Kriegsgefangenen in Frankreich hätten ihre Gefangenschaft auf diese Weise beendet. Natürlich war es leichter möglich, aus Frankreich, insbesondere aus dem deutsch-französischen Grenzgebiet, zu fliehen als aus Großbritannien, den USA oder aus der UdSSR. Nach französischen Angaben entfielen auf etwa 170 000 Fluchtversuche ca. 80 000 »Erfolge«. Bedenkt man, daß – wie Johann Lampert zu Recht berichtet – in der Kategorie »Flucht« auch solche Personen enthalten sind, bei denen die Todesursache auf diese Weise vertuscht wurde, dann liegt die Vermutung nahe, daß der Anteil der tatsächlich erfolgreich Geflohenen nicht nennenswert über fünf Prozent von den mehr als 900 000 Gefangenen gelegen haben kann.

Wir hatten geplant, bei Forbach-Saarbrücken die Grenze illegal zu überschreiten. Als wir nach einem langen Marsch kurz vor Tagesanbruch um fünf Uhr in der Frühe des 14. Dezember 1945 die letzte französische Stadt, Forbach, vor uns liegen sahen und nun fast die Grenze erreicht hatten, fühlten wir uns sicher genug, die Flucht auch bei Tage fortsetzen zu können. In einem nahe gelegenen Wäldchen wuschen wir uns ungestört und machten uns stadtfein. Wir rasierten uns gründlich und säuberten unsere Kleidung. Ich hatte einen Norwegerpullover an, von dem wir das »PG«-Zeichen abzukratzen versuchten. In unseren Uniformhosen fielen wir nicht auf – viele Zivilisten trugen damals Uniformstücke. Es war noch dunkel, als wir gegen acht Uhr morgens auf der Chaussee nach Forbach den ersten Fußgängern, französischen Arbeitern, begegneten. Zivilautos und amerikanische sowie französische Militärfahrzeuge fuhren an uns vorbei. Sie nahmen keinerlei Notiz von uns, und wir fühlten uns sicher.

Nun mußten wir bis zur Nacht warten, dann wollten wir auf die Ladefläche eines Militärfahrzeugs aufspringen, das Richtung Saarbrücken fuhr. Wir wollten die Zeit dazu nutzen, etwas Eßbares aufzutreiben. Aber uns fehlte das nötige Geld. Obwohl wir wußten, daß auf entflohene deutsche Kriegsgefangene ein Kopfgeld von 1500 Franc ausgesetzt war, klingelten wir an einem villenartigen, zweistöckigen Wohnhaus; das Namensschild zeigte den deutschen Namen »Baumann«. Eine sehr gepflegte Dame im Alter von etwa 40 Jahren öffnete die Tür. Ich war vollkommen fasziniert von der gutaussehenden Erscheinung. Schon lange hatte ich keine Frau mehr in Abendrobe gesehen. Sie fragte mich mit einem äußerst ängstlichen Ausdruck in ihrer Stimme: »Sie wünschen?« Mir fiel ein Stein vom Herzen, als sie Deutsch sprach: »Entschuldigen Sie bitte, ich bin Flüchtling und bitte um eine milde Gabe.« »Warten Sie einen Augenblick«, bedeutete sie mir und rauschte die Treppe hoch in ihre Wohnung und telefonierte. Als ich das Wort »Gendarmerie« und »un prisonnier de guerre« hörte, bestätigte sich mein Verdacht. Sie wollte sich das Kopfgeld verdienen, obwohl sie es wohl nicht unbedingt nötig gehabt hätte. Wir versteckten uns, und tatsächlich kam nach einigen Minuten die Polizei und suchte die Gegend mit ihren Autos ab. Nur langsam schlich die Zeit dahin, bis der Verkehr in den Straßen von Forbach allmählich abnahm. Wir beobachteten die amerikanischen Trucks, die in Richtung Grenze fuhren, aber das mit dem Aufspringen wollte einfach nicht gelingen. Wir hielten die Situation für zu riskant.

Nun mußten wir uns irgendwo ein Quartier suchen und hatten Glück. Gegen 23.00 Uhr gingen wir in einem Arbeiterviertel durch die Straßen. Ein kleines Haus war hell erleuchtet, im Hausflur standen zwei junge Frauen und unterhielten sich. Als wir uns näherten, musterten sie uns aufmerksam und fast wohlwollend. Das gab mir Mut, und ich trug mein Anliegen vor. Sie bewirteten uns mit Weißbrot, Marmelade und Rotwein. Wir haben uns beide geschämt, daß wir so viel Brot genommen haben, aber die Mädchen sagten: »Nehmt euch nur, wir haben genug Brot da.« Sie deuteten an, daß sie uns bei einer Unternehmung am nächsten Tag gut gebrauchen könnten und uns im Gegenzug zu einem reibungslosen Grenzübertritt verhelfen würden. Um fünf Uhr wurden wir geweckt, wir zogen los zu einer Bäckerei, wo wir mit etwa fünf anderen Frauen zusammentrafen. Sie hatten schon ihre Rucksäcke voll mit Weißbrot geschultert. »Das sind unsere Cousins aus Saarbrücken«, stellten die Mädchen uns vor. Wir erhielten jeder zwei Leinensäcke voll mit Brot und kamen uns unter der Last vor wie Knecht Ruprecht. Der Schweiß lief uns trotz der Morgenkälte herunter. Wir näherten uns der Grenze, und Paulette, die Anführerin, rief halblaut: »Gaston-René!« Ein Rascheln im Gebüsch verriet uns, daß sie gehört worden waren. Aus dem Gebüsch traten zwei französische Soldaten, die ihre Karabiner geschultert hatten. Wir zitterten innerlich wie Espenlaub. An der Begrüßung zwischen Gaston und Paulette sah ich sofort, daß die beiden ein Paar waren. Sie sprachen französisch miteinander. Ich konnte nur »Cousins« und »Saarbrücken« verstehen. Das Rätsel war gelöst. Alle jungen Frauen, die am Brotschmuggel beteiligt waren, hatten einen Freund bei den französischen Soldaten, die an der Grenze Dienst taten.

Paulette gab schließlich jedem von uns eine große Stange Weißbrot und bedankte sich zusammen mit ihrer Schwester für unsere Hilfe. Sie zeigte uns den Weg, wir klemmten unser Weißbrot wie die Franzosen lässig unter den Arm und winkten zum Abschied. Alle winkten uns zurück, auch die französischen Grenzsoldaten. Was für ein Bild, dachte ich – und hätte vor Glück bersten können! Die Ernüchterung folgte jedoch auf dem Fuß. Auch in unserem Heimatland wimmelte es von französischen Besatzungstruppen, auch Amerikaner konnten wir entdecken. Dennoch dankten wir dem Himmel. Nun waren wir schon vier Tage unterwegs, und alles hatte sich zum Guten gewendet. Unsere nächste Station hieß Bingen. Karl hatte seinem besten Freund versprochen, seinen Eltern Nachricht zu geben. Wir hielten nach einem Zug Richtung Bingen Ausschau. Da der Zug übervoll war, legten wir uns mit anderen auf das Dach. Wir mußten höllisch aufpassen, daß wir nicht heruntergerüttelt wurden. Andere saßen auf den Puffern oder standen auf den Trittbrettern.

Wir fanden die Familie und ihr Haus in Bingen unversehrt. Karl und ich wurden von dem Ehepaar empfangen, als ob wir verlorene Söhne seien. Sie weinten vor Glück darüber, daß ihr Sohn noch lebte und gesund war. Wir durften zuerst ein Wannenbad nehmen. Mein Gott, wie lange hatten wir so etwas schon nicht mehr gemacht! Dann konnten wir frische Unterwäsche anziehen, und Karl bekam von der Mutter seines Freundes ein Jackett geschenkt. Er sah damit wie ein Zivilist aus. Wir wurden mit einem köstlichen Abendbrot und Rotwein bewirtet, und die Mutter bestand darauf, daß wir im Zimmer und Bett ihres

Sohnes schlafen sollten. Es war das Paradies. Wir lagen nun nebeneinander auf einem Leinenlaken, hatten Schlafanzüge an und waren mit Daunendecken zugedeckt. Wahrlich, unsere Flucht stand unter einem glücklichen Stern. Das Gefühl, in einem richtigen Bett zu schlafen, war für uns unbeschreiblich.

Viele der Kriegsgefangenen, die in den Lagern verblieben, baten die Heimkehrer darum, ihre Familien zu benachrichtigen – insbesondere in der Anfangszeit, als es noch keinen Postverkehr gab. Hatten die Kameraden Krieg oder Gefangenschaft nicht überlebt, fühlten sich die Heimkehrer oft moralisch verpflichtet, den Angehörigen vom Tod des Kameraden zu berichten. Das waren mit Sicherheit schwere Momente. Oft wurden die Überbringer freudiger, aber auch trauriger Nachrichten von den Familien gut verköstigt, und manchmal wurde ihnen auch Zivilkleidung geschenkt. Es kam allerdings auch vor, daß Heimkehrer um des Vorteils willen falsche Todesnachrichten oder erfundene Grüße übermittelten.

Die Übergänge über den Rhein, die Pontonbrücken und Fähren, wurden von den Besatzungstruppen strengstens kontrolliert und überwacht. Wehrfähige, die keinen Entlassungs- oder Registrierschein hatten, wurden sofort festgenommen. Der Vater von Karls Freund hatte einen Bekannten, der als Maschinist auf der Rheinfähre tätig war. Er wurde sorgfältig instruiert. Als wir am nächsten Morgen die Fähre betraten, drückte er uns Ölkannen in die Hand. Auf der anderen Seite angekommen, verließen wir mit dem echten Maschinisten die Fähre. Wir waren an Gesicht und Händen ölverschmiert und passierten unbehelligt neben unserem neuen Freund die französische Kontrolle. Außerhalb der Reichweite der französischen Militärpolizei führten wir wahre Freudentänze auf. Von Rüdesheim fuhren wir über Frankfurt nach Hanau. Nun sprangen wir heimlich auf einen langen Güterzug und besetzten das Bremserhäuschen des letzten Waggons. Wir wunderten uns, daß wir die einzigen Mitfahrer waren. Die Sitzgelegenheit war äußerst bequem. Vor Übermut turnten wir während der Fahrt auf dem Bremserhäuschen herum. Als Schüsse aus einem Schnellfeuergewehr knallten, ließen wir uns vom Zug gleiten und landeten auf den Gleisen. Amerikanische Soldaten hatten auf dem Kohlewagen der Lok gestanden und auf uns gefeuert. Mit einem anderen Zug fuhren wir weiter. Bei Würzburg sprang Karl ab, weil er in Marktheidenfeld wohnte. Zweimal haben wir uns noch gesehen.

Ohne ihn fühlte ich mich einsam. Die Freude darüber heimzukommen, schien sich in nichts aufzulösen. Von Würzburg fuhr ein Zug nach Schweinfurt und von dort in meine Heimatstadt Bamberg. Als ich am 17. Dezember 1945 um 18.00 Uhr in Bamberg einfuhr, hatte ich sieben Jahre, acht Monate und zwölf Tage in der Fremde verbracht. Fünf Jahre, acht Monate und acht Tage lang war mein Leben täglich aufs neue bedroht gewesen – so lange hatten Kriegsdienst und Gefangenschaft gedauert. Ich ging zu meiner Wohnung. Die Tür stand einladend offen. Ein gutes Omen, dachte ich. Es war es nicht: »Schicksal, nimm deinen Lauf«. Mich überkam in dem Moment eine ungeheure Freude und Glückseligkeit. Zwei Treppenstufen auf einmal nehmend, lief ich zu meiner Wohnung hinauf. Ich genoß das Gefühl der Heimkehr in vollen Zügen, als ich ein wenig vor der Tür verschnaufte.

Die Rückkehr zu meiner Frau verlief nicht so, wie ich mir das erträumt hatte. Mir blieb nun noch der Weg dorthin, wo ich acht Jahre zuvor mit großen Hoffnungen hinausgezogen war – in mein Elternhaus.

In der frühen Nachkriegszeit gab es viele Männer, die, unmittelbar aus dem Wehrdienst oder aus Kriegsgefangenschaft kommend, keine Information über den Aufenthalt ihrer Familien besaßen oder keine Familie mehr hatten, weil die Angehörigen ums Leben gekommen waren. Das betraf nicht nur die Vertriebenen aus den ehemaligen Ostgebieten, sondern auch Millionen Familien im heutigen Bundesgebiet, die wegen des Bombenkrieges evakuiert worden waren. Oft erfuhren die heimkehrenden Männer erst nach langen Nachforschungen von deren Verbleib. In solchen Situationen bildeten sich häufig Notgemeinschaften von männlichen Kriegsheimkehrern und männerlosen Haushalten – mitunter als Team aus einem Mann und einer Frau mit Kindern, oft auch zusammen mit einer männerlosen Rest-Großfamilie. Für die Gastgeber bestand der Vorteil darin, wieder eine Person im Haushalt zu haben, die die »Männerarbeit« übernahm, der Mann hatte ein Dach über dem Kopf, regelmäßiges Essen und Familienanschluß. Eine ähnliche Übereinkunft hatte ja auch Meinhard Glanz mit dem Bauern getroffen, bei dem er in der Nähe von Engers gewohnt hatte.

Manchmal entstand eine solche Beziehung, wenn Heimkehrer Nachrichten und Grüße von Kameraden aus dem Kriegsgefangenenlager der Frau oder den Angehörigen persönlich überbrachten. Derartige Verbindungen – sogenannte Onkel-Ehen – waren zunächst Zweckgemeinschaften, sie konnten natürlich auch in dauerhafte Beziehungen münden.

Am Dienstag, dem 18. Dezember, stand ich vor dem Haus. Die Gaststätte meiner Eltern (»Stadt Fürth«) hatte noch geschlossen, meine Mutter stand vor der Tür, als ob sie auf mich gewartet hätte. Meine Beine wurden bleischwer vor Freude über das Wiedersehen. Meine Mutter konnte es gar nicht fassen und drückte mich immer wieder an sich. Ich war zu Hause! Sie sagte zärtlich: »Mein großer Junge ist als erster zurückgekehrt! Ich ahnte das schon immer. Du bist ja auch als erster fortgegangen. Alle Tage zu dieser Zeit bin ich unter der Haustür gestanden und habe gewartet. Heute hatte ich ein besonderes Gefühl, und du bist wirklich gekommen!« Ich konnte kein Wort herausbringen. Sie führte mich ins Haus. Ich fühlte mich nun geborgen und sicher. Alles war in diesem Moment vergessen – der schreckliche Krieg, die Flucht, die Enttäuschung über mein zerbrochenes Glück. Die Haare meiner Mutter waren weiß geworden. Sie erzählte, daß sie bis jetzt allein gewesen sei. Mein Bruder und mein Stiefvater, der noch in letzter Minute in die Wehrmacht einberufen worden war, befanden sich in Kriegsgefangenschaft. Aber sie lebten und hatten Verbindung zu meiner Mutter. Die einzige Ungewißheit, mit der meine Mutter hatte leben müssen, betraf mein Schicksal. Seit dem letzten Brief von Ende September 1944, den ich in Finnland abgeschickt hatte, war sie – wie auch meine Frau – fast vierzehn Monate ohne eine Nachricht von mir gewesen.

Meine größte Sorge bestand nun darin, einen Entlassungsschein zu erhalten. Wieder half mir der Zufall. Mit der Hilfe eines Freundes und einer kleinen Lüge über meine verlorenen Entlassungspapiere erreichte ich meine Registrierung.

Die Trennung von meiner Familie hatte mich sehr getroffen und mich aus den geordneten Bahnen geworfen. Ich wurde einfach nicht mit meiner neuen Freiheit und Unabhängigkeit fertig und führte ein unstetes Leben. Ich versuchte, Zukunftspläne zu machen. Ich erwog, ein Fuhrunternehmen zu eröffnen und machte einige, leider erfolglose Versuche, geeignete Lkws zu bekommen. Ich überlegte auch, nach Norwegen zurückzukehren, um dort beruflich Fuß zu fassen. Eines Tages fiel zufällig mein Blick während der Lektüre des »Bamberger Tageblatts« auf eine Annonce der Stadtpolizei, die junge, gesunde und belastbare Männer für die im Aufbau begriffene Polizei suchte. Mir schien das eine elegante Übergangslösung zu sein. Sollte ich noch als geflüchteter Kriegsgefangener gesucht werden, würde ich es bei der Polizei als erster erfahren. Am 15. März 1946 trat ich meinen Polizeidienst an und blieb dort bis zur Pensionierung. Nun ging es wieder aufwärts, sieben Monate später kehrten auch mein Vater und mein Bruder aus amerikanischer Gefangenschaft heim.

Heimkehr

Heimkehrer aus der Sowjetunion verlassen auf dem Zonengrenzbahnhof Herleshausen die Güterwagen, Oktober 1955

Heimkehr

Fünf Lebenswege von Millionen möglichen – das gewährt ohne Zweifel nur einen begrenzten Einblick in die Vielfalt menschlicher Schicksale, die so tiefgreifend von den Zwängen des Krieges und der Kriegsgefangenschaft beeinflußt worden sind. Es handelt sich bei den in diesem Buch abgedruckten fünf Lebensberichten nicht um extreme Erfahrungen; sie sind vielmehr repräsentativ, als Grunderfahrung vergleichbar, ohne sich im einzelnen zu gleichen.

Alle fünf Zeitzeugen waren noch sehr jung, als sie zum Militärdienst eingezogen wurden, ihre Einstellungen zum Krieg, zu Ehre, Pflichterfüllung und Vaterland unterschieden sich deutlich. Mit Meinhard Glanz gab es den Kriegsfreiwilligen, der Angst hatte, den Sieg zu verpassen, und mit Hans Laubsch den widerwilligen Waffen-SS-Freiwilligen. Doch ganz gleich, ob sie begeistert Soldat wurden oder nicht, sie alle hielten es damals für selbstverständlich, in diesen Krieg zu ziehen. Denen, die wie Johann Lampert, Hans Kampmann, Meinhard Glanz und Heinz Fiedler in den Jahren von 1939 bis 1942 eingezogen wurden, fiel zumeist die Erfüllung dieser Pflicht nicht allzu schwer. Die Wehrmacht eilte von Sieg zu Sieg, und das Deutsche Reich stand auf dem Höhepunkt seiner Macht. Der erst im Oktober 1944 eingezogene Hans Laubsch und seine Kameraden hätten eigentlich den Wehrdienst in dem Bewußtsein antreten müssen, für eine aussichtslose Sache zu kämpfen. Doch glaubten sie wie viele Deutsche noch an den »Endsieg«. Erst mit der Kapitulation begann ein Prozeß der Desillusionierung, der in den meisten Fällen bis zur Neuorientierung im späteren zivilen Leben andauerte.

Die Zeit der Kriegsgefangenschaft wurde in erster Linie von den Bedingungen geprägt, die die jeweilige Gewahrsamsmacht diktierte. Mindestens ebenso entscheidend war aber die persönliche Situation eines Gefangenen, in der er die Beschwernisse des Lageralltags (Mangelversorgung, Krankheit, Zwangsarbeit) oder aber »nur« die Ungewißheit der Situation bewältigen mußte. Meinhard Glanz blieb während der Gefangenschaft immer mit seinen Kameraden zusammen, Johann Lampert zumindest anfangs. Gelang es, den sozialen Zusam-

Rückkehr der ersten Kriegsgefangenen nach der Ankunft am Anhalter Bahnhof in Berlin, 1945

menhalt, militärische Ordnung und die Strukturen innerhalb der Gruppe aufrechtzuerhalten, dann gab das dem einzelnen ein Gefühl der Geborgenheit, das ihm half, im gnadenlosen Kampf ums Überleben zu bestehen. Die drei anderen Zeitzeugen – später auch Johann Lampert – gerieten dagegen als einzelne in Gefangenschaft und waren dem täglichen Kampf »jeder gegen jeden« schutzlos ausgeliefert. Wenn – hier sind sich alle Zeitzeugen einig – Gruppensolidarität nicht bereits vor der Gefangennahme existierte, dann bildete sie sich auch in den Lagern nicht. Beziehungen beschränkten sich in der Regel auf Notgemeinschaften, aus denen manchmal auch Freundschaften erwuchsen – Johann Lampert erzählt davon. In Lagern mit guter Versorgung, wo es keinen Anlaß für Verteilungskämpfe gab, traten diese Probleme weniger deutlich hervor als dort, wo es ums Überleben ging.

Die Dauer des Fronteinsatzes der fünf Männer und auch die Zeit der Gefangenschaft unterschieden sich deutlich: Meinhard Glanz verbrachte mehr als drei Jahre im aktiven Kriegsdienst, aber nur drei Monate in Gefangenschaft, Hans Laubsch war lediglich ein gutes halbes Jahr als Soldat aktiv, lebte aber dann viereinhalb Jahre in Gefangenschaft.

Sie alle kamen in eine völlig veränderte Welt zurück, in das Deutschland der Nachkriegszeit. Jeder von ihnen war mit dem Neuen konfrontiert, und jeder mußte seinen eigenen Weg finden, um anzukommen. Es waren unterschiedliche Wege, die zugleich Beispiel sind für die unterschiedlichen Bedingungen, mit denen sich die Deutschen in ihrem bald geteilten Land auseinandersetzen mußten. Meinhard Glanz kehrte schon ein halbes Jahr nach Kriegsende zu Weihnachten 1945 in die sowjetische Besatzungszone heim, Johann Lampert dagegen zu derselben Zeit in eine westliche Zone. Den Krieg hatten sie zwar überstanden, aber die Not in Deutschland war größer als vor Kriegsende. Als Heinz Fiedler zu Weihnachten 1947 nach Hause kam, war der Kalte Krieg bereits ausgebrochen. Mit der Bizone zeichnete sich der erste Ansatz einer staatlichen Neuordnung ab, die Wirtschaft erholte sich langsam, und ein halbes Jahr später fand die Währungsreform statt. Hans Laubsch und Hans Kampmann, die beiden zuletzt Heimgekehrten – der eine in den Osten, der andere in den Westen – kamen in ein Deutschland, dessen Zweiteilung und Einordnung in die politischen Blöcke bereits abgeschlossen war.

Nur einer der fünf Heimkehrer konnte an seine frühere berufliche Ausbildung anknüpfen. Die anderen mußten ihre Studienwünsche unter Schwierigkeiten durchsetzen bzw. gingen neue Wege.

Bedeutsam ist der Umstand, daß alle fünf aus dem Lebensstadium eines Jugendlichen während der Vorkriegszeit fast übergangslos nach dem Krieg und nach ihrer Entlassung aus der Gefangenschaft in das Leben eines Erwachsenen eintraten und ziemlich bald eine Familie gründeten. Das Zwischenstadium als junge, ledige Erwachsene zu genießen hatte ihnen der Krieg nicht gestattet – es wurde auch nicht nachgeholt. Und das Bedauern über diese gestohlenen Jahre findet sich nicht nur bei Hans Kampmann, sondern auch in den Berichten vieler anderer Kriegsgefangener.

Nur einer der fünf Zeitzeugen meint rückblickend, keine wesentliche Prägung aus der Zeit der Gefangenschaft erhalten zu haben. Meinhard Glanz spricht wegen der kurzen Dauer von einer Episode. Man sollte aber seine Worte von der Erschütterung über den Zusammenbruch einer Welt und über das Ausmaß der Nazi-Verbrechen nicht vergessen. Zudem muß man sich vergegenwärtigen, daß er seinen Vater und seine Schwester im Krieg verloren hatte.

Hans Kampmann dagegen spricht sehr deutlich von den langanhaltenden Auswirkungen seiner Kriegsgefangenschaft und beschreibt, wie sich sein Wesen grundsätzlich veränderte und er zu einem verschlossenen Einzelgänger wurde.

Hans Laubsch – sein Antagonist – erfuhr die Gefangenschaft als Befreiung von falschen Wertvorstellungen, als Phase, in der er sich bereitwillig der Position des ehemaligen Gegners öffnete. Und Heinz Fiedler sammelte während seines Aufenthalts in den USA und Großbritannien Erfahrungen, die es ihm unmöglich machten, die Länder der westlichen Welt so negativ zu sehen, wie er es später in der DDR verordnet bekommen sollte.

Vergleicht man die Erlebnisse der Zeitzeugen miteinander, ist interessant, wie unterschiedlich jeder von ihnen ähnliche Bedingungen erlebt hat. Erinnert sei an Meinhard Glanz und Johann Lampert, die sich beide zeitweise in den Rheinwiesenlagern Siershahn bzw. Bad Kreuznach befanden, und auch an die Antifa-Gruppen im sowjetischen Gewahrsam, über die Hans Kampmann und Hans Laubsch so völlig gegensätzlich berichten.

Die Politik der Gewahrsamsmächte

Die Einhaltung des Kriegsvölkerrechts in den Gewahrsamsstaaten, ihre jeweilige Kriegsgefangenenpolitik, hatte zwangsläufig wesentlichen Einfluß auf die Bedingungen, unter denen Deutsche die Gefangenschaft erlebten. Sieht man von Polen und Frankreich ab, den beiden Ländern, die nur zu Beginn der Kriegshandlungen deutsche Soldaten gefangengenommen hatten, war Großbritannien die erste wichtige Gewahrsamsmacht für die deutschen Gefangenen des Zweiten Weltkriegs. Die Briten hielten sich grundsätzlich an die kriegsvölkerrecht-

Heimkehrer im Auffanglager Ulm, 1947

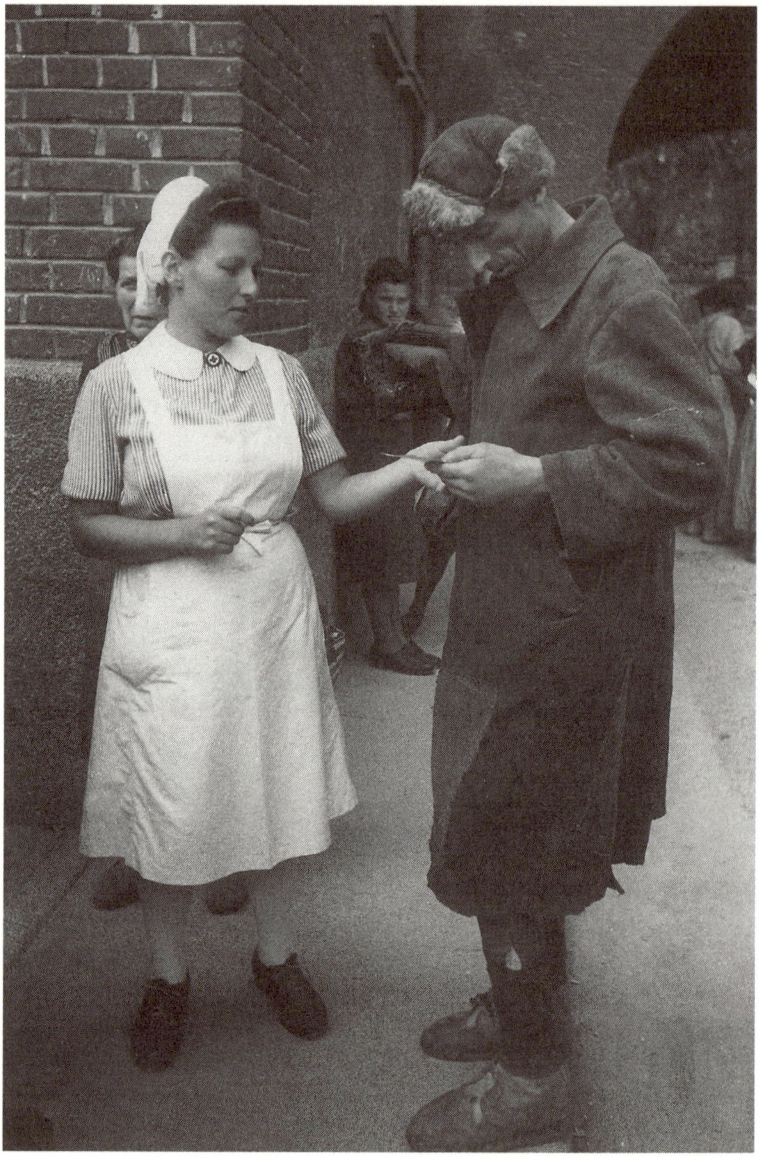

lichen Konventionen. Die Tatsache, daß um einige relativ geringfügige Verstöße mit der deutschen Regierung erbitterte Verbalgefechte ausgetragen wurden, ist ein deutliches Zeichen dafür, daß sowohl die deutsche als auch die britische Regierung dieses Normensystem hier beachteten.

Das erklärt, weshalb Wehrmachtangehörige keine große Angst davor hatten, in britische Gefangenschaft zu geraten. Tötungen während der Gefangennahme durch die Briten kamen nur selten vor, die Briten erfüllten alle kriegsvölkerrechtlichen Vorschriften in bezug auf Ernährung, medizinische Betreuung und sonstige Versorgung. Viele deutsche Gefangene mußten allerdings zu Beginn ihrer Gefangenschaft in britischem Gewahrsam auf den langen Schiffsreisen in überseeische Lager erhebliche Unannehmlichkeiten in Kauf nehmen. Da die britische Regierung eine Invasion des Deutschen Reiches für möglich hielt, hatte sie beschlossen, deutsche Gefangene nur ausnahmsweise in Großbritannien unterzubringen. Sie wurden deshalb wie Heinz Fiedler in die USA transportiert; andere verschlug es mit der »SS Pasteur« bis nach Südafrika. Oft war das ungewohnte Klima an den Unterbringungsorten, wie etwa am Großen Bittersee in Ägypten, wie in Australien oder Südafrika, ein besonderes Beschwernis. Nicht die UdSSR, wie vielfach angenommen, sondern Großbritannien war die Gewahrsamsmacht mit dem ausgedehntesten Lagersystem: Britische Kriegsgefangenenlager existierten in Großbritannien, Belgien, Frankreich, Italien, Norwegen, Griechenland, Dänemark, Deutschland, Australien, Kanada, Nordafrika, Jamaika, Sudan, Äthiopien, Kenia, Südafrika und anderswo.

Ein Heimkehrer kurz nach seiner Rückkehr

Die Organisation des alltäglichen Lagerlebens überließen die Briten weitgehend den Kriegsgefangenen, allerdings unter Vorgabe klarer Richtlinien. Beschwerden deutscher Kriegsgefangener über die englische Lagerleitung waren selten. Für die Delegierten des Internationalen Roten Kreuzes gab es nur selten Anlaß, die britischen Lager mehr als üblich zu inspizieren.

Bis zum Ende des Krieges wurden die deutschen Kriegsgefangenen kaum zur Arbeit eingesetzt. In dieser Zeit bildeten sich wie in den amerikanischen Lagern interne »Volkshochschulen«, die oft ein beachtliches Niveau erreichten.

In den Lagern in Kanada entwickelten sich unter den Angehörigen des Afrika-Korps die gleichen ideologischen Auseinandersetzungen zwischen Nazis und Nazi-Gegnern wie in dem US-Lager, von dem Heinz Fiedler berichtet. Und auch hier kam es zu Fememorden.

Die Kapitulation bewirkte eine spürbare Änderung der Kriegsgefangenenpolitik. Soweit möglich, wurden die Gefangenen nun in ihren bisherigen Aufenthaltsländern zur Arbeit eingesetzt, vorrangig aber nach Europa zurückgeschafft, um entweder an andere Staaten überstellt oder in Großbritannien zur Arbeit eingesetzt zu werden. Wie es auch Heinz Fiedler schildert, waren viele Gefangene in der Landwirtschaft tätig oder wurden zu Aufräumarbeiten bei der Beseitigung von Kriegsschäden herangezogen. Die Entlohnung der deutschen Gefangenen war niedrig im Vergleich zu den Sätzen, die die Arbeitgeber an den britischen Staat abzuführen hatten, sie entsprach jedoch den kriegsvölkerrechtlichen Vorschriften.

Die britische Kultur- und Lebensweise war den Deutschen natürlich weitaus vertrauter als etwa die der Amerikaner oder der Russen. Bereits früh entwickelten die Briten ein Reeducation-Programm, das auf freie Information und freie Meinungsbildung orientierte und die deutschen Kriegsgefangenen in die Lage versetzte, sich mit der nationalsozialistischen Ideologie auseinanderzusetzen.

In vielen Aspekten glichen sich der amerikanische und der britische Gewahrsam. Ihr materieller Reichtum machte es den USA leicht, die Gefangenen gut zu versorgen. Wie es Heinz Fiedler beschreibt, unterschied sich seine Unterbringung als Kriegsgefangener nicht von der der amerikanischen Soldaten. Auch in den übrigen Punkten beachteten die Amerikaner die Regeln des Kriegsvölkerrechts bis zum Zeitpunkt der deutschen Kapitulation genau.

In den Lagern setzten sie möglichst wenig eigenes Personal ein. Erinnert sei an den Bericht von Heinz Fiedler über die Lagerküche, die bis hinauf zum Chef ausschließlich von Deutschen betrieben wurde. Daraus erwuchs ein verhältnismäßig großer Spielraum für die deutschen Lagerleitungen.

Wie nirgends sonst boten sich den Kriegsgefangenen in den USA vielfältige Möglichkeiten zur Weiterbildung und kulturellen Betätigung. Neben den guten materiellen Voraussetzungen wurde dies durch den Umstand begünstigt, daß viele der Gefangenen nicht arbeiteten und selten über längere Zeit an einen Arbeitgeber ausgeliehen wurden. Soweit die Gefangenen nicht für den Unterhalt des eigenen Lagers gebraucht wurden, konnten sie in der Landwirtschaft oder als Hilfskraft in der amerikanischen Armee arbeiten. Sie verblieben geschlossen in den Lagern und lebten dort innerhalb größerer Gruppen –

Willkommensgruß für Heimkehrer am Münchener Hauptbahnhof, 1947

Strukturen, die überhaupt erst ein differenziertes Fortbildungssystem ermöglichten.

Auch wenn die deutschen Kriegsgefangenen relativ isoliert vom amerikanischen Alltag lebten, erhielten sie doch einen Eindruck vom gesellschaftlichen Leben der USA. Einerseits fasziniert vom materiellen Überfluß, nahmen sie andererseits die im Gegensatz zu Europa weitaus größere Kluft zwischen Reich und Arm wahr. Und sie erlebten täglich den Widerspruch zwischen den von den Amerikanern propagierten Prinzipien von der Freiheit des einzelnen bzw. der Gleichheit aller in einer Demokratie und der offensichtlichen Diskriminierung der Farbigen. Wenn beispielsweise kleinere Gruppen von Kriegsgefangenen verlegt wurden, dann reisten sie zusammen mit den Wachmannschaften in den regulären öffentlichen Verkehrsmitteln. Unterwegs durften die deutschen Kriegsgefangenen Restaurants betreten und in Schlafwagen übernachten, den farbigen Bewachern war jedoch der Zutritt verboten. Das veranlaßte viele deutsche Gefangene zu der Schlußfolgerung, die Amerikaner hätten keinen Grund, sich moralisch überlegen zu fühlen.

Der materielle Wohlstand und die Chancen für den einzelnen weckte in vielen deutschen Kriegsgefangenen den Wunsch, in den USA bleiben zu wollen. Aber auch in dieser Frage hiel-

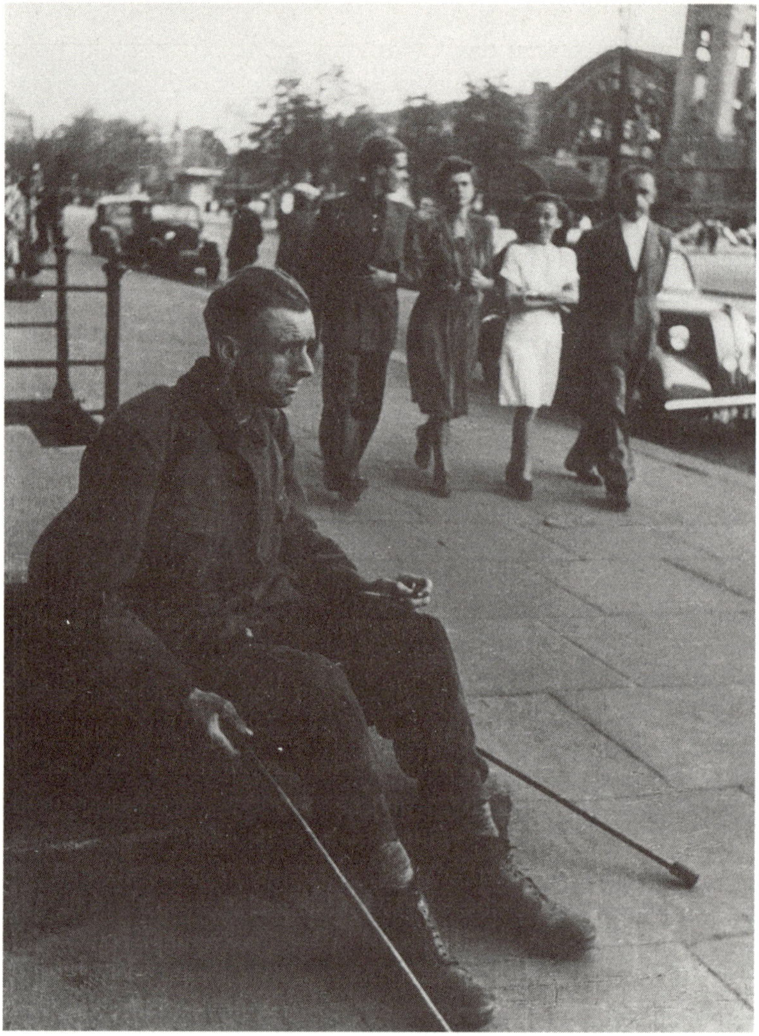

Verwundeter deutscher Soldat nach seiner Heimkehr, 1945

ten sich die Amerikaner konsequent an die kriegsvölkerrechtlichen Vereinbarungen: Alle Gefangenen wurden nach Europa zurückgeschafft. Nur in einigen, ganz wenigen Fällen war es Spezialisten gestattet worden, unmittelbar nach der Ausreise wieder zurückzukehren. Aber auch sie mußten zunächst der grundsätzlichen Forderung nachkommen, das Land zu verlassen.

So konsequent, wie sie die vereinbarungsgemäße Heimkehr der Gefangenen durchsetzten, verfolgten die Amerikaner auch die Identifizierung von Nazi-Kriegsverbrechern. In keinem anderen Gewahrsam wurden die Gefangenen so oft auf Blutgruppen-Tätowierungen kontrolliert wie in den USA.

Ebenfalls bemerkenswert im Vergleich zu anderen Gewahrsamsmächten waren die vielfältigen Informationsquellen, die den Gefangenen in Amerika zur Verfügung standen. Demokratisierungsprogramme gab es jedoch bis zum Herbst 1944 nicht. Die dann einsetzenden Maßnahmen waren halbherzig und schlecht geplant.

Auf eine gänzlich andere Situation trafen die deutschen Kriegsgefangenen in Frankreich, der dritten großen westlichen Gewahrsamsmacht. Französische Verbände waren nur in geringem Umfang an der Invasion in der Normandie beteiligt gewesen, bei der Eroberung Deutschlands kam die 1. Französische Armee lediglich in Südwestdeutschland zum Einsatz. Dreiviertel aller Deutschen in französischem Gewahrsam sind aus diesem Grund von anderen Mächten gefangengenommen und später den Franzosen überstellt worden.

Nach ihrer Rückkehr aus London im August 1944 mußte die Exilregierung unter General de Gaulle alle Kräfte für die Reorganisation der Verwaltung und den Wiederaufbau des Landes mobilisieren. Lebensmittelreserven waren kaum vorhanden, die Ernährung der Bevölkerung unzureichend. In dieser Situation gelang es nicht, die notwendigen Ressourcen für die Ernährung und die Unterbringung der deutschen Kriegsgefangenen zur Verfügung zu stellen.

Trotzdem bemühte sich die französische Regierung, ihren kriegsvölkerrechtlichen Verpflichtungen nachzukommen. Im Herbst 1945 entspann sich in der französischen Öffentlichkeit eine heiße Diskussion. Mit Schlagzeilen wie »Ne pas leur ressembler« (Machen wir's nicht genauso) und »Un prisonnier, même allemand, est un être humain« (Ein Kriegsgefangener, selbst wenn's ein Deutscher ist, ist ein menschliches Wesen) wurde die schlechte Versorgung der deutschen Kriegsgefangenen angeprangert. Andere waren hingegen der Auffassung, die Deutschen sollten die Konsequenzen der Zerstörungen, die sie angerichtet hatten, am eigenen Leib verspüren. Die Position des Regierungschefs de Gaulle – selbst ehemaliger deutscher Kriegsgefangener im Ersten Weltkrieg – war eindeutig. Er wies seinen Kriegsminister Diethelm im September 1945 schriftlich an, in dieser Hinsicht sein bestmöglichstes zu tun, andernfalls sei die internationale Reputation Frankreichs bedroht – ein hohes Gut in den Augen de Gaulles.

Trotz aller Bemühungen – darunter auch Hilfsaktionen verschiedener karitativer Organisationen und der amerikani-

In einem bayerischen Durchgangslager für Kriegsgefangene forschen Frauen nach ihren Angehörigen

schen Regierung – blieb die Versorgungssituation in französischem Gewahrsam bis in den Herbst 1946 hinein prekär. In keinem anderen Land waren die Inspektoren des Roten Kreuzes so oft tätig wie in Frankreich.

Vor allem in einem Punkt verstieß die französische Regierung vorsätzlich gegen die Genfer Konvention: Sie setzte deutsche Kriegsgefangene zum Minenräumen ein. Dieses Verbot war zwar auch vorher schon von mehreren Gewahrsamsmächten – auch von den Deutschen – mißachtet worden, die Franzosen gingen jedoch rücksichtsloser vor als die anderen. Sie setzten unterernährte Gefangene ohne ausreichende Ausbildung und Ausrüstung zur Räumung nicht nur der eigenen Minen, sondern auch alliierter Blindgänger ein – Bomben, die selbst ausgebildete deutsche Pioniere nicht gelernt hatten zu entschärfen. Eine bis heute nicht exakt ermittelte, in die Tausende, möglicherweise auch in die Zehntausende, gehende Zahl von deutschen Kriegsgefangenen ist dabei ums Leben gekommen, noch mehr wurden verstümmelt. Das französische Lagerregime unterschied sich wesentlich von dem der Anglo-

Amerikaner; die Restriktionen waren umfangreich und der Entscheidungsspielraum der Deutschen gering. Deutlicher als für die USA und Großbritannien stand für Frankreich der Einsatz möglichst vieler Deutscher als Reparations-Zwangsarbeiter im Vordergrund des nationalen Interesses. Dadurch kam es zu scheinbar absurden Entscheidungen: Offiziere aus Einheiten, die als »gesperrt« galten, weil sie in Verdacht standen, Kriegsverbrechen begangen zu haben, wurden bereits nach relativ kurzer Zeit nach Deutschland entlassen, die Mannschaftssoldaten mußten jedoch noch jahrelang als Zwangsarbeiter in Frankreich bleiben. Die Erklärung dafür war simpel: Die Franzosen waren lediglich an der Arbeitskraft der

Deutsche Kriegsgefangene aus der Sowjetunion treffen auf dem Bahnhof in Hof/Bayern ein

Deutschen interessiert, und Offiziere durften nach Kriegsvölkerrecht nicht zu Arbeiten herangezogen werden, hätten aber ernährt werden müssen.

Deutsche Kriegsgefangene wurden in vielen Bereichen der französischen Wirtschaft eingesetzt, schwerpunktmäßig jedoch in der Landwirtschaft, im Bergbau und bei der Beseitigung von Kriegsschäden. Auch Johann Lampert erzählt in seinen Erinnerungen davon. Der Einsatz im Bergbau, beim Minenräumen und bei öffentlichen Straßenbaumaßnahmen erfolgte in großen Gruppen, die auch mehrere hundert Personen umfassen konnten. Die Gefangenen waren dann in Massenunterkünften untergebracht. Weitaus angenehmer erlebten sie den Einsatz in der Landwirtschaft oder in kleinen Betrieben, da sie dort meistens bei den einzelnen Arbeitgebern wohnten. Ähnlich wie es die Franzosen in Deutschland unter solchen Bedingungen erfahren hatten, entwickelten sich daraus oft persönliche Kontakte, die das Leben erträglich machten.

Diese Art der Unterbringung – nur wenige Gefangene befanden sich in den Stammlagern – zog Konsequenzen nach sich, durch die sich die französische Kriegsgefangenschaft darüber hinaus von der in anderen Ländern unterschied: Es gab kaum von den Gefangenen organisierte Aktivitäten wie Bildungs- oder Kulturveranstaltungen. Nur die Religionsausübung wurde von den Franzosen stärker als in anderen Gewahrsamsländern gefördert – bis hin zur Gründung von Priesterseminaren in Orléans/Chartres für die Katholiken und in Montpellier für die Protestanten.

Frankreich verzichtete auch auf ein Reeducation-Programm. Die deutschen Kriegsgefangenen sollten arbeiten. Allen politischen Aktivitäten stand die Gewahrsamsmacht skeptisch gegenüber, verbot sie letztendlich sogar. Damit einher ging eine indifferente Haltung gegenüber nationalsozialistischer Verstrickung, solange es sich nicht um nachweisbare Verbrechen handelte. Am deutlichsten wird dies in der Werbung von Soldaten der Waffen-SS für die Fremdenlegion.

Die Fluchtrate war mit über fünf Prozent im Vergleich zu anderen Gewahrsamsmächten sehr hoch. Relativ viele Deutsche sprachen Französisch, durch die geographische Nähe zu Deutschland boten sich viele Fluchtmöglichkeiten insbesondere für diejenigen, die als Arbeiter bei Privatleuten, ohne besondere Bewachung, untergebracht waren.

Viele deutsche Kriegsgefangene sprechen von einem gespannten Verhältnis zu den Franzosen, obwohl Frankreich als

Ein Heimkehrer aus sowjetischer Gefangenschaft in der Bahnhofsmission in Frankfurt am Main, Ende 1947

Nation den Deutschen näher stand und besser bekannt war als die USA oder die UdSSR. Sogar aus der Sowjetunion, wo Hitlerdeutschland im Zweiten Weltkrieg eine Spur der grenzenlosen Zerstörung hinter sich gelassen hatte, berichten die deutschen Kriegsgefangenen seltener von Haßgefühlen unter der Bevölkerung ihnen gegenüber. In Frankreich hingegen erlebten die Deutschen zu Beginn der Gefangenschaft eine weit verbreitetere Ablehnung als in anderen westeuropäischen Aufenthaltsländern. Erinnert sei hier an die Erzählungen von Hans Kampmann und Hans Laubsch im Unterschied zu Johann Lamperts Bericht. Er erwähnt haßerfüllte Übergriffe von Bewachern und der französischen Zivilbevölkerung.

Dieses Verhalten kann nur teilweise mit dem Hinweis darauf erklärt werden, daß Teile Frankreichs nach dem Ersten Weltkrieg nun zum zweitenmal innerhalb von 30 Jahren durch

Deutsche zerstört wurden und erneut Tote zu beklagen waren. Hier wirkten auch in ihrer Entstehung zeitlich weit zurückreichende Einstellungen, die mit dem Schlagwort »Erbfeindschaft« umschrieben werden können.

Die Lebensbedingungen der deutschen Kriegsgefangenen in der Sowjetunion unterschieden sich grundsätzlich von denen der westlichen Gewahrsamsmächte. Die Angst vor der sowjetischen Gefangenschaft unter den deutschen Soldaten war sehr groß, denn das von den Nazis propagierte Bild des sowjetischen »Untermenschen« und die verbreiteten Greuelnachrichten aus sowjetischen Lagern hatten sich in den Köpfen der deutschen Soldaten eingeprägt. Die Zahl der Selbstmorde angesichts der Gefangennahme – Hans Kampmann berichtet von einem Beispiel – war weitaus größer als an allen anderen Fronten, sollte aber in ihrem Ausmaß nicht überschätzt werden. Dennoch, die Furcht vor dem Tod in Gefangenschaft war durchaus nicht unbegründet. Viele deutsche Kriegsgefangene in der Sowjetunion kamen vor allem in der Frühphase der Gefangenschaft 1942/43 ums Leben. Die hohen Todeszahlen sind zum Teil mit der schlechten körperlichen Verfassung der Gefangenen und dem extremen Klima zu erklären, ganz wesentlich aber auch mit der katastrophalen Versorgung besonders auf den Märschen, in den provisorischen Lagern und auf den Eisenbahntransporten.

Die Sowjetunion war bemüht, den Bestimmungen der Haager Landkriegsordnung gerecht zu werden, jedoch gelang ihr das in den Jahren des Krieges und auch noch danach kaum. In dieser Zeit hungerten jedoch nicht nur die Gefangenen, sondern auch die sowjetische Bevölkerung – sowohl Hans Kampmann als auch Hans Laubsch berichten davon. Keinesfalls kann man behaupten, die UdSSR hätte ihre Kriegsgefangenen willentlich umkommen lassen – nicht zuletzt waren die Gefangenen wichtige Arbeitskräfte.

Zu den sowjetischen Lagerleitungen, die eine ähnlich rigorose Herrschaft ausübten wie die französischen, gehörte immer ein Politoffizier. Er betrieb ein planmäßig ausgebautes Spitzelsystem, wie man es von anderen Gewahrsamsmächten nicht kannte. Politische Aktivitäten – sofern sie in die gewünschte Richtung gingen – wurden unterstützt, wenn nicht sogar eingefordert. Dasselbe galt für kulturelle Aktivitäten, zu denen es jedoch erst dann kam, wenn der körperliche Zustand der Gefangenen dies zuließ.

Die Arbeit der Gefangenen erfolgte zumeist in Gruppen – anfangs in der Regel separat, später aber auch zusammen mit zivilen Beschäftigten. Lohn für diese Tätigkeiten zahlte man ihnen erst ab etwa 1946; bis Kriegsende erhielten die Offiziere ihren Sold. Es war allerdings nicht wie bei den anderen Gewahrsamsmächten möglich, Guthaben nach der Heimkehr zu Hause einzulösen.

Die deutschen Kriegsgefangenen sahen sich in der Sowjetunion mit einer ihnen völlig fremden Gesellschaft konfrontiert. Diese unbekannte Welt wirklich zu verstehen gelang infolge der wenigen Außenkontakte und der mangelnden Sprachkenntnisse selten. Trotzdem zeigen die Berichte der beiden Zeitzeugen Hans Kampmann und Hans Laubsch ein großes Interesse an den Menschen in Rußland. Vielen Gefangenen ist es gelungen, in den Jahren der sowjetischen Gefangenschaft ihre Vorurteile abzulegen und den russischen Menschen mit Achtung gegenüberzutreten. Die Skepsis gegenüber dem gesellschaftlichen System änderte sich bei den meisten allerdings kaum. Die Befürworter einer sozialistischen Gesellschaftsordnung unter den Gefangenen blieben die Ausnahme – die Zahl abstruser Anekdoten, die die Heimkehrer über die sowjetische Wirtschaft erzählen konnten, scheint unerschöpflich. Die Ablehnung des Wirtschaftssystems korrespondierte mit der Bewertung des politischen Systems. Zwar bemühte sich die UdSSR mit Hilfe des Nationalkomitees Freies Deutschland, des Bundes Deutscher Offiziere und der Antifa so intensiv wie keine andere Gewahrsamsmacht um ideologische Schulung der Gefangenen, doch brachte sie nicht den erhofften Erfolg. Natürlich gab es Interessierte, die sich für die kommunistischen Ideale begeisterten und sich nach der Rückkehr für die Verwirklichung einer sozialistischen Gesellschaftsordnung, vor allem in der DDR, engagierten. Die Mehrheit der Gefangenen verband jedoch mit der Teilnahme an den Antifa-Veranstaltungen hauptsächlich materielle Vorteile.

Statistik der Todesfälle

Das Chaos bei Kriegsende und in der ersten Nachkriegszeit hatte zur Folge, daß die Anzahl der Todesfälle unter den deutschen Kriegsgefangenen nicht mit der wünschenswerten Genauigkeit ermittelt werden konnten, die Angaben ermöglichen aber trotzdem einen ausreichenden Überblick:

Gewahrsamsmacht	Kriegsgefangene	Todesfälle	Todesquote
Großbritannien	ca: 3 600 000	ca. 2000	> 1 %
USA	ca. 3 100 000	5000–10 000	> 1 %
UdSSR	ca. 3 000 000	max. 1 000 000	max. 33 %
Frankreich	ca. 1 000 000	mehr als 22 000	mehr als 2,2 %
Jugoslawien	ca. 200 000	ca. 80 000	ca. 40 %
Polen	ca. 70 000	ca. 10 000	ca. 14 %
Belgien	ca. 60 000	ca. 500	ca. 1 %
Tschechoslowakei	ca. 25 000	ca. 2000	ca. 10 %
Niederlande	ca. 7000	ca. 200	ca. 3 %
Luxemburg	ca. 5000	15	> 1 %
Summe	ca. 11 000 000	ca. 1 100 000	ca. 10 %

Insgesamt kämpften im Zweiten Weltkrieg etwa 80 Millionen Soldaten, davon ein knappes Viertel, etwa achtzehn Millionen, Deutsche. Im Lauf des Krieges gerieten 35 Millionen Soldaten in Gefangenschaft, darunter etwa elf Millionen, also ein Drittel, Deutsche. Aus den Zahlen erschließt sich, daß Kriegsgefangenschaft im Zweiten Weltkrieg eine wesentliche Erfahrung der Soldaten aller Nationen war, ganz besonders aber für die Deutschen: Zwei Drittel derjenigen, die zum Wehrdienst eingezogen wurden, gerieten in feindlichen Gewahrsam.

Die übrigen waren als Kriegsversehrte entlassen worden oder ums Leben gekommen. Eine weitere Million starb in der Kriegsgefangenschaft – das sind genauso viele Soldaten wie im Ersten Weltkrieg überhaupt in fremden Gewahrsam gerieten.

Anhand der Tabelle wird eine erhebliche Spanne der Todesrate unter den Gewahrsamsmächten deutlich. Sie reicht von weniger als einer Promille in britischem Gewahrsam bis zu etwa 40 Prozent in jugoslawischer Gefangenschaft. Solche Vergleiche »nackter« Zahlen sind allerdings gefährlich, schließlich spiegeln sie höchst unterschiedliche Sachverhalte wider, die sich daraus nicht erschließen. So erstreckte sich die sowjetische Kriegsgefangenschaft zeitlich von 1941 bis 1956, also über etwa fünfzehn Jahre, während es sich im Fall Frankreichs im wesentlichen um den Zeitraum von 1945 bis 1948, also nur um vier Jahre handelte. Die klimatischen Bedingungen wirkten sich auf die Überlebenschance der Gefangenen in großem Maße aus. Doch selbst bei Berücksichtigung aller Einflußgrößen überraschen einige Zahlen. So liegt die Todesquote in britischem Gewahrsam deutlich niedriger als die in amerikanischem, obwohl die USA über die größeren Ressourcen verfügte. Hier zeigt sich das Ergebnis der klügeren britischen Politik hinsichtlich der Unterbringung der Gefangenen bei Kriegsende. Während im US-Gewahrsam die Todesquote für die in den USA befindlichen Gefangenen bei einem Promille lag, betrug sie in den Rheinwiesenlagern bis zu einem Prozent. Die Entstehung solcher Lager wußten die Briten zu vermeiden. Aus britischem Gewahrsam ist nur ein Fall von Massensterben bekannt – der Tod von etwa 200 Gefangenen bei einer Ruhrepidemie im Winter 1945/46 im Lager Overijse/Belgien.

Insgesamt ergibt sich eine durchschnittliche Todesrate von etwa zehn Prozent. Betrachtet man allerdings die Zahlen getrennt nach zwei Gruppen – unterschieden nach östlichem bzw. westlichem Gewahrsam –, ändert sich das Bild: Von etwa 3,3 Millionen Deutschen in der UdSSR, der CSR, in Polen und Jugoslawien starben etwa 1,1 Millionen, also etwa 33 Prozent, während in westlichem Gewahrsam von 7,7 Millionen Gefangenen weniger als 100 000, also maximal ein Prozent, umgekommen sind.

Angesichts der hohen Todesquote deutscher Kriegsgefangener in sowjetischen Lagern liegt die Frage nahe, wie es den Kriegsgefangenen anderer Nationalitäten unter sowjetischem Gewahrsam erging – den Franzosen, Luxemburgern, Belgiern, den Niederländern und vor allem den Österreichern, die in der Wehrmacht gekämpft hatten. Während der Gefangenschaft genossen alle dieselbe Behandlung. Infolge der Bemühungen ihrer Regierungen konnten sie allerdings in der Regel bereits in den Jahren 1946/47 heimkehren. Die Todesquote der Ungarn, Spanier, Italiener und Rumänen entspricht der der deutschen Verbände, die im selben Zeitraum in Gefangenschaft geraten waren. So kehrten von den italienischen Verbänden, die wie die 6. deutsche Armee bei Stalingrad schon 1942/43 in sowjetische Gefangenschaft gerieten, ebenfalls nur wenige nach Hause zurück.

In der öffentlichen Diskussion bisher kaum beachtet ist die Tatsache, daß sich außer den deutschen Kriegsgefangenen auch deutsche Zivildeportierte in sowjetischem Gewahrsam befanden. Neben Zivilisten anderer Nationalitäten wurden im Winter 1944/45 und im Frühjahr 1945 mindestens 500 000 deutsche Zivilisten aus den deutschen Siedlungsgebieten auf dem Balkan, aus den östlichen Regionen des Deutschen Reiches und aus der sowjetischen Besatzungszone als Zwangsarbeiter zusätzlich zu den Kriegsgefangenen in die UdSSR verschleppt. Nach Schätzungen der Suchdienste – wissenschaftliche Untersuchungen liegen bisher nicht vor – ist davon auszugehen, daß nach Jahren der Zwangsarbeit nur die Hälfte von ihnen, und damit weniger als bei den Kriegsgefangenen, nach Hause zurückkehrten.

Die Lage der zivilen Zwangsarbeiter und der Kriegsgefangenen unterschied sich in zwei wesentlichen Punkten: Erstens war die Deportation der Zivilbevölkerung zu Arbeitszwecken gemäß der Haager Landkriegsordnung verboten, der Einsatz von Kriegsgefangenen zur Zwangsarbeit jedoch erlaubt. Zweitens waren die zivilen Zwangsarbeiter – zu einem geringen Teil freiwillig, vor allem aber gezwungenermaßen – nach Deutschland oder in die UdSSR gebracht worden, weil dies dem Interesse der jeweiligen Regierung entsprach. Ihr Wohl hing von dieser Gewahrsamsmacht ab, und nichts schützte sie, es sei denn das Eigeninteresse der Regierung.

In dieser Hinsicht waren die Kriegsgefangenen besser gestellt, hier galt das Prinzip der Reziprozität. Den feindlichen Gefangenen im eigenen Gewahrsam standen die eigenen Soldaten im feindlichen Gewahrsam gegenüber. Damit hingen die Lebensverhältnisse der Kriegsgefangenen nicht nur vom Willen der Gewahrsamsmacht, sondern genauso vom Interesse des Heimatstaates an den eigenen Soldaten ab.

Konkret bedeutete das, daß es den Deutschen in den USA auch deswegen gutging, weil die USA nicht wollten, daß man die amerikanischen Kriegsgefangenen in Deutschland schlecht behandelte. Im umgekehrten Fall hatte die deutsche Regierung gleiche Gründe. Dieses Prinzip der Gegenseitigkeit in der Behandlung der Kriegsgefangenen galt ebenso auf dem östlichen Kriegsschauplatz. Das Deutsche Reich konnte die sowjetischen Kriegsgefangenen nur deswegen sterben lassen, weil es nicht daran interessiert war, daß deutsche Kriegsgefangene in sowjetischem Gewahrsam überlebten. Stalin wiederum war ebenfalls nicht gezwungen, die deutschen Kriegsgefangenen in der Sowjetunion besser zu versorgen – für ihn waren die sowjetischen Kriegsgefangenen in Deutschland ja doch nur Vaterlandsverräter, an deren Wohlergehen ihm nicht gelegen war.

Wie sich diese Unterschiede auf die Lebenssituation von Kriegsgefangenen und zivilen Zwangsarbeitern konkret auswirkten, wird am besten am deutsch-französischen Beispiel sichtbar: Unter den französischen Kriegsgefangenen in Deutschland befanden sich auch Juden. Und obwohl man die deutschen wie auch die französischen Juden in die Vernichtungslager deportierte, wurden die französischen jüdischen Kriegsgefange-

Ein Sohn sucht seinen Vater. Barackenwand im Lager Friedland, Dezember 1945

nen in Deutschland nicht behelligt. Kehrten sie jedoch nach Hause zurück, erhielten sie den Zivilistenstatus zurück. Dann wiederum konnte es geschehen, daß sie als zivile Zwangsarbeiter nach Deutschland deportiert wurden und dort in einem KZ ums Leben kamen, während ihre als Kriegsgefangene in Deutschland verbliebenen jüdischen Kameraden überlebten.

Die Suche nach Angehörigen

Bevor die Kriegsgefangenen heimkehrten, hatten ihre Familien lange auf sie warten müssen und oft jahrelang keine Nachricht von ihnen erhalten. In der Endphase des Krieges und der unmittelbaren Nachkriegszeit war die Suche nach Vermißten, von denen man hoffte, sie seien noch am Leben und in Gefangenschaft, von großem öffentlichen Interesse.

Auf dem westlichen Kriegsschauplatz existierte ein gut ausgebautes Benachrichtigungssystem. Entsprechend den Vor-

Mitteilungskarte an die Angehörigen aus dem amerikanischen Lager Fort Reno in Oklahoma, Dezember 1945

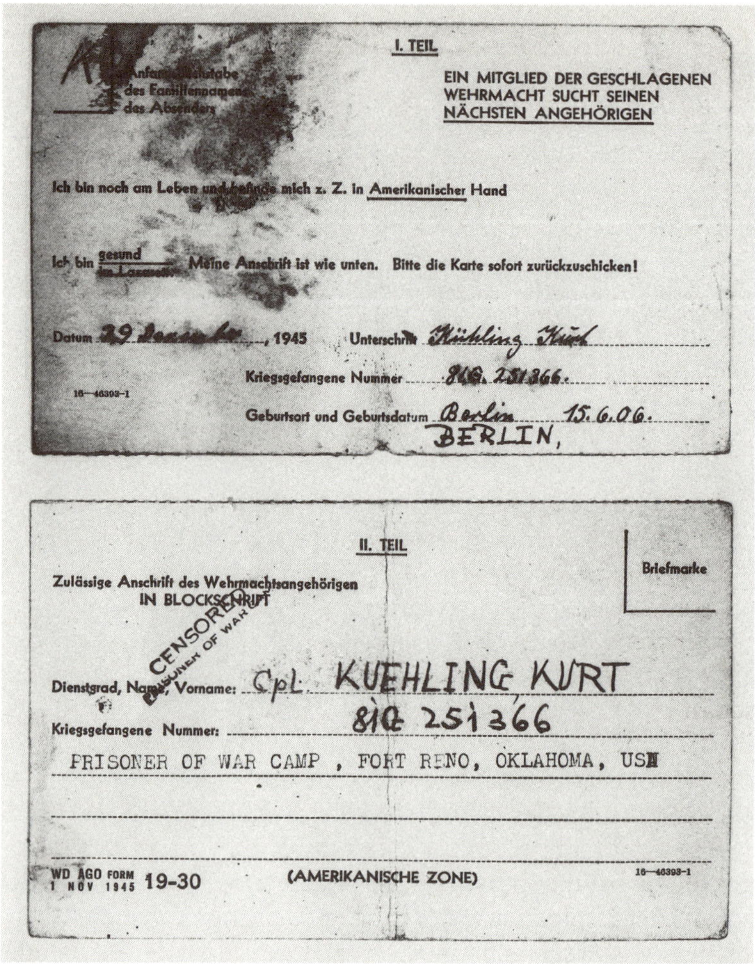

I. TEIL

Anfangsbuchstabe des Familiennamens des Absenders

EIN MITGLIED DER GESCHLAGENEN WEHRMACHT SUCHT SEINEN NÄCHSTEN ANGEHÖRIGEN

Ich bin noch am Leben und befinde mich z. Z. in Amerikanischer Hand

Ich bin gesund / im Lazarett. Meine Anschrift ist wie unten. Bitte die Karte sofort zurückzuschicken!

Datum 29 Dezember, 1945 Unterschrift Kühling Kurt

Kriegsgefangene Nummer 81G. 251366.

16—46393-1

Geburtsort und Geburtsdatum Berlin 15.6.06.
BERLIN,

II. TEIL

Briefmarke

Zulässige Anschrift des Wehrmachtsangehörigen IN BLOCKSCHRIFT

CENSORED PRISONER OF WAR

Dienstgrad, Name, Vorname: Cpl. KUEHLING KURT

Kriegsgefangene Nummer: 81G 251366

PRISONER OF WAR CAMP, FORT RENO, OKLAHOMA, USA

WD AGO FORM 19-30 1 NOV 1945 (AMERIKANISCHE ZONE) 16—46393-1

schriften der Haager Landkriegsordnung und der Genfer Konvention hatten alle am Krieg beteiligten Staaten Auskunftsbüros errichtet, die sowohl das Schicksal der eigenen Soldaten wie auch der feindlichen Kriegsgefangenen dokumentierten. Zusätzlich unterhielt das Rote Kreuz in Genf eine internationale Auskunftszentrale. Diese Organisationen tauschten untereinander regelmäßig die Namen aller Gefangenen aus, die in den Gewahrsam ihres Staates geraten waren, wie auch die der geborgenen Toten. Darüber hinaus hatten die Gefangenen das Recht, sich brieflich mit ihren Angehörigen in Verbindung zu setzen. Selbst die Suche nach Vermißten mit Hilfe der Befragung von Kameraden war möglich. Dieses System funktionierte gut – allerdings lag es nicht im Interesse der Hitlerregierung, wenn die Gefangenen in ihren Briefen an die Angehörigen

Heimkehrer lesen die Suchanzeigen der Angehörigen von Vermißten im Durchgangslager Friedland, Dezember 1955

berichteten, daß es den deutschen Kriegsgefangenen in den USA sehr gutging und auch diejenigen in britischer Gefangenschaft nicht zu klagen hatten. Zwischen der Sowjetunion und ihren Kriegsgegnern kam kein Informationsaustausch zustande, nur einige wenige Briefe gelangten auf unterschiedlichen Wegen aus der UdSSR nach Deutschland.

Eine Änderung der Situation brachte die Endphase des Krieges mit sich – die Zahl der in Gefangenschaft geratenen Deutschen stieg explosionsartig an. Sie schnell zu erfassen und ihre Namen weiterzuleiten war nicht mehr möglich. Auch der allmähliche Zusammenbruch der Kommunikationsstrukturen in Deutschland ab Mitte 1944 führte dazu, daß bei Kriegsende viele Soldaten, die seit langem in westlicher Gefangenschaft lebten, noch keine Verbindung zu ihren Verwandten hatten aufnehmen können. Zudem mußten auch die Angehörigen zu Hause nach den Bombenangriffen, bei Evakuierungsmaßnahmen oder nach den Vertreibungen aus den »Ostgebieten« ihre Aufenthaltsorte mehrmals wechseln. Oft kannte in den zerrissenen Familien niemand mehr den Aufenthaltsort des anderen.

Mit dem Zusammenbruch des Deutschen Reiches funktionierte auch der Postverkehr nicht mehr, er konnte erst im Herbst 1945 in Deutschland wieder aufgenommen werden; Briefverkehr mit den Kriegsgefangenenlagern war im allgemeinen erst im Laufe des Jahres 1946 wieder möglich. In dieser Situation entstanden Suchdienste – als private Erwerbsunternehmen wie auch als gemeinnützige Organisationen. Die Kirchen beider Konfessionen und fast alle großen gesellschaftlichen Organisationen engagierten sich hier. Der bekannteste von ihnen ist der heute noch existierende DRK-Suchdienst München. Er arbeitet zusammen mit dem Volksbund Deutsche Kriegsgräberfürsorge und der Deutschen Dienststelle der ehemaligen Wehrmachtauskunftsstelle, die seit 1939 gemäß den Regeln des Kriegsvölkerrechts das Schicksal der Wehrmachtangehörigen und der feindlichen Kriegsgefangenen in Deutschland dokumentiert. Noch heute sind in diesen drei Organisationen annähernd tausend Personen mit der Klärung von Schicksalen im Zusammenhang mit dem Zweiten Weltkrieg befaßt.

Die Suche nach Angehörigen war in der Nachkriegszeit Bestandteil des Alltags. Besonders in den Jahren, als es noch keine Postverbindungen gab bzw. als die Postwege noch sehr viel Zeit in Anspruch nahmen, fanden sich Familienangehörige an den Bahnhöfen ein, wenn Züge mit Heimkehrern erwartet wurden. Von zahlreichen Fotos aus dieser Zeit kennt man die Schilder mit Aufschriften wie: »Wer kennt den Gefreiten ..., zuletzt eingesetzt in ...?«

Im Laufe der Jahre wurden die Suchmethoden perfekter, u.a. entstand der Bildersuchdienst. Heimkehrer wurden bei ihrer Ankunft systematisch vom Suchdienst befragt. Bereits Heimgekehrte bat man nachträglich, sich die Vermißtenlisten anzusehen. In Zehntausenden von Einsätzen wurden Millionen von Menschen befragt. In Rundfunksendungen wurden die Namen von Gesuchten vorgelesen. Und selbst die heute Vierzig- bis Fünfzigjährigen haben vielleicht noch aus ihrer Kinderzeit den typischen Beginn einer Suchmeldung im Ohr: »Gesucht wird ...«

Wie alles in der unmittelbaren Nachkriegszeit hingen auch diese Bemühungen von der Haltung der Besatzungsmächte ab. Die Amerikaner standen den Suchdiensten negativ gegenüber, weil sie fürchteten, die Suche nach Gefangenen und Vermißten könne der Reorganisation der Wehrmacht dienen. Die Haltung der Briten war unvoreingenommener, die Franzosen unterstützten die Suchbemühungen partiell sehr stark – sie waren daran interessiert, möglichst viel über die Elsässer und Lothringer zu erfahren, die in der Wehrmacht gedient hatten und nun in der UdSSR als Kriegsgefangene vermutet wurden.

In den Westzonen liefen die Suchaktionen zuweilen recht chaotisch ab, da vieles privaten Initiativen überlassen blieb, die miteinander auch in Konkurrenz standen. Im Osten wurden dagegen früh zentrale Strukturen geschaffen – so erschien die erste Suchdienstzeitung in der sowjetischen Besatzungszone. Aber Nachforschungen wurden hier nicht betrieben. Wer sich nach Jahren immer noch nicht gemeldet hatte, den hielt man für tot. Für dieses Vorgehen gab es mehrere Gründe. Zunächst einmal war der Bezug von Leistungen aus dem Sozialversicherungssystem im Osten nicht von der Wehrdienstzeit der Männer abhängig, im Westen dagegen mußte das Schicksal des Mannes definitiv geklärt werden, um Witwenrente oder andere Leistungen zu erhalten. Darüber hinaus wurde relativ schnell deutlich, daß die Masse der Vermißten und Toten an der Ostfront gekämpft hatte bzw. in sowjetischen Gewahrsam geraten waren. In der SBZ bestand aus politischen Gründen wenig Interesse daran, diesen Sachverhalt durch die exakte Feststellung des Todesortes immer wieder neu zu dokumentieren. Man ging in der DDR im Laufe der fünfziger Jahre sogar dazu über, Sterbefallmeldungen von Deutschen aus dem späteren DDR-Gebiet »umzuschreiben«. Wenn eine solche Anzeige von der Deutschen Dienststelle in Westberlin an den DRK-Suchdienst in Ostberlin weitergeleitet wurde, tilgte diese das Todesland »Sowjetunion«. – Die Klärung der individuellen Schicksale war die eine Ebene des Problems, eine andere die politische. Trotzdem – bis in die fünfziger Jahre hinein arbeiteten ost- und westdeutsche Suchdienste gut zusammen.

Bei Kriegsende wußte in Deutschland niemand, wie viele Soldaten tatsächlich in der Wehrmacht Dienst geleistet hatten. Niemand wußte, wie viele ums Leben gekommen waren und wie viele sich in Gefangenschaft befanden. Die Suchdienste waren vor allem daran interessiert, die Namen der Gefangenen und Vermißten zu erfahren – den Behörden ging es darum, eine einigermaßen realistische Zahl der noch zu erwartenden Heimkehrer auszumachen. Aus diesen Gründen wurde im Jahr 1947 die erste Registrierung der noch nicht heimgekehrten Kriegsgefangenen durchgeführt. Das Ergebnis war in vielerlei Hinsicht unbefriedigend. Der wesentliche Fehler bestand darin, daß die Namen und Informationen zu unterschiedlichen Zeitpunkten in den verschiedenen Zonen erfaßt wurden – und dies gerade in einem Zeitraum, in dem viele Gefangene heimkehrten. Außerdem unterließen es vor allem die Familien von Waffen-SS-Soldaten, ihre Angehörigen als vermißt oder kriegsgefangen zu melden – aus Angst, sie könn-

Aus der Sowjetunion heimgekehrte Gefangene werden mit Sonderbussen in das Durchgangslager Friedland gebracht, Oktober 1955

ten nach der Rückkehr wieder deportiert oder zur Zwangsarbeit verschleppt werden. Solche Fälle hat es in der sowjetischen und auch in der französischen Zone gegeben.

Im Jahr 1950, als die Repatriierung der deutschen Kriegsgefangenen im wesentlichen abgeschlossen war, entschloß man sich in der Bundesrepublik noch einmal, eine Registrierung aller noch nicht heimgekehrten Kriegsgefangenen und Vermißten zu veranlassen. Die dafür von dem jungen Staat aufgewendeten umfangreichen Geldmittel machen deutlich, welchen Stellenwert die Suche nach Vermißten zu dieser Zeit in Deutschland immer noch einnahm.

Die so gewonnenen Informationen halfen nicht nur, die Schicksale von Toten, Vermißten und Gefangenen zu klären, sondern unterstützten auch die Bemühungen der Bundesregierung um die Repatriierung der restlichen Kriegsgefangenen. So konnte die Bundesregierung auf die Behauptung der UdSSR, es gäbe keine deutschen Kriegsgefangenen mehr auf sowjetischem Boden, Listen mit Namen derer vorlegen, die aus sowjetischer Gefangenschaft an ihre Angehörigen geschrieben hatten und bisher nicht heimgekehrt waren.

Im Jahr 1953 gelang es, das Problem der Repatriierung vor die Vereinten Nationen zu bringen. Gegen den Widerstand der UdSSR wurde eine Ad-hoc-Kommission gebildet, die alle Mitgliedsstaaten der Vereinten Nationen, nicht nur die UdSSR, aufforderte, die Namen aller noch zurückgehaltenen Gefangenen sowie auch der im Gewahrsamsland verbliebenen Toten bekanntzugeben. Die Kommission tagte zwar mehrfach, und viele Länder reichten die angeforderten Unterlagen ein, nicht jedoch die UdSSR. Letztlich ging auch diese Initiative im Kalten Krieg unter. Den Angehörigen in Deutschland blieb nichts anderes übrig, als zu warten.

Die Rückkehr

Die Haager Landkriegsordnung und die Genfer Kriegsgefangenenkonvention sahen als Normalfall die Heimkehr der Kriegsgefangenen nach Abschluß des Waffenstillstands vor, spätestens jedoch nach Kriegsende. Viele deutsche Soldaten wußten allerdings, daß die Alliierten auf der Konferenz von Jalta Anfang 1945 beschlossen hatten, deutsche Kriegsgefangene für Reparationszwecke einzusetzen. Das Internationale Rote Kreuz hatte als einzige Organisation gegen den Einsatz von Kriegsgefangenen und damit gegen einen Mißbrauch des Kriegsvölkerrechts protestiert – jedoch vergeblich. Wie unterschiedlich die Erwartungen bei Kriegsende hinsichtlich der Heimkehr waren, wird in den Berichten der Zeitzeugen deutlich. Meinhard Glanz glaubte fest an eine schnelle Freilassung; Hans Kampmann und Hans Laubsch hatten keinerlei Vorstellung davon, wann oder ob sie jemals wieder nach Hause kommen würden.

Bei der offiziellen Begrüßung der zurückgekehrten Kriegsgefangenen in Eschwege, Oktober 1955

Als die amerikanischen GIs im Herbst 1945 aus Europa zurückkehrten, waren es die amerikanischen Gewerkschaften, die auf Entlassung der deutschen Kriegsgefangenen drängten. Die Arbeitsplätze, die die Deutschen bis dahin eingenommen hatten, sollten nun wieder für die eigenen Leute zur Verfügung stehen. Vom Frühjahr 1946 an gab es keine deutschen Kriegsgefangenen in den USA mehr. Im Sommer 1946 forderte die amerikanische Öffentlichkeit dann die Entlassung der deutschen Kriegsgefangenen in allen Gewahrsamsmächten. Im Herbst 1946 drängte deshalb die US-Regierung auf einen Plan für die endgültige Repatriierung der deutschen Kriegsgefangenen. Dem setzten insbesondere die Franzosen Widerstand entgegen, da sie die in ihrem Gewahrsam befindlichen Deutschen nicht entbehren zu können glaubten. Weil die deutschen Kriegsgefangenen in französischer Hand zum allergrößten Teil nur von den Amerikanern »ausgeliehen« waren und damit letztlich der Verfügungsgewalt der Amerikaner unterlagen, hatte Frankreich dem Druck der Amerikaner wenig entgegenzusetzen. Dem drohenden Verlust ihrer deutschen Kriegsgefangenen versuchten sowohl die britische als auch die französische Regierung zu begegnen, indem sie den Gefangenen anboten, als Vertragsarbeiter im Land zu bleiben – allerdings mit nur mäßigem Erfolg.

Am 11. März 1947, auf der Moskauer Außenministerkonferenz, vereinbarten dann die Alliierten, daß alle Kriegsgefangenen – es handelte sich keineswegs nur um Deutsche – bis zum Jahresende 1948 zu repatriieren seien. Mit den Festlegungen der Einzelheiten für die Rückführung deutscher Kriegsgefangener wurde der Alliierte Kontrollrat beauftragt.

Die Repatriierungszusage auf der Moskauer Außenministerkonferenz gab Anlaß zur Hoffnung, daß nun alle Kriegsgefangenen endlich entlassen würden. Allerdings löste die begleitende Erklärung des sowjetischen Außenministers Vjatceslav Molotov in Deutschland Empörung und Unsicherheit aus. Er erklärte, die UdSSR hätten bis Anfang März 1947 etwa eine Million deutsche Kriegsgefangene entlassen; knapp 900 000 befänden sich noch in ihrem Gewahrsam. Nach seinen Angaben wären demnach nur etwa zwei Millionen deutscher Kriegsgefangener in sowjetischer Gefangenschaft gewesen – nach deutschen Recherchen entsprach dies keineswegs den Tatsachen. Bei der Kriegsgefangenenregistrierung vom Frühjahr 1947 wurden etwa 1,7 Millionen Soldaten von ihren Angehörigen als vermißt gemeldet. Von ihnen gab es seit der letzten Nachricht aus Kriegszeiten kein Lebenszeichen mehr. Von den meisten wußte man, daß sie zuletzt an der Ostfront eingesetzt waren. Noch immer hofften die Angehörigen auf ihre Heimkehr. Es entstanden Gerüchte von den »verschwundenen Divisionen« bzw. von der »verschollenen Million«. Fachleute wiesen allerdings von Anfang an darauf hin, daß ein Großteil dieser Soldaten wahrscheinlich nicht in sowjetische Gefangenschaft geraten, sondern in der Endphase des Krieges gefallen oder als Verwundete gestorben seien – ohne daß sie noch von den Sowjets als Gefangene hätten registriert werden können. Dennoch hofften die Angehörigen weiterhin auf ihre Rückkehr – vor allem als im politischen Klima des Kalten Krieges die UdSSR beschuldigt wurde, Hunderttausende von Arbeitssklaven in »Schweigelagern« zu halten.

Der Alliierte Kontrollrat beriet auftragsgemäß den Repatriierungsplan, kam jedoch zu keinem abschließenden Ergebnis. Zum festgelegten Zeitpunkt Ende 1948 waren dann zwar alle Kriegsgefangenen aus dem Westen zu Hause, die UdSSR stellte sich aber entgegen der Abmachung auf den Standpunkt, daß sie ohne gemeinsamen Repatriierungsplan auch nicht verpflichtet sei, die Gefangenen nach Hause zu schicken. Auf Druck der Westalliierten erklärte sich die sowjetische Regierung dann im Januar 1949 bereit, ihre Gefangenen bis Ende 1949 freizulassen. Zu ihnen gehörten Hans Kampmann und Hans Laubsch. Wenn man von einer kleineren Anzahl absieht, die erst Anfang 1950 aus polnischem Gewahrsam heimkehrte, waren Weihnachten 1949 fast alle Kriegsgefangenen wieder zu Hause.

Eine andere Gruppe wurde jedoch davon ausgenommen. Schon ab 1943 fanden in der UdSSR Kriegsverbrecherprozesse statt, bei den 10 000 Wehrmachtangehörige verurteilt wurden. Ziel dieser Prozesse war die öffentliche Anklage deutscher Verbrechen, auf die individuelle Schuld der Angeklagten kam es nicht an. Ab 1948 – noch verstärkt im Jahr 1949 – setzte eine zweite Prozeßwelle ein, diesmal unter Ausschluß der Öffentlichkeit. Die Gerichtsverhandlungen dauerten oft nur wenige Minuten; viele Angeklagte konnten mangels ausreichender Russischkenntnisse den Verhandlungen nicht folgen, andere nahmen nicht einmal an der Gerichtssitzung teil. Die Verfahren sprachen allen rechtsstaatlichen Normen Hohn; tatsächliche Kriegsverbrecher wurden nur zufällig erfaßt. Um die zu Unrecht Betroffenen von den nach rechtsstaatlichen Kriterien verurteilten Kriegsverbrechern zu unterscheiden, wurden sie in der Bundesrepublik nicht als Kriegsverbrecher, sondern als »Kriegsverurteilte« bezeichnet.

Ziel dieser sowjetischen Verurteilungspraxis war es, auch über die allgemeine Repatriierung hinaus noch ein politisches Faustpfand den Deutschen gegenüber zu besitzen. Im März 1950 erklärten die sowjetischen Behörden, alle Kriegsgefangenen freigelassen zu haben – mit Ausnahme von etwa 14 000 Personen, die eben nicht mehr Kriegsgefangene, sondern rechtskräftig verurteilte Verbrecher seien. Zeitgleich fand allerdings in der Bundesrepublik die zweite Registrierung aller noch nicht heimgekehrten Kriegsgefangenen statt. Die hierbei gewonnenen Informationen über die noch lebenden Kriegsgefangenen zeigten, daß die sowjetischen Angaben falsch sein mußten. In Deutschland schätzte man die Zahl der noch in der UdSSR verbliebenen Verurteilten auf etwa 27 000.

Obwohl sich die Zahl der Kriegsgefangenen im Verhältnis zur Gesamtzahl ab Ende 1949 nur noch gering ausnahm, besaß dieses Thema in der westdeutschen Öffentlichkeit noch immer einen hohen Aufmerksamkeitswert – ganz anders als in der DDR. In seiner ersten Regierungserklärung ging der neu gewählte Bundeskanzler Konrad Adenauer ausführlich darauf ein, daß noch immer Tausende Kriegsgefangene nicht heimgekehrt waren. In den fünfziger Jahren fanden regelmäßig Kriegsgefangenengedenktage statt, auf Plakaten erinnerte man immer wieder an das Schicksal der Kriegsgefangenen.

In den Folgejahren wurden zwar immer wieder Kriegsverurteilte nach Hause geschickt, doch erst im Herbst 1953 kam es überraschend zu einer Entlassungswelle. Daß etwa 12 000 Kriegsgefangene heimkehren durften, stellte ein Entgegenkommen der Sowjets gegenüber der DDR-Regierung nach dem Aufstand vom 17. Juni 1953 dar. Der DDR-Regierung sollte damit neuer »Kredit« bei der Bevölkerung verschafft werden. Entscheidend aber wirkte sich die berühmte Moskau-Reise Konrad Adenauers im September 1955 aus, bei der im Gegenzug zur Wiederaufnahme der diplomatischen Kontakte die Freilassung der noch verbliebenen 10 000 Kriegsverurteilten vereinbart wurde. Bis auch die letzten Anfang 1956 in der Bundesrepublik eintrafen, waren siebzehn Jahre seit Beginn des Zweiten Weltkrieges und elf Jahre seit seinem Ende vergangen.

Beginn des zivilen Lebens

In den Berichten der fünf Zeitzeugen wird die Situation der Familien zu Hause nur selten angesprochen. Doch der Wunsch heimzukehren war unter den Kriegsgefangenen allgegenwärtig, und der feste Wille, es auch zu schaffen, zählte zu den wesentlichen Voraussetzungen für das Überleben.

Wie in allen kriegführenden Staaten bedeutete die Abwesenheit so vieler Männer eine enorme Belastung für die Gesellschaft. In den Familien fehlten die Väter und älteren Söhne. Zu Hause blieben die Frauen, alte Männer, die Jugendlichen

Zehn Jahre nach Kriegsende trifft die Mutter ihren aus der Sowjetunion heimgekehrten Sohn im Lager Friedland, Oktober 1955

und Kinder. Bald setzte man auch junge Frauen als Wehrmachthelferinnen ein, und als die ausgedehnten Bombardierungen deutscher Städte zunahmen, begann auch die Kinderlandverschickung. Gegen Kriegsende und in der unmittelbaren Nachkriegszeit gab es kaum eine vollständige Familie.

Die Frauen übernahmen nicht nur im Berufsleben, sondern auch in den Familien Aufgaben, die nach bisherigen gesellschaftlichen Vorstellungen als Männersache galten. Die älteren Jungen wuchsen in die Rolle des »Ersatzmannes« hinein. Die Mütter waren vielfach überfordert, mußten sie doch ihre Familie ernähren in einer Zeit, in der es nicht ausreichend zu essen gab; oftmals hatten sie nicht einmal mehr eine eigene

Wohnung, im Winter kein Heizmaterial. Viele Familien lösten sich auf, die Jugendlichen blieben in zunehmendem Maß sich selbst überlassen. Jugendbanden, die über funktionsfähige Waffen und scharfe Munition verfügten und sie auch benutzten, stellten keine Ausnahme dar.

Einen bleibenden Einfluß auf das Rollenverhalten der Frauen hatte die lange Abwesenheit der Männer dennoch selten. Natürlich stellte der Krieg einen existentiellen Einschnitt dar, aber diese Frauen waren aufgewachsen in der Vorstellung, Kinder zu bekommen und für die Familie zu sorgen. Einige lernten ihre Selbständigkeit schätzen, die Mehrzahl sah die veränderte Rollenverteilung in diesen Jahren jedoch als eine vorübergehende Anomalität an. Darin, daß die Männer nach ihrer Rückkehr wieder ihre Aufgaben übernahmen, kam zum Ausdruck, daß sich das Leben endlich wieder normalisiert hatte.

Die Männer waren bei ihrer Heimkehr – vor allem nach den entbehrungsreichen Jahren in sowjetischen Lagern – oft physisch sehr verändert. Schwere Gesundheitsschäden und vorübergehende dystrophiebedingte Impotenz waren häufig. Die Frauen hatten auf Männer gewartet, die ihre angestammten Rollen wieder übernehmen sollten, heim kamen aber oft menschliche Wracks, die erst gesund gepflegt und aufgerichtet werden mußten. Darüber hinaus hatten sich viele Heimkehrer auch psychisch verändert. Über ihre Erfahrungen konnten sie nur schwer mit Menschen reden, die nicht dasselbe erlebt hatten. Manche waren – wie Hans Kampmann es beschreibt – verschlossener geworden.

Die Rückkehr der Väter in die Familien machte oft den Kindern Probleme. In der Not waren die Kinder mit ihren Müttern zu einer verschworenen Gemeinschaft zusammengewachsen. Während die meisten Ehefrauen aus den aufgezeigten Gründen eher bereit waren, dem Ehemann wieder einen Platz in der Familie einzuräumen, wollten die Kinder nicht ohne weiteres ihre Erwachsenenrolle aufgeben. So mancher Heimkehrer ist in seiner Familie bis zu einem gewissen Grad immer ein Fremder geblieben. Es gab auch zahlreiche Paare, deren Ehe während des Krieges übereilt geschlossen worden war; viele von ihnen hatten bis zur Heimkehr des Mannes aus der Gefangenschaft noch nie zusammengelebt. Nicht wenige Frauen waren in der Abwesenheit der Männer eine neue Beziehung eingegangen oder hatten einen »Onkel« in die Familie aufgenommen; häufig kam es zu Scheidungen. Unter der Trennung litten vor allem die Heimkehrer. In Wolfgang Borcherts 1947 aufgeführtem Theaterstück »Draußen vor der Tür« steht diese Problematik im Mittelpunkt. Borchert erzählt die Geschichte des Rußlandheimkehrers Beckmann, der nach drei Jahren sibirischer Gefangenschaft seine Frau in den Armen eines anderen findet.

Welche Hürden ein Heimkehrer im öffentlichen Leben und bei der Arbeitsplatzsuche nehmen mußte, sei an einem kleinen Beispiel aufgezeigt. Selbst wenn der ehemalige Soldat in den eigenen Heimatort zurückkehrte, mußte er folgende Behördengänge unternehmen:

1. Polizeiliche Anmeldung beim Bürgermeisteramt oder bei der Ortspolizei
2. Meldebogen für die Entnazifizierungsbehörde beantworten und gegen Quittung einreichen
3. Kriegsgefangenschafts-Rückkehrer-Meldekarte ausfüllen
4. Meldeblatt für den Personalausweis ausfüllen und zusammen mit Fotos abgeben
5. Zuzugsgenehmigung beantragen
6. Beim Arbeitsamt melden
7. Wenn Empfangsquittung der Entnazifizierungsbehörde, Zuzugsgenehmigung, Meldekarte des Arbeitsamtes und polizeiliche Anmeldung vorliegen – Essenkarten beantragen

All dies war nicht möglich ohne vollständige Entlassungspapiere.

Ein Viertel aller Heimkehrer konnte nicht an den bisherigen Wohnsitz zurückkehren. Für sie hatte der »Wegweiser«, aus dem die obige Liste entnommen ist, den Rat, sich einige Tage Zeit zu nehmen, »es sei nicht zu vermeiden, daß die Amtsstellen in der Regel zweimal aufgesucht werden müßten«.

Ein Vergleich zur Situation der Heimkehrer in anderen Staaten zeigt einige Parallelen, vor allem mit Blick auf die Eingliederungsprobleme im privaten Bereich. Es gibt aber auch wesentliche Unterschiede: In den USA war derjenige, der die Kriegsgefangenschaft überlebt hatte, ein Held. In Frankreich wurden die Kämpfer der Résistance gefeiert – die Kriegsgefangenen erfuhren bei ihrer Heimkehr kaum Beachtung. In der UdSSR wiederum stellte der Umstand, Kriegsgefangener gewesen zu sein, eine Schande dar, die man zu verbergen suchte. In Polen hatte ein großer Teil der Bevölkerung die Zwangsarbeit in

Deutschland hinter sich, also ein ähnliches Schicksal erlitten wie die Kriegsgefangenen – das schuf ein Gefühl der Gemeinsamkeit. In Deutschland war Kriegsgefangenschaft während des Krieges mit dem Odium der Feigheit behaftet: »Lieber einmal im Leben feige als ein ganzes Leben lang tot«, so hieß es. Nach dem Zusammenbruch des Deutschen Reiches spielten solche Parolen keine Rolle mehr. Der Überlebenskampf jedes einzelnen rückte in den Vordergrund.

Stellt man abschließend noch einmal die Frage, wie die Heimkehrer ihr Schicksal verkraftet haben, welche Bedeutung die Kriegsgefangenschaft für den einzelnen noch heute hat, dann gibt es nur wenige wie Meinhard Glanz, die aufgrund einer kurzen, relativ problemlosen Gefangenschaft sagen können, daß diese Zeit für sie nicht besonders wichtig war. In den allermeisten Fällen werden als prägende Lebensphase nicht 40 Jahre Berufsleben oder die Familie genannt, sondern der Krieg – und hier vor allem die Kriegsgefangenschaft. Das, was die Betroffenen hier erlebt und erlitten haben, hat, wie mancher der Zeitzeugen bekennt, ihre Persönlichkeit verändert. Die Gefangenschaft hat ihr Verhalten in Familie und Gesellschaft beeinflußt und damit auch die Familie und die Gesellschaft verändert. Darum ist es so wichtig, daß hier fünf Menschen ihr Schweigen gebrochen haben. Sie vertrauen das Erlebte der Öffentlichkeit an und geben nachfolgenden Generationen die Möglichkeit, Geschichte besser zu verstehen.

Anhang

LAGER FÜR DEUTSCHE KRIEGSGEFANGENE IN DEN USA, STAND 1945

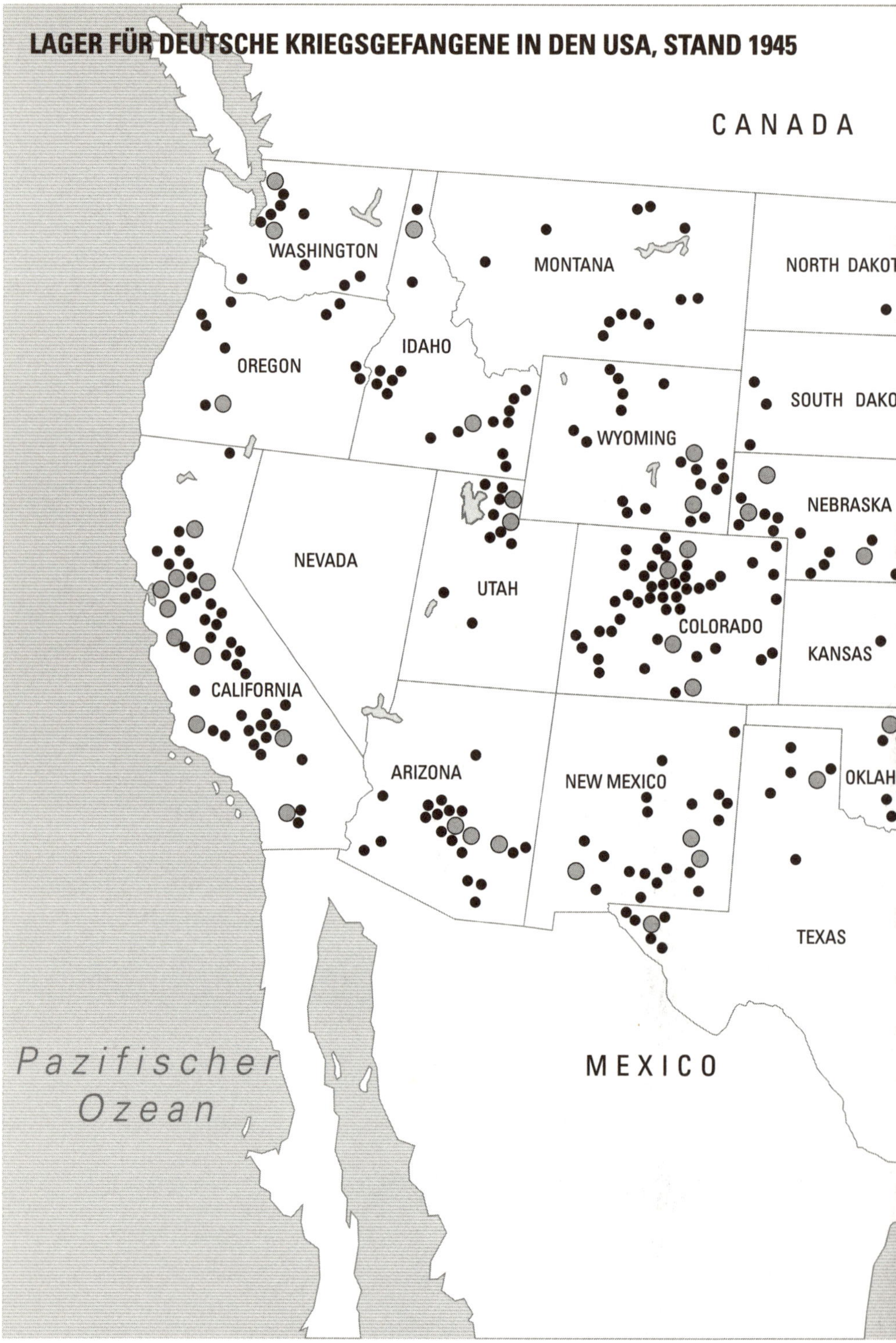

NEW HAMPSHIRE
MASSACHUSETTS
VERMONT
MAINE
NNESOTA
WISCONSIN
MICHIGAN
NEW YORK
RHODE ISLAND
CONNECTICUT
IOWA
PENNSYLVANIA
NEW JERSEY
ILLINOIS
INDIANA
OHIO
DELAWARE
MARYLAND
WEST VIRGINIA
VIRGINIA
MISSOURI
KENTUCKY
NORTH CAROLINA
TENNESSEE
ARKANSAS
SOUTH CAROLINA
GEORGIA
ALABAMA
MISSISSIPPI
LOUISIANA
Atlantischer Ozean
FLORIDA
Hauptlager
Nebenlager
0
600 km
Golf von Mexiko
CUBA

BRITISCHE LAGER FÜR DEUTSCHE KRIEGSGEFANGENE

Karasee
Leptevsee
Sowjetunion
Kasachstan
Mongolei
Nordkorea
Südkorea
Japan
Pazifischer Ozean
China
Taiwan
Syrien
Irak
Iran
Afghanistan
Nepal
Bhutan
Jordanien
Paktistan
Indien
Myanmar
Laos
Vietnam
Philippinen
Thailand
Saudi-Arabien
Oman
Kambodscha
Malaysia
Jemen
Indonesien
Papua-Neuguinea
Salomonen
Sri Lanka
Malediven
Äthiopien
Somalia
Kenia
Indischer Ozean
Australien
Tansania
Madagaskar
Mosambik
Mauritius
Neuseeland
Gebiete mit Lagern für deutsche Kriegsgefangene
Orte mit Lagern für deutsche Kriegsgefangene
0
5000 km

LAGER FÜR DEUTSCHE KRIEGSGEFANGENE IN DER SOWJETUNION
Severnaja Semlja
Karase
Barentssee
Spitzbergen
Novaja Zemlja
Sowjetunion
Murmansk
Norwegen
Jenissei
Ob
Ob
Finnland
Irtysch
Novosibirsk
Wolga
Schweden
M
Ural
Wolga
Karaganda
Stettin
Minsk
Dnepr
Stalingrad/
Volgograd
Berlin
Kiev
Wolga
Kasachstan
Alma-Ata
Krasnodar
Taschkent
Krim
Baku
Türkei
Syrien
Afghanistan
Iran
Nepa
Irak
Mittelmeer
Pakistan
Jordanien
Indien
Libyen
Ägypten
Saudi-
Arabien
Oman
Indischer
Ozean
Jemen

Leptevsee
Kotelyj-Inseln
Wrangel-Inseln
Kolymna
Lena
Kamčatka
Sachalin
Amur
Chabarovsk
utsk
Mongolei
Vladivostok
Nordkorea
Südkorea
Japan
Pazifischer Ozean
China
Taiwan
Myanmar
Laos
Thailand
Vietnam
Philippinen
Malaysia
Indonesien
1 – 9 Teillager
10 – 19 Teillager
20 – 30 Teillager
M
Lager Moskau, über 50 Teillager
GUPVI – Lager im GULAG
0
2500 km

FRANZÖSISCHE LAGER FÜR DEUTSCHE KRIEGSGEFANGENE
Grossbritannien
Deutsch-land
Polen
Sowjetunion
CSR
Frankreich
Öster-reich
Ungarn
Rumänien
Jugoslawien
Portugal
Spanien
Italien
Bulgarien
Türkei
Griechen-land
Syrien
Iran
Irak
Marokko
Mittelmeer
Jordanien
Algerien
Libyen
Ägypten
Arabien
Senegal
Französisch-Westafrika
Jemen
Dakar
Koulikoro
Bamako
Englisch-Ägypten-Sudan
Französisch Äquatorial-afrika
Äthiopien
Kenia
Belgisch-Kongo
Atlantischer Ozean
Tansania
Sankt Helena
Angola
Sambia
Mosambik
Ste-Marie
Süd-West Afrika
Tananarive
Magadaskar
Südafrikanisch Union
Gebiete mit Lagern für deutsche Kriegsgefangene
Orte mit Lagern für deutsche Kriegsgefangene
0
500 km

PROVISORISCHE KRIEGSGEFANGENENLAGER DER WESTALLIIERTEN IN DEUTSCHLAND GEGEN KRIEGSENDE, SOG. RHEINWIESENLAGER

1 Büderich
2 Rheinberg
3 Wickrathberg
4 Koblenz
5 Remagen
6 Sinzig
7 Winzenheim/ Bretzenheim
8 Andernach
9 Siershahn
10 Heidesheim
11 Dietersheim
12 Dietz
13 Hechtsheim
14 Biebelsheim
15 Bad Kreuznach
16 Urmitz
17 Böhl
18 Heilbronn
19 Ludwigshafen

Anzahl der deutschen Kriegsgefangenen nach Jahren un

Jahr	UdSSR	Jugoslawien	Polen	ČSR
1941				
I	0	0	0	0
II	0	0	0	0
III	0	0	0	0
IV	26 000	0	0	0
1942				
I	120 000	0	0	0
II	120 000	0	0	0
III	110 000	0	0	0
IV	100 000	0	0	0
1943				
I	170 000	0	0	0
II	160 000	0	0	0
III	190 000	0	0	0
IV	200 000	0	0	0
1944				
I	240 000	0	0	0
II	370 000	0	0	0
III	560 000	0	0	0
IV	560 000	3000	0	0
1945				
I	1 100 000	3000	0	0
II	2 000 000	130 000	0	0
III	1 900 000	170 000	68 000	25 000
IV	1 400 000	140 000	66 000	24 000
1946				
I	1 300 000	110 000	63 000	24 000
II	1 300 000	100 000	62 000	24 000
III	1 300 000	94 000	61 000	24 000
IV	1 100 000	84 000	60 000	24 000
1947				
I	1 000 000	82 000	59 000	24 000
II	970 000	75 000	58 000	24 000
III	900 000	72 000	57 000	24 000
IV	840 000	72 000	55 000	22 000
1948				
I	760 000	72 000	53 000	18 000
II	620 000	68 000	51 000	18 000
III	550 000	65 000	49 000	13 000
IV	500 000	16 000	44 000	4500
1949				
I	460 000	1300	34 000	0
II	380 000	1300	25 000	0
III	280 000	0	14 000	0
IV	85 000	0	11 000	0
1950				
I	47 000	0	4000	0
II	31 000	0	0	0
III	29 000	0	0	0
IV	29 000	0	0	0

Gewahrsamsmächten

USA	Großbritann.	Frankreich	Benelux	Summe
0	2300	0	0	2300
0	4100	0	0	4100
0	6200	0	0	6200
0	6300	0	0	32 300
0	11 000	0	0	131 000
30	16 000	0	0	136 030
100	19 000	0	0	129 100
300	22 000	0	0	122 300
1100	28 000	0	0	199 100
19 000	30 000	0	0	209 000
88 000	34 000	0	0	312 000
120 000	35 000	0	0	355 000
130 000	36 000	0	0	406 000
140 000	43 000	0	0	553 000
360 000	110 000	0	0	1 030 000
480 000	240 000	0	0	1 283 000
620 000	250 000	50 000	0	2 023 000
3 000 000	2 300 000	140 000	0	7 570 000
3 800 000	2 400 000	450 000	22 000	8 835 000
2 500 000	560 000	710 000	35 000	5 435 000
1 200 000	760 000	680 000	63 000	4 200 000
730 000	790 000	680 000	60 000	3 746 000
380 000	760 000	630 000	59 000	3 308 000
72 000	630 000	590 000	58 000	2 618 000
38 000	530 000	550 000	56 000	2 339 000
0	420 000	510 000	49 000	2 106 000
0	340 000	450 000	24 000	1 867 000
0	250 000	360 000	1600	1 600 600
0	160 000	240 000	0	1 303 000
0	64 000	140 000	0	961 000
0	12 000	80 000	0	769 000
0	0	24 000	0	588 500
0	0	0	0	495 300
0	0	0	0	406 300
0	0	0	0	294 000
0	0	0	0	96 000
0	0	0	0	51 000
0	0	0	0	31 000
0	0	0	0	29 000
0	0	0	0	29 000

Alle Angaben gerundet, es handelt sich jeweils um Quartalsdurchschnittswerte; die deutschen Kriegsgefangenen in Nordfrankreich sind nicht unter »Frankreich« ausgewiesen, da sie in der Verantwortung der USA standen

Gesamtzahl der deutschen Kriegsgefangenen

Gefangennahmen		Abgabe/Verbleib	
durch	Zahl	Zahl	Land
Sowjetunion	3 155 000	3 060 000	Sowjetunion
		25 000	Tschechoslowakei
		70 000	Polen
Jugoslawien	194 000	194 000	Jugoslawien
USA*)	3 800 000	3 097 000	USA
		667 000	Frankreich
		31 000	Belgien
		5000	Luxemburg
Großbritann.*)	3 700 000	3 635 000	Großbritann.
		25 000	Frankreich
		33 000	Belgien
		7000	Niederlande
Frankreich	245 000	245 000	Frankreich
Insgesamt	11 094 000	11 094 000	

*) In den Zahlen für die USA und Großbritannien sind die aufgrund von Vereinbarungen überlassenen Gefangenenkontingente bereits berücksichtigt. Satistiken aus:
Ratza, Werner: Anzahl und Arbeitsleistungen der deutschen Kriegsgefangenen, in: Die deutschen Kriegsgefangenen des Zweiten Weltkrieges. Eine Zusammenfassung, Hrsg.: Maschke, Erich. München 1974 (= Zur Geschichte der deutschen Kriegsgefangenen des Zweiten Weltkrieges, Band 15), S.185–230.

Gewahrsam Zahl	Land	Gewahrsam Ost/West
3 060 000	Sowjetunion	
25 000	Tschechoslowakei	
70 000	Polen	Ost
194 000	Jugoslawien	3 349 000
3 097 000	USA	
5000	Luxemburg	
3 635 000	Großbritann.	
64 000	Belgien	
7000	Niederlande	West
937 000	Frankreich	7 745 000
11 094 000		11 094 000

Zeittafel

Februar–Mai 1943 Mit der 6. Armee bei Stalingrad an der Ostfront und dem Deutschen Afrika-Korps bei Tunis in Nordafrika geraten zum erstenmal im Zweiten Weltkrieg große Wehrmachtverbände in Gefangenschaft.

August 1943 Beschluß der britischen und amerikanischen Regierung, gefangen genommene deutsche Soldaten im Verhältnis 50:50 untereinander aufzuteilen

12. 7. 1943 Gründung des Nationalkomitees Freies Deutschland

11./12. 9. 1943 Gründung des Bundes Deutscher Offiziere

19.–30. 10. 1943 Moskauer Außenministerkonferenz

1. 11. 1943 Moskauer Deklaration. Österreich wird zu einem vom »Dritten Reich« unrechtmäßig besetzten Land erklärt

Februar 1944 Sowjetischer Vorschlag, deutsche Kriegsgefangene als Zwangsarbeiter einzusetzen

Juni–August 1944 Landung der Westalliierten in der Normandie, Zusammenbruch der Heeresgruppen Mitte und Südukraine an der Ostfront

Juli 1944 Die Zahl der deutschen Kriegsgefangenen in angloamerikanischem Gewahrsam erreicht in etwa die Zahl der Anglo-Amerikaner in deutschem Gewahrsam.

4.–12. 2. 1945 Konferenz von Jalta: Beschluß zum Einsatz von Deutschen als Zwangsarbeiter

Februar 1945 Beginn des Transfers von Kriegsgefangenen von den USA an Frankreich

25. 4.–26. 6. 1945 Konferenz von San Francisco: Beschluß, deutsche Kriegsgefangene zum Minenräumen einzusetzen

Juli 1945 Übergabe der provisorischen amerikanischen Kriegsgefangenenlager an die Franzosen und Briten

Herbst 1945 Amerikanische Gewerkschaften drängen auf die Repatriierung der deutschen Kriegsgefangenen

Februar 1946 Beschluß der US-Regierung, bis Ende Juni alle Deutschen in den USA nach Europa zurückzubringen

Mai 1946 Ende des Transfers von Kriegsgefangenen von den USA an Frankreich

3. 12. 1946 US-Regierung fordert die französische Regierung auf, die deutschen Kriegsgefangenen bis Oktober 1947 freizulassen

10. 3.–24. 4. 1947 Moskauer Außenministerkonferenz: Beschluß, alle Kriegsgefangenen bis 31. 12. 1948 zu repatriieren

11. 3. 1947 Abkommen zwischen den USA und Frankreich: Frankreich verpflichtet sich, alle deutschen Kriegsgefangenen bis 31. 12. 1948 zu entlassen.

14. 3. 1947 Molotov-Erklärung über die sich noch in der Sowjetunion befindenden deutschen Kriegsgefangenen

Sommer 1947 Erste Registrierung der noch nicht heimgekehrten Kriegsgefangenen in Deutschland

31. 12. 1948 Vereinbarter Abschlußtermin für die Repatriierung der Kriegsgefangenen: Alle Kriegsgefangenen mit Ausnahme der polnischen, jugoslawischen und sowjetischen sind entlassen.

5. 5. 1950 TASS-Erklärung über den Abschluß der Repatriierung der Kriegsgefangenen

12. 5. 1950 Beschluß der Londoner Außenministerkonferenz, Schritte zur Klärung des Schicksals nicht heimgekehrter Kriegsgefangener zu unternehmen

14. 12. 1950 Einsetzung der Ad-hoc-Kommission für Kriegsgefangene der UN

März 1953 Zweite Registrierung der noch nicht heimgekehrten Kriegsgefangenen in Deutschland

1953 Erste große Repatriierungswelle der Kriegsverurteilten aus der UdSSR

8.–4. 9. 1955 Adenauers Moskau-Reise: Vereinbarung über die Freilassung der letzten deutschen Kriegsgefangenen in der UdSSR

Dezember 1955 Letzter großer Heimkehrertransport

Anfang 1956 Eintreffen der letzten Heimkehrergruppen in Friedland

Glossar und Abkürzungsverzeichnis

Afrika-Korps, Deutsches (DAK) Seit Anfang 1941 waren deutsche Verbände zusammen mit den Italienern in Nordafrika eingesetzt. Unter seinem Kommandierenden General Erwin Rommel erzielte das Korps zunächst große Erfolge, mußte jedoch am 13. 5. 1943 kapitulieren. Äußerlich unterschied sich das DAK von anderen Wehrmachtverbänden durch das Ärmelband mit der Aufschrift »Afrika« und die Tropenuniform.

Alliierte Die Staaten, die dem am 1. 1. 1942 geschlossenen Washington-Pakt zur Bekämpfung der Achsenmächte (seit 1936 Deutsches Reich und Italien, später auch Japan und alle mit dem Deutschen Reich verbündeten Staaten) beitraten, also insbesondere Großbritannien, Frankreich, die USA und die UdSSR

Alliierter Kontrollrat Oberstes Gremium der gemeinsamen alliierten Besatzungsverwaltung

Anders-Armee Ehemalige polnische Kriegsgefangene in sowjetischem Gewahrsam, die als polnische Verbände unter Führung des Generals Władisław Anders im Rahmen der britischen Streitkräfte eingesetzt waren.

Antifa Antifaschistische Bewegung in sowjetischer Kriegsgefangenschaft, Nachfolgeorganisation von BDO und NKFD

Ardennenoffensive Letzte erfolglose Offensive der Wehrmacht im Dezember 1944 gegen die Westalliierten

Atlantikwall Kette von Bunkern, von den Deutschen während des Zweiten Weltkriegs vorwiegend an der französischen Atlantikküste errichtet, um die drohende Invasion der Westalliierten abzuwehren

Automatical Arrest Interniernung von Nationalsozialisten, hohen Beamten und Wirtschaftsführern durch die Alliierten nach Kriegsende

BDO Bund Deutscher Offiziere, antifaschistische Organisation deutscher Offiziere in sowjetischem Gewahrsam, gegründet am 11./12. 9. 1943, im Jahr 1945 aufgelöst

CROWCASS Central Registry of War Criminals and Security Suspects = Zentrales Verzeichnis der Kriegsverbrecher und der unter Sicherheitsaspekten bedenklichen Personen

DEF Disarmed Enemy Forces = »Entwaffnete Feindkräfte«, amerikanische Bezeichnung für Soldaten, die nicht unter dem Schutz des Kriegsvölkerrechts standen

Dienstgrade

Offiziere	
– Generale	Generalmajor bis Generalfeldmarschall
– Stabsoffiziere	Major bis Oberst
– Subalternoffiziere	Leutnant bis Hauptmann/Rittmeister
Unter-Offiziere	
– Portepée-Unteroffiziere	Feldwebel bis Stabsfeldwebel
– Unteroffiziere ohne ohne Portepée	Unteroffizier bis Unterfeldwebel
Mannschaften	Soldat bis Stabsgefreiter

DP Displaced Person = Entwurzelte Person. Personen fremder Staats- und Volkszugehörigkeit, die von den Deutschen verschleppt worden waren und sich bei Kriegsende auf dem Gebiet des deutschen Reichsgebiets aufhielten.

Dystrophie Krankhafte Unterernährung

Einheiten/Verbände
Heeresgruppe (mehrere Armeen) 300 000–500 000 Soldaten
Armee (mehrere Korps) 100 000–200 000 Soldaten
Korps (meist 3 Divisionen) 50 000 Soldaten
Division (meist 3 Regimenter) 12 000 Soldaten
Regiment (meist 3 Abteilungen) 2000 Soldaten
Abteilung/Bataillon (meist 4 Kompanien) 600 Soldaten
Kompanie/Batterie 100 Soldaten

Fahnenjunker-Unteroffizier Unteroffizier in der Ausbildung zum Offizier

Feldgendarmerie Polizei der Wehrmacht

Fleckfieber Durch Läuse übertragene Infektionskrankheit, die mit hohem Fieber, Schüttelfrost, Kopf- und Gliederschmerzen verbunden ist. Nachwirkungen bei Überlebenden, insbesondere Hirnschäden, kommen häufig vor. Die Krankheit verläuft in ca. 20 % der Fälle tödlich. Bedingt durch Hunger und schlechte medizinische Versorgung in der UdSSR war die Todesquote jedoch höher.

Front Sowjetische Bezeichnung für einen Truppenverband, entspricht einer Heeresgruppe der Wehrmacht

Funkmeßgerät »Würzburg« Vorläufer des Radargeräts

GULag Glavnoe upralevnie lagerej = »Hauptverwaltung für (Straf)-Lager«, ziviles Straflagersystem der Sowjetunion

GUPVI Glavnoe upravlenie po delam voennoplennych i internirovannych = »Hauptverwaltung für Angelegenheiten von Kriegsgefangenen und Internierten«, Kriegsgefangenenlager-System der UdSSR

Heimwehr Norwegische Partisanenorganisation

Hiwi Hilfswillige, sowjetische Staatsbürger, die zu Hilfsdiensten in der Wehrmacht eingesetzt wurden, ohne jedoch den Rechtsstatus von Soldaten zu besitzen

HLKO Haager Landkriegsordnung, veröffentlicht als Anlage zum »Abkommen, betreffend die Gesetze und Gebräuche des Landkrieges« vom 18. 10. 1907

IKRK Internationales Komitee vom Roten Kreuz

Italienische Militärinternierte Deutsche Bezeichnung für die italienischen Kriegsgefangenen in deutschem Gewahrsam

Kantinengeld Lagerwährung, die nur in der Lagerkantine gegen Ware verausgabt werden konnte

Kascha Getreidebrei, wichtiges Nahrungsmittel in russischer Kriegsgefangenschaft

Kommissarbefehl Richtlinie für die Behandlung politischer Kommissare vom 6. 6. 1941, Grundlage der kriegsvölkerrechtswidrigen Hinrichtung politischer Kommissare der Roten Armee

Kommunistisches Manifest Manifest der Kommunistischen Partei, 1847 verfaßt von Karl Marx und Friedrich Engels

Kriegsgefangene Bewaffnete und unbewaffnete Angehörige der Streitkräfte des Gegners, d. h. sowohl Soldaten als auch zivile Angehörige der Streitkräfte

Kriegsgerichtsbarkeitserlaß Erlaß über die Ausübung der Kriegsgerichtsbarkeit auf dem Gebiet der Sowjetunion, das in den Feldzugsplan der Wehrmacht »Barbarossa« einbezogen war, und über besondere Maßnahmen der Truppe, vom 13. 5. 1941

Kriegsverurteilte Kriegsgefangene, die nicht aufgrund individueller Schuld, sondern in Scheinprozessen in der UdSSR wegen Kriegsverbrechen verurteilt wurden.

Kwaß Alkoholisches Getränk aus Mehl, Brot, Malz, Rosinen und Zucker

Landesschützen Verbände der Wehrmacht, die vorrangig aus älterer Soldaten bestanden. Sie wurden hauptsächlich zu Sicherungs- und Bewachungsaufgaben eingesetzt.

Machorka Russische Tabaksorte

Marine-Sanitäts-Reserveoffizier-Anwärter Anwärter auf die Laufbahn als Arzt bei der Marine für die Dauer des Krieges

Militärinternierte Soldaten eines kriegführenden Staates, die sich auf dem Boden eines neutralen Staates befinden und dort bis Kriegsende festgehalten werden

Moskauer Deklaration Alliierte Deklaration vom 1. 11. 1943, in der die staatliche Eigenständigkeit Österreichs festgestellt wurde

Nachrichtentruppe Fernmelder

Neurasthenie Nervöser Erschöpfungszustand, der sich in Antriebsschwäche äußert

Nissenhütte Halbrunde Wellblechbaracke, benannt nach dem englischen Erfinder Nissen

NKFD Nationalkomitee Freies Deutschland, Widerstandsorganisation in sowjetischem Gewahrsam, gegründet am 12./13. 7. 1943, im Jahr 1945 aufgelöst

NKWD Nationalkomitee für Innere Angelegenheiten der UdSSR, Innenministerium der Sowjetunion

Ostmärker Bezeichnung für Österreicher während des »Dritten Reiches«

Papirossy Russische Zigaretten

PG Prisonnier de Guerre = Kriegsgefangener, französische Bezeichnung

Plennyi-Schritt Langsam schlürfende, energiesparende Marschierweise

Plennyj Sowjetische Bezeichnung für deutsche Kriegsgefangene

Politkommissar Für die politische Arbeit zuständige Angehörige der Lagerleitung im sowjetischen Gewahrsam

POW/PW Prisoner of War = Kriegsgefangener, amerikanisch/englische Bezeichnung

Quisling Norwegischer Kollaborateur im Zweiten Weltkrieg

Reeducation Programme zur demokratischen Erziehung der Deutschen

Regelungen über die Behandlung der Kriegsgefangenen »Bestimmungen über das Kriegsgefangenenwesen im Fall Barbarossa« (Behandlung der sowjetischen Kriegsgefangenen) vom 16. 6. 1941

Ruhr Durch Bakterien verursachte Entzündung der Dickdarmschleimhaut, die durch verseuchtes Wasser, verdorbene Lebensmittel, Fliegen oder den Kontakt mit Erkrankten übertragen wird. Nach einer Inkubationszeit von 2–7 Tagen kommt es zu Fieber und Durchfällen. Aufgrund der Unterernährung und fehlender Medikamente starben in sowjetischer Kriegsgefangenschaft viele daran.

Scherenfernrohr Winkel-Fernrohr mit einem scherenartigen Mechanismus, mit dessen Hilfe man über eine Deckung hinwegschauen konnte, ohne die Deckung zu verlassen

Schweigelager In der UdSSR vermutete Kriegsgefangenenlager, aus denen keine Post gesendet werden durfte

SEP Surrendered Enemy Personnel = Feindliches Personal, das sich ergeben hat, britische Bezeichnung für Soldaten, die nicht unter dem Schutz des Kriegsvölkerrechts standen

SHAEF Supreme Headquarters Allied Expeditionary Forces.

Sonderführer Zivilist, der in der Wehrmacht für eine bestimmte Aufgabe zeitlich beschränkt eine offiziersähnliche Stellung bekleidete.

Sonderverband 287 1941 aufgestellter Wehrmachtverband, der als Keimzelle eines Expeditionskorps im Vorderen Orient dienen sollte.

Spätestheimkehrer Kriegsgefangene, die nach 1953 zurückkehrten

Spätheimkehrer Kriegsgefangene, die nach Abschluß der allgemeinen Repatriierung ab 1950 heimkehrten

Spieß Kompaniefeldwebel, der für den inneren Betrieb einer Kompanie verantwortliche Feldwebel

SS Pasteur steam ship, Kennzeichnung ziviler britischer Frachtschiffe

Stalinorgel Sowjetischer Mehrfachraketenwerfer, der bis zu 36 Raketen gleichzeitig abfeuern konnte; eine der gefürchtetsten Waffen der Roten Armee

Tätowierung Allen Soldaten der Waffen-SS wurde die Blutgruppenbezeichnung auf der Innenseite des rechten Oberarms eintätowiert

Typhus Durch Salmonellen hervorgerufene grippeähnliche Krankheit. Nach einer Inkubationszeit von einer bis zwei Wochen folgt eine ca. dreiwöchige Fieberphase mit treppenartigem Anstieg des Fiebers auf ca. 40° und anschließendem Abstieg. Sie wird begleitet von Hautausschlägen und Durchfällen. Zu Todesfällen kam es in Verbindung mit der Unterernährung und der schlechten medizinischen Versorgung in der sowjetischen Gefangenschaft

Verschwundene Divisionen Gerüchte über Divisionen, die angeblich an der Ostfront gekämpft hatten, in sowjetische Gefangenschaft geraten und dort spurlos verschwunden sein sollten

Vichy-Frankreich Der Teil Frankreichs, der nach dem Waffenstillstand 1940 zunächst nicht von deutschen Truppen besetzt wurde. Regierungssitz war Vichy

Volkssturm Der NSDAP angegliederte Organisation, in der alle noch nicht in der Wehrmacht dienenden Männer, also die Jugendlichen und die Alten, zusammengefaßt waren. Sie wurden in den letzten Kriegsmonaten gegen die Alliierten eingesetzt

Vorgeschobener Beobachter Bezeichnung der Artillerie für einen Beobachter, der das Feuer der weiter rückwärts aufgestellten Artillerie leitet.

WASt Wehrmachtauskunftsstelle für Kriegerverluste = die in Deutschland gemäß den Genfer Konventionen für die Auskünfte über Kriegsgefangene und die Dokumentation des Schicksals der eigenen Soldaten zuständige militärische Stelle

YMCA Young Men's Christian Association = Christlicher Verein Junger Männer (CVJM)

Zivildeportierte Von der Sowjetunion zur Zwangsarbeit in die UdSSR deportierte Zivilisten

Zivilinternierte Ausländer im Feindstaat, die von diesem in Lagern interniert werden

Literaturhinweise

Bischof, Günter/Overmans, Rüdiger (Hrsg.): Kriegsgefangenschaft im Zweiten Weltkrieg. Eine vergleichende Perspektive, Ternitz-Pottschach 1999

Böhme, Kurt W.: Gesucht wird ... Die dramatische Geschichte des Suchdienstes, erweiterte Ausgabe München 1970

Haus der Geschichte der Bundesrepublik Deutschland (Hrsg.): Kriegsgefangene. Sowjetische Kriegsgefangene in Deutschland. Deutsche Kriegsgefangene in der Sowjetunion, Düsseldorf 1995

Kaminsky, Anette (Hrsg.): Heimkehr 1948. Geschichte und Schicksale deutscher Kriegsgefangener, München 1998

Krammer, Arnold P.: Deutsche Kriegsgefangene in Amerika 1942–1946, 2. überarbeitete Auflage, Tübingen 1995

Lehmann, Alfred: Gefangenschaft und Heimkehr. Deutsche Kriegsgefangene in der Sowjetunion, München 1986

Müller, Klaus-Dieter, u. a. (Hrsg.): Die Tragödie der Gefangenschaft in Deutschland und in der Sowjetunion 1941–1956, Köln 1998

Overmans, Rüdiger (Hrsg.): In der Hand des Feindes. Kriegsgefangenschaft von der Antike bis zum Zweiten Weltkrieg, Köln 1999

Sasse, Klaus: Bilder aus russischer Kriegsgefangenschaft. Erinnerungen und Fotos aus Jelabuga und anderen sowjetischen Lagern 1945–1949, Münster/New York/München 1999

Schreiber, Gerhard: Die italienischen Militärinternierten im deutschen Machtbereich 1943 bis 1945. Verraten – Verachtet – Vergessen, München 1990

Smith, Arthur L. jr.: Die »vermißte Million«. Zum Schicksal deutscher Kriegsgefangener nach dem Zweiten Weltkrieg, München 1992

Smith, Arthur. L. jr.: Heimkehr aus dem Zweiten Weltkrieg. Die Entlassung der deutschen Kriegsgefangenen, Stuttgart 1985

Strauß, Christof: Kriegsgefangenschaft und Internierung, Heilbronn 1998

Streim, Alfred: Die Behandlung sowjetischer Kriegsgefangener im »Fall Barbarossa«. Eine Dokumentation, Heidelberg 1981

Streit, Christian: Keine Kameraden. Die Wehrmacht und die sowjetischen Kriegsgefangenen 1941–1945, Stuttgart 1978, Neuauflage Bonn 1991

Sullivan, Matthew Berry: Auf der Schwelle zum Frieden. Deutsche Kriegsgefangene in Großbritannien 1944–1948, Wien 1981

Wissenschaftliche Kommission für Deutsche Kriegsgefangenengeschichte (Hrsg.): Zur Geschichte der deutschen Kriegsgefangenen des Zweiten Weltkrieges, 15 Bände und 2 Beihefte, München 1962–1974

Die Autoren des Buches

Rüdiger Overmans
Geboren 1954 in Düsseldorf, verheiratet, drei Kinder. Nach wirtschaftswissenschaftlichem Studium Promotion als Wirtschaftswissenschaftler und als Historiker. Er lebt und arbeitet in Freiburg; Forschungsschwerpunkte: Kriegsgefangenschaft, Migration sowie wirtschaftliche, soziale und demographische Folgen des Zweiten Weltkriegs.

Einschlägige Veröffentlichungen: *Deutsche militärische Verluste im Zweiten Weltkrieg*, München 1999; *Kriegsgefangenschaft im Zweiten Weltkrieg*, Ternitz-Pottschach 1999, herausgegeben mit Günter Bischof; *In der Hand des Feindes. Kriegsgefangenschaft von der Antike bis zum Zweiten Weltkrieg* (Hrsg.), Köln 1999.

Ulrike Goeken-Haidl
Geboren 1968 in Aachen, verheiratet. Studium der Neueren und Neuesten Geschichte, Slawistik und Politologie in Münster, Bonn und Minsk. Von 1995 bis 1996 wissenschaftliche Mitarbeiterin am Haus der Geschichte der Bundesrepublik; Forschungsschwerpunkte: Sowjetunion nach 1945, Kriegsgefangenschaft, Stalinismus, Kalter Krieg. Seit 1997 Arbeit an der Dissertation über die *Repatriierung sowjetischer Kriegsgefangener und Zwangsarbeiter aus Westeuropa seit 1944* bei Ulrich Herbert in Freiburg.

Ulrike Goeken-Haidl zeichnete die Berichte von Hans Laubsch, Hans Kampmann, Heinz Fiedler und Johann Lampert auf.

Mitarbeiter der Fernsehreihe »Soldaten hinter Stacheldraht«

Teil 1
Im Osten
Autor: Dirk Pohlmann
Kamera: Heinz Göttlicher
Schnitt: Dietmar Käfert
Redaktion: Ulrich Brochhagen/MDR

Teil 2
Im Westen
Autor: Thomas Kuschel
Kamera: Andreas Bergmann
Schnitt: Michael Radeck
Redaktion: Martin Hübner/MDR

Teil 3
Heimkehr
Autor: Meinhard Prill
Kamera: Jan Bahls
Schnitt: Alice Harthus-Fölster
Redaktion: Silvia Gutmann/NDR

Koordination der Reihe: Martin Hübner (MDR)
Fachberatung: Rüdiger Overmans
Recherche: Susann Buhl, Kerstin Mauersberger, Gabor Rychlak

Bildnachweis

Bildarchiv Preußischer Kulturbesitz, Berlin S. 10/11, 12, 17, 18, 25, 32, 36, 37, 45, 46, 50, 99, 126, 139, 158/159, 172, 177, 178, 180, 200, 201, 219, 222, 228/229, 234 (Hilmar Pabel), 235, 237, 238, 243 (Hanns Hubmann), 250, 251, 254, 255, 259

Bringmann, © Johannes Bringmann, Koblenz S. 20

Bundesarchiv Koblenz S. 33, 52, 164, 167, 181

Deutscher Caritasverband, Freiburg S. 221, 240 (© dpa), 241 (Walter Dick)

Deutsches Historisches Museum, Berlin S. 25, 28, 34, 89, 90, 92, 98, 105 u., 132, 133, 162, 186/187, 233, 249

Deutsches Rotes Kreuz, Suchdienst München S. 86,

Haus der Geschichte der Bundesrepublik Deutschland, Bonn S. 87, 129

Imperial War Museum, London S. 35, 48, 51, 128, 173, 190, 202

Klaus Sasse, © Waxmann Verlag, Münster S. 94, 112, 113, 116, 136, 137, 148
Diese Fotografien wurden von Klaus Sasse mit einer Minox während seiner Kriegsgefangenschaft in der Sowjetunion aufgenommen. Seine Erinnerungen und weitere Fotografien erschienen 1999 im Waxmann Verlag, Münster, unter dem Titel »Bilder aus russischer Kriegsgefangenschaft«.

National Archives, Washington S. 40/41, 54, 55, 57, 58, 59, 62, 63, 65, 66, 170, 193, 206, 214

Privatbesitz S. 43, 44, 69, 76, 77, 78, 83, 125, 155, 161, 189

Russisches Staatliches Militärarchiv, Moskau S. 80/81, 97, 105, 110, 115, 118, 124/125, 134, 140, 141, 145, 150, 151

Süddeutscher Verlag, Bilderdienst 184

Ullstein Bilderdienst, Berlin Umschlagfoto

Verlagsarchiv S. 197

Zeichnung auf S. 209: K. Kreier, entnommen dem Anhang zur Dissertation von Christof Strauß: »Kapitulation und Entnazifizierung. Kriegsgefangenschaft und Internierung in Heilbronn 1945 bis 1947«, Heidelberg 1997

Die Vorlagen für die Karten wurden entnommen: Erich Maschke (Hrsg.), Zur Geschichte der Kriegsgefangenen des Zweiten Weltkrieges; auf dem Vorsatzpapier (Bd. 15, S. 202/03), S. 264/265 (Bd. X/l, S. 366/367), S. 266/267 (Bd. XI/l, S. 604/05), S. 270 (Bd. XIII, S. 396). Die Vorlage für die Karte auf S. 268/269 stellte uns das Ludwig Boltzmann-Institut für Kriegsfolgen-Forschung in Graz zur Verfügung.

Grafik der Karten: Rainer J. Fischer, Berlin

LAGER FÜR DEUTSCHE KRIEGSGEFANGENE